郭学信 著

唐宋聊城仕宦家族研究

中国社会科学出版社

图书在版编目(CIP)数据

唐宋聊城仕宦家族研究/郭学信著 . —北京：中国社会科学出版社，
2015. 12

ISBN 978 – 7 – 5161 – 7390 – 9

Ⅰ.①唐…　Ⅱ.①郭…　Ⅲ.①家族—研究—聊城市—唐宋
时期　Ⅳ.①K820.9

中国版本图书馆 CIP 数据核字(2015)第 313145 号

出 版 人	赵剑英	
责任编辑	刘志兵	
特约编辑	张翠萍等	
责任校对	李　斌	
责任印制	李寡寡	

出　　版	中国社会科学出版社	
社　　址	北京鼓楼西大街甲 158 号	
邮　　编	100720	
网　　址	http://www.csspw.cn	
发 行 部	010 – 84083685	
门 市 部	010 – 84029450	
经　　销	新华书店及其他书店	

印　　刷	北京金瀑印刷有限责任公司	
装　　订	廊坊市广阳区广增装订厂	
版　　次	2015 年 12 月第 1 版	
印　　次	2015 年 12 月第 1 次印刷	

开　　本	710 × 1000　1/16	
印　　张	13.5	
插　　页	2	
字　　数	229 千字	
定　　价	48.00 元	

目　　录

第一章 综论

一 聊城地域文明的早熟性

聊城位于山东省西部地区，是黄河下游开发较早的地域，也是中华文明较早的发祥地之一。从历史上看，聊城历史悠久，其地域文化具有明显生发性早的特点。据考古发掘资料得知，距今 7000—6000 年，聊城地域就已有人类居住。自 20 世纪 70 年代以来，考古工作者在聊城所属的茌平、东阿、阳谷三县境内先后发现大汶口文化遗址 17 处，在西南自阳谷县寿张镇张村起、东北至茌平县王老乡望鲁店村北的狭长地带发现龙山文化遗址 45 处。其中在聊城境内发现的 17 处大汶口文化古遗址中，除大碾李遗址外，其他 16 处古遗址依次分布在从阳谷县东南部的皇姑冢，向东北延伸，经过东阿县到达茌平县城东北的望鲁店，在这一西南至东北走向的狭长地带里，分布着阳谷县皇姑冢遗址、阿城王庄遗址，东阿县邓庙遗址、香山遗址，茌平县高垣墙遗址、教场铺遗址、大尉遗址、乐平铺遗址、南陈遗址、梁庄遗址、十里铺遗址、韩王遗址、尚庄遗址、台子高遗址、大刘庄遗址、望鲁店遗址。这些遗址大都分布在由阳谷县东南部经东阿、茌平，一直延续到禹城县境内的西南、东北走向的古河道两侧的高台地上，离河近，易于取水，地势高，不怕水淹，比较适合原始人类居住。从这些古遗址分布的规律性可以看出，早在大汶口文化时期，聊城境域就有人类活动。在这些古遗址中，阳谷县阿城镇的王庄遗址是聊城境内发现时间最早的大汶口文化遗址。1995 年，考古工作者在这里进行了发掘，发现了距今约 6000 年、被史学界称为"王庄城"的城址。王庄城属于大汶口文化早期的城，"城垣夯土特别典型，层位关系十分明确"，是国内首次发现的"早到 6000 年的城，是孤例"①。文明社会的标志性因素很多，学界一般认为，城、文字和青铜器的出现是人类跨入文明社会的三大标志性因素。据此而论，位于阳谷县阿城镇王庄城的发现，无疑反映了早在 6000 多年前大汶口文化的早期，聊城地域已进入早期文明时代，同时也体现出聊城地域文化生发性早的特性。正是在大汶口文化时期发展的基础上，聊城龙山文化时期所表现出来的文明特征已特别突出。从在聊城发现的 45 处龙山文化遗址中可以看到，这一时期不仅生产工具改进、农业发展、制陶业技术先进，而且发现了带有文字的陶片，特别是在聊城发现的景阳冈和教场铺两组 9 座龙山文化城中，既有面积较大、文化内涵极为丰富、被认为是"都城"的中心城，也有面积较小、文化内涵相对薄弱的小城——邑，邑城之外又有一些只有壕沟而无城墙的聚落，由此在聊城区域龙山文化遗址中形成了"都、邑、聚落"三级居住方式②。"都、邑、聚落"三级居住方式，更凸显了由大汶口文化发展而来的龙山文化时期聊城地域文明发展的早熟性。大汶口文化和龙山文化皆属于新石器时代文化，上述聊城境内发现的文化遗址所体现出的文化内涵，无疑亦证明了早在新石器时代聊城地域文化已经兴起。

二　汉魏至明清聊城仕宦家族概述

在长期的历史发展过程中，聊城形成了源远流长、特色鲜明的地域文化。与山东其他区域相比，聊城地域文化除了生发性早特性之外，另一个突出特性便是世家望族辈出。自汉魏之际开始，聊城世家望族便不断涌现。其中比较著名的有：汉魏之际高唐崛起的华氏家族，魏晋时期清河（临清东北）的崔氏家族，隋唐时期魏州观城（今莘县观城镇）的刘氏家族、魏州冠氏（冠县）的路随家族和路季登家族、博州武水（今山东聊城市西南）的孙氏家族，宋代大名莘（莘县）的三槐王氏家族。进入明清时期，聊城东昌府更是产生了"阁老傅"家族、"御史傅"家族、任氏家族、邓氏家族、朱氏家族、耿氏家族、杨氏家族等十余家名门望族。从

---

①《张学海考古论集》，学苑出版社 1999 年版，第 149 页；参见程玉海主编《聊城通史·古代卷》，中华书局 2005 年版，第 3—4 页。

② 参见程玉海主编《聊城通史·古代卷》，中华书局 2005 年版，第 19—20 页。

对以下几个典型家族的概述中不难看出,自汉魏至明清聊城出现的家族都是声名显赫的仕宦家族。

(一)高唐华氏家族

高唐华氏家族崛起于汉魏之际,其家族崛起的核心人物是华歆。华歆,字子鱼,平原高唐(今山东聊城市高唐县)人。东汉末年华歆举孝廉入仕,历任郎中、尚书郎、豫章太守、参司空军事、侍中、尚书令。魏国建立后,华歆历仕曹操、曹丕、曹叡三代,先后出任御史大夫、司徒、太尉,进封博平侯。华歆作为汉魏时期政治舞台上的显赫人物,无疑奠定了华氏家族在魏晋官宦世家的显赫地位。从华歆之后,魏晋华氏家族子孙大多在朝中担任要职,为朝中显宦。华歆长子华表,年二十余便成为魏散骑侍郎,仕晋之后,历任太子少傅、太常,拜光禄大夫致仕;次子华博,历任三县内史;三子华周,历任黄门侍郎、常山太守。华表有三子,均为朝中显官,长子华廙历任西晋中书通事郎、黄门侍郎、散骑常侍、前军将军、侍中、南中郎将、都督河北诸军事、光禄大夫、尚书令、太子少傅、散骑常侍、光禄大夫、开府仪同三司;次子华峤为秘书监、尚书;三子华澹为河南尹。华廙长子华昆官至尚书,次子华荟为河南尹,三子华恒为左光禄大夫开府。华澹之子华轶,官至江州刺史。自华歆至华昆、华轶,华氏家族四代为朝中显要,高唐华氏家族已成为魏晋时期显赫的官宦世家。

(二)清河崔氏家族

清河崔氏家族是魏晋时期由贫寒起家的显赫仕宦家族。《北史》史官在叙述这一家族的核心人物崔光时说崔光为"清河(今山东临清市东北)人……家贫好学,昼耕夜诵,佣书以养父母"[①]。从《北史·崔光传》记载得知,崔光祖父崔旷、父亲崔灵延生前分别仕宋为乐陵太守和长广太守,是官位不高的地方官。从崔光"家贫好学,昼耕夜诵,佣书以养父母"的记载可以看出,到崔光父亲崔灵延时,崔氏家境已经比较贫寒,以至于靠崔光"佣书以养父母"来维持家庭生活。然而正是靠着崔光的刻苦好学和自立,到崔光时清河崔氏家族迅速崛起。据《北史·崔光传》记载,北魏太和六年(482),崔光拜中书博士、著作郎,之后仕途一路

---

① (唐)李延寿:《北史》卷44《崔光传》,中华书局1974年版,第1615页。

升迁，先后出任给事黄门侍郎、散骑常侍、太子少傅、侍中、太常卿、齐州大中正、中书舍人，从北魏宣武帝延昌元年（512）开始，又先后迁任中书监、太子少傅、右光禄大夫、车骑大将军、仪同三司。北魏孝明帝正光元年（520），崔光升任司徒，侍中、国子祭酒、领著作如故。去世后，赠太傅，领尚书令、骠骑大将军、开府、冀州刺史、侍中如故。崔光自入仕后"历事三朝，师训少主，不出宫省，坐致台傅"，在当时可谓荣光无限，"斯亦近世之所希有"①。自崔光而后，清河崔氏家族子孙大都为朝中显宦。如崔光之子崔励，举秀才入仕，历任中军彭城王参军、秘书郎中、中书侍郎、征虏将军、齐州刺史、太尉长史，去世后赠侍中、卫将军、青州刺史。崔光弟弟崔劼，魏末累迁中书侍郎，东魏兴和三年（541）之后，历官通直散骑常侍、给事黄门侍郎、国子祭酒、直内省、南青州刺史、秘书监、齐州大中正、五兵尚书、南兖州刺史、度支尚书、仪同三司、中书令等职，去世后赠齐州刺史、尚书左仆射。崔光侄子崔鸿，历任尚书都兵郎、三公郎中、司徒长史、员外散骑常侍、中散大夫、前将军、给事黄门侍郎、散骑常侍、齐州大中正，去世后赠镇东将军、度支尚书、青州刺史。崔鸿之子崔子元，官至秘书郎。崔光从祖弟崔长文，累迁平州刺史。崔长文从弟崔庠，官至东徐州刺史，去世后赠骠骑将军、吏部尚书。

（三）魏州观城刘氏家族

魏州观城（今山东莘县观城镇）刘氏家族是唐代显赫的世家望族，这不仅是因为其家族成员是汉高祖刘邦的后代子孙②，更是因为其家族成员在唐代出现了三个宰相。

唐代观城刘氏家族第一代为魏州观城人刘林甫，唐高祖武德年间先出任内史舍人一职，典掌机密，后因参与唐律撰定著《律议》万余言而擢

---

① （唐）李延寿：《北史》卷44《崔光传》，中华书局1974年版，第1640页。
② 《古今姓氏书辩证》卷18载："广平刘氏，出自汉景帝子赵敬肃王彭祖，生阴城思侯苍。苍薨，嗣子有罪，不得立，遂居广平肥乡。苍十一世孙邵，字孔才，魏散骑常侍。十一世孙藻，生矜，兖州刺史。矜孙林甫，中书侍郎、乐平男。林甫生祥道、庆道、应道。祥道相高宗，生齐贤，更名景先，亦相高宗。应道，吏部侍郎，生令植、元勉。令植，礼部尚书，生京兆少尹孺之。孺之生从一，相德宗。元勉，括州刺史，生朐山丞如璠。如璠生乃，字永夷，兵部侍郎、正惠公。乃生伯刍，字素芝，刑部侍郎。伯刍生宽夫，字盛之，泽潞掌书记。宽夫生允章，字韫中；焕章，字文中；元章，字求中。"

拜为中书侍郎。唐太宗贞观初年，又改任为吏部侍郎。刘林甫之子刘祥道，唐高宗永徽年间历任中书舍人、御史中丞、吏部侍郎，唐高宗显庆年间又先后迁任黄门侍郎、司刑太常伯，唐高宗麟德元年（664）拜右相，从而登上宰相高位，成为刘氏家族第一位宰相。刘祥道之子刘齐贤，承袭父亲爵位后，起初以侍御史身份出任晋州司马，之后累迁黄门侍郎。高宗永淳元年（682），刘齐贤继其父又升任为同中书门下平章事，成为刘氏家族第二位宰相。刘氏家族第三位宰相是刘从一（刘祥道弟弟刘应道的曾孙），他由进士及第，授秘书省校书郎，先后出任渭南尉、监察御史、侍御史、刑部员外、吏部郎中兼御史中丞。德宗居奉天，超拜刑部侍郎、同中书门下平章事。这样唐代观城刘氏家族"自祥道至从一，刘氏凡三相"[1]，成为唐代历史上典型的门阀士族家庭。唐代观城刘氏家族其他成员大都任职于中央机要部门，像刘祥道弟弟刘应道，官至吏部侍郎；刘应道之子刘令植、刘元勉，分别官至礼部尚书和括州刺史；刘令植之子刘孺之，官至京兆府少尹；刘元勉之孙刘乃，官至兵部侍郎；刘乃之子刘伯刍，官至刑部侍郎。《新唐书》对观城刘氏家族这样评价说："齐贤三世至两省侍郎，典选。从父应道吏部郎中，从父弟令植礼部侍郎，凡八人前后历吏部郎中、员外，世以为罕。"[2] 唐代观城刘氏家族前后7代人为朝中显宦，史书所讲的"世以为罕"并非虚夸溢美之词。

（四）魏州冠氏路季登家族

魏州冠氏（今山东聊城市冠县）路季登家族之所以在唐代名闻于世，从很大程度上讲是因为其族人路季登及其子路群、路庠、路单及其孙路岳、路岩祖孙三代6人皆进士及第，并为朝中显宦，其中路岩在36岁荣登相位。路季登，阳平寇氏人，唐代宗大历六年（771）登进士第，累辟使府，官至尚书郎、左谏议大夫。令路季登颇感自豪的是其三子路群、路庠、路单皆登进士第，其中路群进士及第后，累佐使府，入朝历任监察御史、兵部郎中、谏议大夫、翰林学士、中书舍人等要职。路群二子路岳、路岩，则在宣宗大中年间（847—860）进士及第。路岳历任两郡刺史，

---

① （后晋）刘昫等：《旧唐书》卷125《刘从一传》，中华书局2000年版，第2414页。

② （宋）欧阳修、宋祁等：《新唐书》卷106《刘祥道传》，中华书局1975年版，第4051页。《旧唐书》卷81《刘祥道传》则谓："景先自祖、父三代皆为两省侍郎及典选，又叔父吏部郎中应道、从父弟礼部侍郎令植等八人，前后为吏部郎中员外，有唐已来，无有其比。"

后入朝出任给事中；路岩累迁中书舍人、户部侍郎，唐懿宗咸通三年（862），年仅36岁的路岩荣登相位，以本官同平章事。路岩在相位任职8年，累兼左仆射。路季登家族一门三代皆进士及第，在科举取士人数还十分有限①的唐代，这样的情况可谓凤毛麟角，也难怪《旧唐书》将路季登家族成员与一些"衣冠人物，门族昌盛"、"有子有弟，多登宰辅"②的"盛族"成员放入同一传记中立传，由此亦可以窥见唐代魏州冠氏路季登家族的昌盛。

（五）魏州冠氏路随家族

唐代魏州冠氏路随家族亦是门第显赫的望族。其家族不仅五代仕宦，而且其家族的核心人物路随官至宰相。从《旧唐书·路随传》记载中可以了解到，路随高祖路节，唐高宗朝为越王府东阁祭酒；曾祖路惟恕，官至睦州刺史；祖父路俊之，官至太子通事舍人；父亲路泌，唐德宗建中末年，举书判科中高第，先后出任城门郎、副元帅判官、检校户部郎中、兼御史中丞。到第五代路随，路氏家族发展到兴盛时期。路随（775—835），字南式，阳平冠氏（今山东冠县）人，历仕唐宪宗、穆宗、敬宗、文宗四朝，先后出任左补阙、起居郎、司勋员外郎、司勋郎中、侍讲学士、谏议大夫、中书舍人、翰林学士、翰林承旨、兵部侍郎、知制诰、中书侍郎、门下侍郎、崇文馆大学士、太子太师，唐文宗太和九年（835），拜检校尚书右仆射、同中书门下平章事，兼任润州刺史、镇海军节度、浙江西道观察等使。《旧唐书》史官评价路随"自宝历初为承旨学士，即参大政矣。后十五年在相位。宗闵、德裕朋党交兴，攘臂于其间，李训、郑注始终奸诈，接武于其后。而随（路随）藏器韬光，隆污一致，可谓得君子中庸而常居之也"③，对身居朝臣朋党旋涡之争而又能"藏器韬光，隆污一致"的路随大加赞扬，故《新唐书》史官赞其"辅政十年，历牛、

---

① 从《文献通考·选举考二》中《唐登科记》总目所载唐朝逐年取士人数可知，唐代科举取士的人数都是在一位数到两位数之间徘徊，如高宗麟德元年（664），取进士3人，诸科2人；武则天圣历二年（699），取进士16人，诸科1人；僖宗乾符二年（875），取进士30人，诸科9人；昭宗乾宁元年（894），取进士28人，诸科3人。唐代取士人数最多的年份是咸亨四年（673），取进士79人。故《文献通考·选举考二》中谓："今考唐每岁及第者，极盛之时不能五十人。"参见（元）马端临《文献通考》卷29《选举考二》，中华书局1986年版。

② （后晋）刘昫等：《旧唐书》卷177，中华书局2000年版，第3143页。

③ （后晋）刘昫等：《旧唐书》卷159《路随传》，中华书局2000年版，第2855页。

李、训、注用事，无所迎将，善保位哉"①。

（六）东昌府"阁老傅"家族

东昌府"阁老傅"家族是兴起于明清之际的名门望族，其家族振兴的核心人物是清代开国状元傅以渐。据傅乐成先生《傅孟真先生的先世》②记载，傅氏先世原本为江西吉安府永丰人，明代中叶其先祖傅回祖仕宦山东东昌府冠县令，傅回祖任冠县令期满后返回故乡，但夫人李氏不愿随行。傅回祖有七子，乃留下三子，侍奉夫人，自携四子南旋。三子中一居冠县，一居博平，次子傅祥则随母亲李氏侨居聊城，自此傅祥便落籍聊城，子孙世代居于聊城。自傅回祖至傅思敬，傅氏家族凡历六世。在此期间，聊城傅氏家族除耕读外，大多经营商业，不显于世。至傅斯年七世祖傅以渐始，傅氏家族开始荣显。傅以渐生于明朝万历三十七年（1609），清顺治二年（1645），清廷首次开科取士，傅以渐参加乡试，考中举人；次年，参加会试，结果中一甲第一名进士，从而成为清代首科殿试状元。傅以渐中状元后，初任修撰、侍读等官，到顺治十一年（1654），授内秘书院大学士，已登公辅之位。次年，加太子太保，改国史院大学士。傅以渐状元及第，官运亨通，不到10年入相，以至于傅以渐"自以显荣太骤"，于是"盛年告归，杜门著书，深得老氏之学"③。清代道光、咸丰、同治年间，是傅氏家族的兴盛时期，傅氏家族族人傅继勋、傅绳勋均为封疆大吏，而诸子多具才华，或以诗文书画名世，或以武技见称，可谓满门俊逸。特别是傅以渐的五世孙傅绳勋，嘉庆十九年（1814）考取二甲进士第47名，先入翰林院为庶吉士，后出任工部主事、员外郎、郎中、军机处章京、顺天府乡试主考官、广东琼州府知府、四川夔州府知府、浙江盐运使、广东盐运使等职。道光年间，又先后出任陕西按察使、云南布政使、广东布政使、江宁布政使、浙江巡抚、江西巡抚。据有学者统计，自清朝开国至1911年终结，清代聊城傅氏家族计有进士6人：傅以渐、傅正揆、傅绳勋、傅浚、傅京辉、傅斯悖，有举人11人，拔贡11人。而自明朝成化后期至清朝光绪二十年（1894），聊城傅氏家

---

①　（宋）欧阳修、宋祁：《新唐书》卷142《路随传》，中华书局1975年版，第4678页。

②　参见《傅孟真传记资料》（一），（台北）天一出版社1979年版。

③　《山东通志》卷28之4《人物四·傅以渐》，文渊阁四库全书本。

族有姓名可考的国子监生计有91人、秀才110人。傅氏家族绝大多数人是通过科举进入仕途的，其中正一品官1人、正二品官1人、从二品官1人、四品知府3人、正五品官4人、正六品官1人、从六品官2人、正七品知县8人①。可以说，傅氏家族发展到清代，已成为鲁西一代声名显赫的世家望族。

（七）东昌府任氏家族

兴起于明末清初的东昌府任氏家族，是明清时期一个由武转文的仕宦家族。任氏家族的始祖是任不齐，"追封任城伯，后祀孔子庙"②。东昌府任氏家族的始祖是任义，元末明初，任义从军，因追随朱元璋平定天下有功，被授予明威将军、平山卫指挥使，后自任城迁居东昌府，成为东昌任氏家族的始祖。之后，任义之孙大都因袭军职，像任义之子任宏、孙任嵩，曾孙任铎，皆世袭平山卫指挥佥事、明威将军。大约自明代中期，任氏家族开始由武向文转变。明代中期，任义曾孙任镇被明政府授予礼部司务，自此以后，任镇子孙大都转入文职，任镇之子任昶为府庠增生，任昶之子任邦仕为州同知，赠光禄大夫刑部左侍郎加四级正一品；任邦仕之子任宗道，赠光禄大夫刑部左侍郎加四级正一品；任宗道之子任怀茂为太学生，官至刑部左侍郎；任怀茂兄弟五人有三人为太学生，一人为太仆太学生③。在聊城任氏家族由武向文转变中，任怀茂之子任克溥无疑是其中的关键人物。任克溥，清顺治四年（1647）进士及第后，历仕顺治、康熙两朝，先后出任南阳府推官、吏科给事中、刑科给事中、会试同考官、礼科都给事中、太常寺少卿、通政司右通政、通政司左通政等职。康熙十二年（1673），擢升刑部侍郎。康熙四十二年（1703），康熙帝南巡途中驻跸东昌（聊城），曾亲幸任克溥所居园第，并"赐松桂堂榜。以克溥年将九十，赐刑部尚书衔"④。自任克溥而后，任氏家族科第仕宦者不断。任

---

① 参见政协聊城市东昌府区文史资料委员会编《东昌望族》，山东省新闻出版局2003年版，第101—102页。

② （清）韩菼：《皇清诰授光禄大夫刑部左侍郎加四级正一品加刑部尚书海眉任公墓志铭》，载政协聊城市东昌府区文史资料委员会编《东昌望族》，山东省新闻出版局2003年版，第20页。

③ 参见政协聊城市东昌府区文史资料委员会编《东昌望族》，山东省新闻出版局2003年版，第2—3页。

④ 赵尔巽等：《清史稿》卷264《任克溥传》，中华书局1977年版，第9922页。

克溥有四子，皆由科第入仕。长子任耿昉，由监生入仕，历仕内阁中书科舍人、浙江湖州同知；次子任彦昉，由乡试举人入仕，官至江西抚州知府；三子任俊昉，由拔贡入仕，先后出任刑部云南主事、河南司员外郎、户部河南司员外郎、四川东川府知府等职；四子任伟昉，由聊城岁贡候选翰林院孔目，曾出任湖北荆州府监利县知县。任克溥之孙、重孙也大多入仕为官。其中任克溥之孙任士理由聊城岁贡入仕，官至江西抚州知府；任克溥玄孙任兆熙及其任兆熙之子任郿佑，分别于乾隆年间和嘉庆年间进士及第，皆出任过翰林院庶吉士一职。据统计，自任克溥以后，聊城任氏家族科举正途出身者数十人，任官至七品以上者达 20 多人①，是一个典型的世代为官的仕宦家族。

（八）东昌府邓氏家族

东昌府邓氏家族是明清时代著名的官宦世家，其家族的兴起和发展与聊城任氏家族颇为相似。元末明初，祖籍为江西省南城县的邓瑜随朱元璋率领的农民军转战，因功被封为正三品的昭勇将军，驻守东昌。自此而后到第十代邓子荣，子孙有八代相袭此职（第二代邓瑜之子邓镛早逝），这样在明代的聊城就出现了邓氏"一门九将军，世代守东昌"的佳话。邓氏家族在以武起家的同时，也在积极适应明清时期东昌府日益发达繁荣的文化教育事业，极为重视家族子弟的文化教育，鼓励子孙走科举入仕之路。走科举入仕之路终于在邓氏家族第六代邓堂后代子孙身上得以实现。《邓氏家谱》有云："邓堂为人谨厚……教子孙读书明理。其次子邦，孙守清、守渐落籍于此，皆登科举第，成为望族。"② 邓邦作为邓氏家族通过科举之路博取功名的第一人，其本人"博学识"，虽然其获得的仅仅是"补诸生，以贡授莱州府学训导"③ 的功名，但对邓氏家族来说意义非同一般，他开辟了邓氏家族"学而优则仕"之路，对后代子孙走科举入仕也是一种极大的鞭策和鼓励。也正是从邓邦以后，邓氏家族科第入仕者源源不断。邓邦长子邓守清，为明万历十六年（1588）举人，先后出任襄城令、临洮府同知；次子邓守渐，则分别考取崇祯元年（1628）拔贡和

---

① 参见王志刚、金维民主编《聊城文化通览》，山东人民出版社 2012 年版，第 321 页。
② 转引自政协聊城市东昌府区文史资料委员会编《东昌望族》，山东省新闻出版局 2003 年版，第 27 页。
③ 同上。

崇祯六年（1633）副榜。清顺治六年（1649），对邓氏家族来说是一个特别值得纪念和庆贺的年份，因为这一年，邓氏家族出了第一位进士——邓守渐之子邓秉恒。邓秉恒进士及第后，仕途畅达，先后出任昆山县令、永丰县令、户部主事、江西司员外郎、云南司员外郎、福建巡海道。之后，邓秉恒之子邓允燮，以岁贡授任山西山阴知县；邓允燮之子邓基圣，以贡生先后出任内阁中书、户部主事、员外郎、刑部郎中。康熙六十年（1721），又迎来了为邓氏家族发展史增光添彩的一年，而为其增光添彩的是邓秉恒曾孙邓钟岳，此年，41 岁的邓钟岳以进士一甲第一名荣登状元，成为清代聊城历史上继傅以渐之后的第二位状元。而后，邓钟岳入翰林院任修撰，历仕雍正、乾隆二朝，先后出任江南副考官、江苏学政、广东学政、内阁学士兼礼部侍郎、浙江学政、通政司参议、礼部右侍郎、礼部左侍郎、江南正考官等职。邓钟岳状元及第，将聊城邓氏家族推上了发展的顶峰，也使聊城邓氏家族成为名副其实的文武双向发展的名门望族。

（九）东昌府"御史傅"家族

兴起于明代中期的聊城"御史傅"家族是清代时期著名的名门望族。家族振兴者是傅光宅。明朝礼部尚书兼东阁大学士于慎行为其好友傅光宅撰写的墓志铭有云，傅光宅"上世山西洪洞人，远祖居敬，国初徙聊城，六传而及米脂，则大父也。米脂公三子，季曰学易，号肖岩，公举嘉靖辛酉省试，不仕，而以公贵，累赠中宪大夫，重庆府知府，更曰中宪公"①。可见东昌府傅氏始祖为傅居敬，他在明代初期携家人从山西洪洞县迁居聊城；傅光宅之父傅学易，曾于明世宗嘉靖四十年（1561）取得省试科名没有入仕，但以其子傅光宅而累赠中宪大夫、重庆府知府。由此也可以看出，傅光宅之前，聊城东昌府傅氏族人官位不显，虽然从傅光宅祖父傅相则开始，傅氏家族渐渐兴盛，但傅相则当时只是一个官位八品的米脂县令。傅光宅的进士及第，则使傅氏家族获得了显赫地位。从傅光宅墓志铭中可知，傅光宅于清"隆庆庚午（隆庆四年，1570 年）举省试高等，入游太学，试冠六馆，万历丁丑（万历五年，1577 年）成进士"②。傅光宅

---

① （明）于慎行：《四川按察司提学副使傅公光宅墓志铭》，载（明）焦竑编《国朝献征录》（六），《明代传记丛刊·综录类》，明文书局印行，第 62 页。

② 同上。

进士及第后，先后出任灵宝县知县、吴县知县、重庆府知府、河南道监察御史、南京兵部郎中、工部郎中兼摄三篆内工河漕、按察司副使等职。傅光宅进士及第及其官至显宦，使傅氏家族一跃而成为清代东昌府的名门望族，之后的聊城傅氏族人科第仕宦者不断。

（十）东昌府朱氏家族

兴起于明清之际的东昌府朱氏家族是一个由贫寒起家的仕宦家族。明末，原籍安徽的朱鼎延与家人为避战乱从平阴迁居聊城。朱鼎延志向远大，勤奋好学，于崇祯十六年（1643）考中进士，而后仕宦于清顺治一朝，历仕礼部主事、郎中、云南道监察御史、太仆少卿、左通政、右通政、太常卿通政使、工部左右侍郎，最后官至工部尚书兼礼部侍郎。自朱鼎延而后，聊城朱氏家族连续八代15人考取功名，其中进士5人、举人5人、拔贡3人、贡生和增生各1人。在这进士5人中，朱鼎延嫡孙朱辉钰为康熙三十三年（1694）进士，任翰林院庶吉士；朱续晫雍正十一年（1733）进士及第，历仕翰林院庶吉士、翰林院编修、京畿道监察御史、两淮都转盐运使，督理贵州清军粮储道，授中宪大夫；朱崇庆道光二年（1822）进士及第，先后出任福建漳州知府、吏部主事、郎中、广东督粮道，授中宪大夫；朱学笃道光二十九年（1849）考中举人，咸丰九年（1859）又取得进士功名，咸丰朝历仕翰林院庶吉士、翰林院编修、翰林院侍读，同治年间先后出任国史馆协修和纂修、实录协修和纂修、湖广道监察御史、会试同考官、浙江道监察御史、甘肃宁夏知府、盐运使，授通议大夫、资政大夫；朱学钱咸丰十二年（1862）进士及第，官至户部江南司主事。聊城朱氏家族一门六进士，进士、举人代不乏人，是明清时期典型的以科第传家的科举仕宦家族，故当时清代文人对朱氏家族有"父子祖孙同登乙榜，兄弟叔侄并列甲科"的赞誉。清代占地近20亩的聊城朱府大院恢宏壮观，宅门门额上高悬的"世进士第"和"传胪"六个大字，向世人展示了聊城朱氏家族科第功名的荣耀和辉光。

（十一）东昌府耿氏家族

东昌府耿氏家族是明清时期著名的仕宦家族，其始祖耿邃原隶属军籍，明朝初年由馆陶迁居聊城。从第四代族人耿明开始，聊城耿氏家族开始了由武向文的转化。明宪宗成化二十二年（1486），23岁的耿明取得举人的功名；明孝宗弘治九年（1496），又一举考取进士。耿明进士及第后，历仕贵州道监察御史、湖州知府、江西左参政等职。在耿明的后代子孙中，耿明曾孙耿如杞传承了曾祖的科举入仕之路，先后于明万历四十三年（1615）和万历四十四年（1616）考取举人和进士的功名，历仕户部主事、方郎中、陕西参议、遵化兵备副使、太仆寺卿、右佥都御史、山西巡抚、左都御史。耿明仕宦期间多有政绩，《明史》卷 248 为其立传。自耿如杞而后，聊城耿氏家族先后有多人取得科第功名。耿如杞有三子，长子耿含光、三子耿大光分别取得秀才和增广生员功名，其中耿大光历仕户部司务、刑部湖广司主事，授得官阶正六品的承德郎。耿如杞次子耿章光，则于明熹宗天启七年（1627）考中举人，崇祯十年（1637）又考中进士，先后出任曲沃县令、香河县令、安州知州、易州知州、兵部武库司员外郎，最后官至正五品的尚宝寺卿。耿含光之子耿愿鲁，清康熙九年（1670）考取进士，历任翰林院庶吉士、翰林院编修、会试同考官。耿愿鲁长子耿贤举，在科举功名的激励下，经过发愤攻读，也于清乾隆年间取得进士功名。这样，自耿明至耿贤举，聊城耿氏家族先后有五人取得进士功名。在先辈激励下，耿氏家族后人如耿大光次子耿愿愚、耿含光之孙耿雁举、耿雁举之子耿嘉平、耿雁举从孙耿锡观等数十人先后取得秀才、举人、国子监生等功名，并由此而步入仕途。称明清时期的耿氏家族为科第仕宦家族，可谓名实相符。

（十二）东昌府杨氏家族

东昌府杨氏家族是清代著名的仕宦文化家族，闻名中外的中国古代四大私人藏书楼之一的海源阁就是东昌府清代杨氏族人杨以增所建的私人藏书楼。"杨氏家族的为官始于明初临清卫指挥所，是一个世袭的武职。……所以终明一代，直到清初，杨氏家族没有科举显达的记录。自杨宪章（杨以增的远祖）官县文学，杨氏家族开始由武转文，并系统接受以儒学为主的文化教育。"① 自此以后，杨氏族人渐渐走上科第入仕之路，其家族亦随之发展和兴盛起来。杨以增父亲杨兆煜，为嘉庆三年（1798）举人。而作为进士出身的杨以增，无疑是振兴杨氏家族的关键人物。清乾隆五十二年（1787）出生于聊城东昌府的杨以增，先于嘉庆三年（1798）

---

① 王志刚、金维民主编：《聊城文化通览》，山东人民出版社 2012 年版，第 522 页。

获得举人身份，而后于道光二年（1822）取得进士功名。之后的杨以增仕途亨通，先赴贵州出任过权长寨同知、荔波和贵筑县知县、乡试同考官、兴义府和贵阳府知府，再调任广西左江道员、湖北安襄郧荆道员、河南按察使、两淮盐运使、甘肃按察使和布政使、陕西布政使、陕甘总督、江南河道总督兼漕运总督。自杨以增而后，杨氏族人代为仕宦，许多为朝中高官。杨以增长子杨绍谷，曾任云南大理府通判；次子杨绍和为咸丰二年（1852）举人，同治四年（1865）又取得进士功名，先后出任过内阁中书、户部候补郎中、军机处记名、翰林院编修、翰林院侍读、文渊阁校理、通议大夫等职。杨绍和之子杨保彝为同治九年（1870）举人，曾任内阁中书、户部员外郎、总理各国事务衙门章京。

三 聊城地域仕宦家族兴盛的区位优势

聊城地域世家望族的出现与兴盛绝非偶然的文化现象和社会现象，从一定意义上讲，它与聊城的区位优势密不可分。

如开篇所述，聊城有着悠久的历史，早在新石器时代聊城地域文化就已兴起。正是在聊城地域文化的衍生、发展过程中，聊城地域的区位优势逐渐形成并得以确立。

（一）春秋战国时期聊城地域文化的形成

春秋战国是中国历史上一个大动荡、大变革的时代，与当时诸侯争霸、思想争鸣的历史大势相适应，这一时期的聊城也处于各区域文化的碰撞和融汇之中。春秋战国时期，聊城地处齐国、鲁国、晋国、卫国和宋国交界地带，各诸侯国的争霸战争和诸侯之间的会盟多次在聊城进行。战争一方面造成了聊城地域的动荡，另一方面却在一定程度上促进了聊城地域与其他区域文化之间的碰撞和融汇。这一时期，随着生产力的提高，经济与文化的发展，聊城辖区出现了许多重要城邑，如春秋时期齐国西部边陲地带聊城辖区出现的聊、桃丘、黄、北杏、柯、薛、夷仪、摄、清、重丘、高唐、辕、冠氏、棠、牧丘等城邑，战国时期聊城辖区出现的贝丘、博陵、灵丘、马陵、阳狐、阿等城邑。[1] 城邑是政治、经济、文化发展到

---

① 参见程玉海主编《聊城通史·古代卷》，中华书局2005年版，第50—51、65页。

一定阶段的产物，春秋战国时期聊城辖区众多城邑的出现，从一个侧面反映了聊城区域文化的发展。春秋和战国时期，聊城地域已有了明确的行政区划，其地域分别隶属齐、卫、晋三国和齐、魏、赵三国。春秋时期的聊城、茌平、高唐邑（高唐）、东阿、阳谷由齐国管辖，冠氏邑（冠县）由晋国管辖，莘邑（莘县）由卫国管辖；战国时期的莘邑（莘县）由魏国管辖，冠氏邑（冠县）先属晋、魏，后由赵国管辖，聊城、茌平、高唐邑（高唐）、东阿、阳谷仍由齐国管辖。春秋战国时期，正是在这种不同区域文化的碰撞和融汇中，聊城区域文化初步形成。

（二）魏晋南北朝时期聊城区域地位的初步提升

秦汉时期，随着国家政治、经济和文化上大一统局面的出现与发展，聊城地域也迎来了前所未有的发展。与春秋战国时期相比，这一时期聊城地域的社会经济无论是农业还是手工业技术都有了一定程度的提高和发展，尤其从聊城辖区大批汉代墓葬中出土的文物中可以看出，当时手工业制作水平得到了很大的提高，墓葬中内容丰富的汉画像石，更是凸显出当时文化的发展。秦汉时期全国行政区划实行郡县制（汉初实行郡国并行制），秦代时期聊城境域属县分别隶属于东郡（郡治濮阳）、平原郡（郡治平原）、清河郡（郡治清阳，今河北清阳东南）、魏郡（郡治邺县，今河北临漳西南）管辖，两汉时代聊城境域属县则分别隶属于东郡、平原郡、清河郡、魏郡、清河国和济北国（汉代实行郡国并行制）管辖。魏晋南北朝时期，虽然由于政权的更迭频繁，以及连年不断的割据混战，导致了这一时期政治上的大混乱、社会上的大动荡，但割据混战中出现的民族大迁徙，却促进了当时各族之间的经济文化交流和民族大融合，而当时多元文化并存的历史环境，更是促进了当时精神文化的大发展。魏晋南北朝时期，聊城是北方少数民族和汉族融合的重要地区，在民族大融合和多元文化共存发展的历史环境下，尤其是"肇始于曹魏集团以聊城为基地对北方世家大族文化的笼络，为聊城区域社会经济的持续发展和思想文化的传承与繁荣拓宽了发展空间"①。因而这一时期，聊城地域经济文化得以继续发展。从某种意义上讲，民族融合、多元文化共存，以及聊城地域

---

① 王志刚、金维民主编：《聊城文化通览》，山东人民出版社 2012 年版，第 81 页。

许多世家大族的勃兴①，在很大程度上促进了聊城地域经济文化的发展。特别值得一提的，北朝时统辖5郡（济北郡、平原郡、东平郡、南清河郡、东济北郡）15县的济州，其治所就设在处于今茌平县韩集乡附近的碻磝城。魏晋南北朝地方行政机构实行州、郡、县三级制，州为地方最高行政机构。济州将治所置于聊城辖区的碻磝城，无疑从一定程度上反映了魏晋南北朝时期聊城区域政治、经济、文化以及军事地位的提升。

（三）唐宋时代聊城区位优势的形成和发展

唐时期聊城地域区位优势已经形成并得以发展。首先，从地方行政区划来看，聊城区域性政治中心的地位得以确立。唐代的地方行政机构，主要是实行州、县两级制（唐玄宗天宝元年至唐肃宗乾元元年曾一度改州为郡，实行郡、县两级制），州为地方最高行政机构。唐太宗贞观年间，聊城境域分属博州、济州、魏州、贝州管辖，其中博州治所所在地设在聊城，所辖属县有聊城、博平、武水（县治今聊城西南）、清平（县治今临清市东南）、堂邑、高唐、茌平、莘亭（县治今莘县北）。此后延至宋金时代，聊城一直为博州治所所在地。可以说，自唐宋时代开始，聊城区域性政治中心的优势地位已经确立。其次，优越的水路交通条件，加之区域性政治中心的优势地位，加速了聊城区域经济与文化的发展。自隋朝开始，为了加强对全国各地的控制，便以东都洛阳为中心，开通了连接海河、黄河、淮河、长江和钱塘江五大河流的大运河。其中大运河中的永济渠流经聊城，它利用沁水河道，南通黄河，从其入口处向北至临清，然后沿卫河直达涿郡（北京）。隋唐时期的大运河贯通了南北水路交通，真正实现了中国古代历史上南北地域经济文化的融会贯通，自此以后"北通涿郡之渔商，南运江都之转输，其为利也博哉"②，"商旅往还，船乘不绝"③，极大地促进了运河沿线一带地域经济、文化的发展和繁荣。聊城地域中的临清自隋唐以后之所以经济、文化发展迅速，并能在明清时期形

---

① 隋唐史专家陈寅恪曾这样说过："自汉代学校制度废弛，博士传授之风气止息以后，学术中心移于家族，而家族复限于地域，故魏、晋、南北朝之学术、宗教皆与家族、地域两点不可分离。"（见《陈寅恪集·隋唐制度渊源略论稿》，生活·读书·新知三联书店2001年版，第20页）认为魏晋南北朝时期地域文化的发展与世家大族的勃兴紧密相关。

② （唐）皮日休：《文薮》卷4《汴河铭》，文渊阁四库全书本。

③ （后晋）刘昫：《旧唐书》卷67《李勣传》，中华书局2000年版，第1674页。

成繁荣局面，与大运河的贯通息息相连。宋时的聊城位于都城开封的东北方向，地域上接近文化繁荣的京畿地区，交通便利，经济文化往来频繁。聊城又为御河、黄河共同影响辐射之地，北宋的御河即隋唐时的永济渠，主要负担宋朝河北边防军粮之送达，"岁运近百万斛，乃备边之命脉"①。宋代来自江南的漕粮作为军用物资，由汴入黄，再转入御河，向北途经今聊城莘县、冠县、临清以西地区，送至河北边防诸州军。除御河外，黄河是影响聊城的又一交通要道，尽管北宋时黄河多次改道，但始终与聊城地区关系密切，或穿过其中心区域，或流于其东西两侧。运河、黄河作为官方及民间人员南来北往的重要孔道，各类政府官员、商贾商贩、文人儒士往来频繁。唐宋时期聊城独特的区位优势，加之区域性政治中心的优势地位，带动了聊城区域经济、文化的发展。从总体上看，唐宋时代聊城区域经济是持续向前发展的。由于经济发展，这一时期聊城户口急剧增长，据《聊城通史》统计，东魏武定年间聊城约有 53111 户 149138 口人；而到北宋崇宁元年，聊城则增长到 151750 户 436680 口人②。经济的发展带动了聊城区域文化教育事业繁荣，随后是一些以科举起家的仕宦家族和文化家族接踵而至，政治名人和文化名人辈出。

（四）明清时期聊城区位优势的确立

在中国古代历史上，元明清时期尤其是明清时期是聊城发展的黄金时代，也是聊城区位优势得以确立的时期，这主要凸显在以下三个方面。

其一，区域行政中心地位的确立。元代的地方行政区划是在行中书省下设路、府（州）、县三级，而州有中书省直辖州和路辖州之分。有元一代，全国先后共设置过 6 路 22 州，其中东昌路治所设在聊城，下辖聊城、茌平、莘县、堂邑、博平属县；而当时的中书省直隶州高唐州和冠州，治所分别设在高唐和冠县。明代的地方行政区划则是在布政司下设府（或与府同级的直隶州）、县两级，其中山东布政司东昌府治所设在聊城。弘治二年（1489），临清则由县升为州，改称临清州，治今临清，下辖丘县、馆陶两县。清代的地方行政区划是在省下设府（直隶州）、县（州），其中聊城仍为东昌府治所所在地，下辖高唐州、聊城县、茌平县、莘县、

---

① 李孝聪：《中国区域历史地理》，北京大学出版社 2004 年版，第 193 页。
② 参见程玉海主编《聊城通史·古代卷》，中华书局 2005 年版，第 266、270 页。

冠县、堂邑县、清平县，高唐州和临清州仍是与府平级的直隶州，治所分别在高唐和临清。从元、明、清三代地方行政区划的设置不难看出，聊城作为区域行政中心的地位已经确立。

　　其二，区域经济中心地位的确立。聊城作为区域经济中心，得益于这一时期畅通发达的大运河。元代建立后，为了实现政治中心与经济中心的融合，继续对大运河进行修凿，先后在中原地区修凿了济州河、会通河、通惠河，其中济州河、会通河都流经聊城区域。济州河从济州（今山东济宁）西北到须城安山（今山东东平西南），引汶水、泗水以补水；漕路由淮河入泗水，经济州河北达安山，出大清河，经东阿、利津入海，然后由海运入直沽达大都。后因海口淤沙壅塞，运道不通，又改由东阿运至临清入御河①。会通河南起须城安山之西接济州河，中经寿张西北过张秋（今阳谷县张秋镇）、东昌（今聊城），而后向西北至临清抵达御河。这条"开魏博之渠，通江淮之运，古所未闻"②的会通河，全长250多里，其中聊城段作为会通河的大部，长达195里。进入明清时期，由于大运河得到进一步整治和疏浚，京杭大运河更加畅通。南北大运河的贯通，不仅加强了京城与繁华富足的江南地区的联系，而且改变了鲁西一带交通闭塞落后的状况③，由此极大地带动了鲁西部地区经济的发展和繁荣。正是随着济州河、会通河的修凿通航，京杭大运河的全线贯通，聊城区域经济尤其是商业经济迅速发展和繁荣起来。当时聊城运河两岸已是舳舻相接，"帆樯如林，百货山集，当其鼎盛时，绵亘数十里，市肆栉比"④，南来北往的各地商贾云集于此，种类繁多的店铺星罗棋布于运河两岸和城中大街小巷，商业极为繁盛。当时的临清由于处于会通河与卫运河交汇之处，商业

---

　　①　参见李孝聪《中国区域历史地理》，北京大学出版社2004年版，第193—194页。

　　②　（明）陈邦瞻：《元史纪事本末》卷12《运漕》，中华书局1979年版，第90页。

　　③　对于会通河开挖后改变山东西部交通状况的作用，有学者是这样进行诠释的："运河的修治虽然是以漕运为目的的，但是运河起于京城，穿越直隶、山东、江苏、浙江数省，连接海河、黄河、淮河、长江、钱塘江五大水系，事实上已成为明清时期的南北交通大动脉。位于山东境内会通河全是由人工开挖而成，它的开通，不仅使得整个京杭大运河畅行无阻，而且从根本上改变了山东西部地区交通闭塞的局面。流过山东及邻近省份的自然河道无不为其提供水源，于是这条人工河沟通了起源于河南流经河北进入山东的漳卫河，发源于河南的马颊河、徒骇河，山东境内东西走向的大清河、汶河、泗河与柳林河等，形成了以会通河为轴心的水路交通网。同时，山东境内的几条官道、大道或与运河平行，或与运河相交，形成了运河区域的陆路交通网。"参见王云《明清山东运河区域社会变迁》，人民出版社2006年版，第41页。

　　④　（民国）《临清县志》卷8《商业》。

贸易更为繁荣，"广平以南，四方水路，毕汇于临清，转漕京师，辐辏而进"①，是全国重要的商埠与漕运中心码头之一。据《明神宗实录》、乾隆《临清州志》等文献资料记载，明代隆庆、万历年间，临清有布店73家、缎店32家、杂货店65家、典当铺100余家、瓷器店20余家、纸店24家、辽东货店13家，大小客店数百家，还有盐店、粮店、茶叶店、羊皮店等。许檀先生在《明清时期的临清商业》中表明，明代临清城内店铺的数量至少有500家，如果再加上各种类型的作坊店铺、市集商贩，临清极盛时期的大小商业店铺已经超过千家。据此有学者认为，最迟到隆庆、万历年间，临清已成为华北首屈一指的商业城市。② 到清代，由于其商业和漕运业的兴盛，临清则被冠以"小天津卫"之誉。总之，伴随着运河的贯通和商业经济的发展，明清时期的聊城已发展为华北地区经济繁荣的城市之一，其辖区的临清和张秋甚至成为可以与南方的苏州、杭州媲美的繁华城市，以至当时有所谓"南有苏杭，北有临张"一语的广泛传播和流行。

其三，文化事业空前繁盛。伴随着运河的贯通和聊城地域商业经济的发展繁荣，聊城也进入文化事业兴盛发展的历史阶段。这里人文荟萃、文风盛极一时，小说戏曲、民间艺术、民俗文化、宗教文化等各种文化类型盛极一时。经济的发展与繁荣，也促进了聊城地域教育事业的蓬勃发展。明清时期，官学、私学、社学、义学、私塾等各类性质的学校教育在聊城普遍兴起，具有藏书和教育功能的书院也盛极一时，各县皆有书院，像清代时期聊城县建有光岳书院、聊西书院、平阴书院，东阿有少岱书院、洪范书院、雁泉书院、谷城书院等。文教事业的发达使这里人文荟萃，人才济济，文风盛极一时，有所谓"士多才俊，文风为诸邑之冠"③ 之说。像乾隆年间的临清"文教聿兴，科第接踵……衣冠文物胜于他邑"④。在明清时期的科举考试中，聊城科举中第的进士、举人不计其数，其中不乏佼佼者。明清时代，山东共产生了10名状元，其中东昌府就占了3名，这就是明代万历二十三年（1595）茌平籍状元朱之藩、清代开国状元聊城人傅以渐、康熙六十年（1721）聊城籍状元邓钟岳。经济的繁荣和文化

---

① （明）章潢：《图书编》卷35，文渊阁四库全书本。
② 参见王云《明清山东运河区域社会变迁》，人民出版社2006年版，第109页。
③ （宣统）《聊城县志》卷1《风俗》。
④ （康熙）《临清州志》卷1《风俗》。

教育事业的发达也带动了明清时期聊城刻书、印书以及与之相联系的藏书业的兴旺发达。明清时期，聊城的刻书印刷业发展迅速，大量的民间书坊纷纷出现，并在清代聊城出现了著名的书业德、善成堂、宝兴堂和有益堂"四大书庄"。而在藏书方面，清代聊城由道光年间进士杨以增所建的"海源阁"，因其所藏图书数量之多、版本之精而为海内外学人叹为观止，它与江苏常熟的"铁琴铜剑楼"、浙江湖州的"皕宋楼"、杭州的"八千卷楼"合称为"清代著名四大藏书楼"。

　　总之，明清时期，聊城已经成为鲁西政治、经济和文化发展的中心地区。在清朝，康熙皇帝曾先后4次巡幸东昌府，而乾隆皇帝在东巡、南巡中则前后9次驻跸聊城。这既反映出当时聊城的繁盛，也反映出当时聊城作为"天都之肘腋""江北一都会"的区位优势。

　　当然，也要看到，儒学的影响也是聊城世家望族涌现的重要因素。鲁地曲阜是儒家学派创始人孔子的故里，是儒学的发源地，相较于其他地区，儒家文化对鲁地及周边地区的影响更要深广，宋人晁补之所说的"鲁俗当周之盛及孔子时，文学为他国矜式。周衰诸侯并争，而鲁为弱国，文学亦微，然其故俗由秦、汉迄今，尚多经儒忠信之士。分裂大坏如五季，文物荡尽，而鲁儒犹往往抱经伏农野，守死善道，盖五十年而不改也"①，即反映了儒家文化对鲁地影响的持久和深远。从一定意义上说，聊城地域世家望族的兴盛，也与儒家文化对聊城区域的广泛影响密切相连。聊城地处鲁西，与儒学的发源地相隔不远，从地域文化上看，传统的儒家文化对聊城地区影响很大，儒家思想文化对社会各个阶层产生了深刻影响。从聊城地域出现的世家望族的家风家学不难看出，这些家族基本上是世以儒学相传，深受儒家思想文化的熏染和影响，非常重视对家族成员进行礼义廉耻、忠孝仁爱等儒家道统教育，鼓励后代子孙勤奋好学、勤俭持家，以此维系家族名誉和地位的持久发展。应该说，聊城地域世家望族兴盛，既与聊城地域的区位优势有关，也与儒家思想文化对聊城区域的广泛影响密切相连。

　　世家望族的兴起除了需要自身的文化因素外，还需要良好的社会文化环境，聊城地域政治、经济和文化区位优势的形成与确立，以及儒家文化的熏染和影响，无疑为聊城地域世家望族的涌现提供了必要的社会基础和社会条件。

————————

①　（宋）晁补之：《鸡肋集》卷34《张穆之触鳞集序》，文渊阁四库全书本。

四　汉魏至明清聊城仕宦家族文化特征

家族文化是家族子孙在特定的历史文化土壤中代代传承的结果，它对家族发展影响巨大、深远。家族文化一旦形成，不但能长期积淀于家族子孙的心理意识中，使家族文化的影响如水之波纹一样逐渐放大，而且世代传承的家族文化，又在很大程度上维持和提高了家族的政治地位与社会声望，二者互为因果，相辅相成，相互影响，相互促进。汉魏至明清时期兴起的聊城名门望族之所以能绵延数代得以发展并走上兴盛，从很大程度上讲，是与其优秀的家族文化紧密联系在一起的。

汉魏至明清时期聊城名门望族凸显出一些共同的家族文化特征，概而言之，主要体现在以下几个层面。

（一）注重家族子孙的学习和文化教育

注重家庭子孙的学习和文化教育，这是一个家族发展、兴盛的基础，也是根本。纵观汉魏至明清时期聊城的名门望族，所有家族都是将家庭子孙的教育放在首位，教育子孙努力学习，树立志向。在他们看来，努力学习不仅是成就自己事业的基础和保障，也是光大家族门荫、保持家族门第不坠的基础和保障。如宋代三槐王氏家族的先人王僧虔写信告诫儿子的话就颇具代表性：

> 僧虔宋世尝有书诫子曰："知汝恨吾未许汝学，欲自悔厉，或以闺棺自欺，或更择美业，且得有慨，亦慰穷生。但亟闻斯唱，未睹其实，吾未信汝，非徒然也。往年有意于史，取《三国志》聚置床头，百日许，复徙业就玄。汝曾未窥其题目，未辨其指归，而终日自欺人，人不受汝欺也。由吾不学，无以为训，然重华无严父，放勋无令子，亦各由己耳。汝辈窃议，亦当云'阿越不学，何忽自课'？汝见其一耳，不全尔也。设令吾学如马、郑，亦复甚胜，复倍不如，今亦必大减，致之有由，从身上来也。汝今壮年，自勤数倍，许胜劣及吾耳。
>
> 吾在世虽乏德素，要复推排人间数十许年，故是一旧物，人或以比数汝耳。即化之后，若自无调度，谁复知汝事者。舍中亦有少负令

誉、弱冠越超清级者，于时王家门中，优者龙凤，劣犹虎豹。失荫之后，岂龙虎之议？况吾不能为汝荫，政应各自努力耳。或有身经三公，蔑尔无闻，布衣寒素，卿相屈体，父子贵贱殊，兄弟声名异，何也？体尽读数百卷书耳。吾今悔无所及，欲以前车诫尔后乘也。汝年入立境，方应从宦，兼有室累，何处复得下帷如王郎时邪？各在尔身己切，岂复关吾邪！鬼唯知爱深松茂柏，宁知子弟毁誉事。"①

　　其实，通过努力学习以使自己和家族显贵，这是上述名门望族的共识。像东昌府朱氏家族朱鼎延在追述祖父望庵公对他的教诲时称祖父"虽未入庠，极重读书，我父叔攻业最严。余幼时尝面训曰：'尔等不读书，异日差徭累，自悔之迟矣！'……又以手摩余额曰：'异日光我门户者，必此人也。'……其居乡也，和平严毅，传家以耕读、勤俭、忠孝、廉节，教子孙如是，故乡里亦如是。一生无不可告人之言，无不可对人之事，酒色财气绝不沾滞。初任徐州吏目，一毫不苟取，家泊如也。两任直隶潼关卫巡检，三月而即致仕归家，劝读课耕。其后我父入庠，日稍充裕，惟务勤俭，一毫不敢浪费，一时不肯自逸"②。前辈严格的家庭教育，再加上前辈的以身作则，使后代子孙耳濡目染，在一种良好的家庭文化环境中成长壮大，显贵的门户也必将在这种代代相袭的家族文化中形成与光大。也正是基于这样的认识，聊城无论是汉魏唐宋时期兴起的仕宦家族，还是明清时期出现的名门望族，对家庭子孙的教育都十分严格，像高唐华氏家族的族人华歆，"遇子弟甚整，虽闲室之内，严若朝典"③，华廙则"栖迟家巷垂十载，教诲子孙，讲诵经典"④。宋代三槐王氏族人王旦也经常教育后代子孙要通过勤奋学习"自立"成才，还将后代召至膝下，用诗激奖后代通过学习励志来获取功名："祖先敦行家声远，重庆儿孙真学文。励志夙宵能自勉，前途可望致青云。"⑤ 东昌府傅氏家族对家庭子弟

---

① （唐）李延寿：《南史》卷22《王僧虔传》，中华书局2000年版，第398—399页。

② 政协聊城市东昌府区文史资料委员会编：《东昌望族》，山东省新闻出版局2003年版，第54页。

③ （南朝宋）刘义庆撰，（南朝梁）刘孝标注：《世说新语》卷上之上《德行第一》，文渊阁四库全书本。

④ （唐）房玄龄等：《晋书》卷44《华廙传》，中华书局1974年版，第1261页。

⑤ （宋）王素：《文正王公遗事》，载《全宋笔记》第一编第五册，大象出版社2008年版，第193页。

的教育也非常严格,"阁老傅"傅氏家族傅伦虽然其"性倜傥不羁,而督课子孙则严甚"①。而"御史傅"家族的傅光宅则对家族子侄"量材授赀,使修生业,而集其俊少,肄之家塾,朝夕亲督课之"②。

(二) 通经术,善属文,仕宦家族和文化家族合二为一

在汉魏至明清时期聊城出现的世家望族中,大部分家族不仅簪缨相继,在朝为官者代不乏人,而且其家族成员在文化、学术领域也颇有建树和贡献,学术文化名人辈出。他们通经术,善属文,许多人在文学、史学、经学等方面作出了贡献,仕宦家族和文化家族合二为一。作为"自汉代……博士传授之风气止息以后,学术中心移于家族,而家族复限于地域,故魏、晋、南北朝之学术、宗教皆与家族、地域两点不可分离"③ 的魏晋南北朝时代,这一时期聊城的仕宦家族更是凸显出文化家族的特征。清河崔氏族人就体现出特别鲜明的文化修养,像勤奋好学的崔光,才学突出,在诗文、史学、佛经等方面皆有建树。出任陕西大使"巡方省察"时,崔光"所经述叙古事,因赋诗三十八篇"。他曾"依宫商角徵羽本音而为五韵诗",还与李彪"共撰国书"。他"崇信佛法,礼拜读诵,老而逾甚。……每为沙门、朝贵请讲《维摩》、《十地经》,听者常数百人。即为二经义疏三十余卷,识者知其疏略。凡所为诗赋铭赞诔颂表启数百篇,五十余卷,别有集"④。"少好读书"的崔光侄子崔鸿,"博综经史","弱冠便有著述志。见晋、魏前史,皆成一家,无所措意。以刘元海、石勒、慕容俊、苻健、慕容垂、姚苌、慕容德、赫连屈子、张轨、李雄、吕光、乞伏国仁、秃发乌孤、李暠、沮渠蒙逊、冯跋等并因世故,跨僭一方,各有国书,未有统一,鸿(崔鸿)乃撰为《十六国春秋》,勒成百卷,因其旧记,时有增损褒贬焉"⑤。作为一部记述自西晋灭亡至北魏统一前北方及四川地区十六国历史的史学著作,崔鸿所编修的《十六国春秋》有较

---

① 《晓窗肖窗心海傅公三代神道碑》,载(宣统)《聊城县志·耆献文征》卷下。
② (明)于慎行:《四川按察使提学副使傅公光宅墓志铭》,载(明)焦竑编《国朝献征录》(六),《明代传记丛刊·综录类》,明文书局印行,第63页。
③ 陈寅恪:《隋唐制度渊源略论稿》,生活·读书·新知三联书店2001年版,第20页。
④ (唐)李延寿:《北史》卷44《崔光传》,中华书局1974年版,第1615、1616、1622、1623页。
⑤ (唐)李延寿:《北史》卷44《崔光传》附《崔鸿传》,中华书局1974年版,第1625、1626页。

高的史学价值，由于其"考核众家，辨其同异，除烦补阙，错综纲纪"①，所以成为后来《魏书》《晋书》编修时参考的主要文本。其他如"涉历经史"的崔荣先、"聪敏有学识"的崔长文、"有文才"的崔铎②，皆是清河崔氏家族"通经术，善属文"的代表。同样，魏晋时期高唐的华氏家族也表现出突出的文化修养，像华歆三子华周"博学有文思"，华廙"有文翰"③，他曾"集经书要事，名曰《善文》，行于世"④。"有才学"的华峤，是西晋著名的学者和史学家，世称其为"良史"⑤，他所撰写的《后汉书》被时人认为"文质事核，有迁固之规，实录之风"⑥，唐人刘知几则称赞该书为"史官之尤美，著作之妙选"⑦。唐代魏州冠氏路氏家族也是典型的文学家族，其子孙大都"通经术，善属文"。像路泌"少好学，通《五经》，尤嗜《诗》、《易》、《左氏春秋》，能讽其章句，皆究深旨。博涉史传，工五言诗"⑧，在经学、诗歌创作、史学等方面皆有成就。路随则"以文学饰身……文学政事，为时所称"⑨。路群"精经学，善属文"⑩。宋代三槐王氏家族子孙相继入朝为官，其中爵高位显者不乏其人，同时其家族成员在文化上也能不断进取，出现了许多亦官亦文的文化名

---

① （唐）刘知几著，张振佩笺注：《史通笺注》卷12，贵州人民出版社1985年版，第453页。

② （唐）李延寿：《北史》卷44《崔光传》附传，中华书局1974年版，第1629页。

③ （晋）陈寿撰，（宋）裴松之注：《三国志·魏书》卷13《华歆传》注2，中华书局1999年版，第306页。

④ （唐）房玄龄、褚遂良等：《晋书》卷44《华廙传》，中华书局1974年版，第1261页。

⑤ （晋）陈寿撰，（宋）裴松之注：《三国志·魏书》卷13《华歆传》注2，中华书局1999年版，第306页。

⑥ 《晋书》中称："峤（华峤）博闻多识，属书典实，有良史之志……初，峤以《汉纪》烦秽，慨然有改作之意。会为台郎，典官制事，由是得遍观秘籍，遂就其绪。起于光武，终于孝献，一百九十五年，为帝纪十二卷、皇后纪二卷、十典十卷、传七十卷及三谱、序传、目录，凡九十七卷。峤以皇后配天作合，前史作外戚传以继末编，非其义也，故易为皇后纪，以次帝纪。又改志为典，以有《尧典》故也。而改名《汉后书》奏之，诏朝臣会议。时中书监荀勖、令和峤、太常张华、侍中王济咸以峤文质事核，有迁固之规，实录之风，藏之秘府。后太尉汝南王亮、司空卫瓘为东宫傅，列上通讲，事遂施行。"参见（唐）房玄龄、褚遂良等《晋书》卷44《华峤传》，中华书局1974年版，第1264页。

⑦ （唐）刘知几著，张振佩笺注：《史通笺注》卷11，贵州人民出版社1985年版，第400页。

⑧ （后晋）刘昫等：《旧唐书》卷159《路随传》附《路泌传》，中华书局2000年版，第2852页。

⑨ （后晋）刘昫等：《旧唐书》卷159《路随传》，中华书局2000年版，第2855页。

⑩ （后晋）刘昫等：《旧唐书》卷177《路岩传》附传，中华书局2000年版，第3132页。

人。像"穷经著书""论著成一家之言"① 的王巩，一生"跌荡于图书翰墨之囿，沈酣纵恣，洒然与众殊好"②，在诗文创作、经学、史学等领域皆取得了丰硕的成就。擅长诗文创作的三槐王氏族人王质，则"兼通佛老微旨"③。明清时期东昌府仕宦家族的文化特色更为突出，像耿氏家族耿愿鲁"幼颖慧，六岁即通经史，善诗，工楷书……所著有《韦斋集》七卷"④。"御史傅"家族傅光宅"四岁诵诗，十六经术通明"⑤。他"博闻强志，贯串百家，落笔千言，词采流丽，诗在唐盛中之间，莹洁俊逸，书模黄豫章体，苍郁有致，海内珍之。所著有《巽曲》、《吴门燕市》、《蚕丛》诸草行于世。凤慕方外之游，于内典、玄宗，无不深诣。谈说名理，指画世故，挥麈悬河，风生四座，而切近事情，不为虚论，听者为之醉心。……其才博大通敏，无所不宜"⑥。邓氏家族的邓钟岳，学识渊博，涉猎领域广泛，清宣统《聊城县志·邓钟岳》中称其"于书无所不读"。他精通《易》《礼》，擅长书法和诗文创作，著有《寒香阁诗集》四卷，"凡古今体诗一百九十二首，其诗颇温厚和平"⑦。另外还著有《文集》四卷、《知非录》一卷。《知非录》为其"晚年讲学所记，故取蘧伯玉事为名，犹其自号悔庐之意也"⑧。"阁老傅"家族作为清朝"开代文章第一家"，在经学、史学、文学等文化领域更是代有人才，清代开国状元傅以渐就是"阁老傅"家族的杰出代表。虽然傅以渐一生仕宦，但他亦仕亦文亦学术，学识渊博，著述丰富，是清代著名的学者。清代耿贤举在为其撰写的家传中说他"自诸生以迄通籍，垂四十年，读书奢学，手不释卷。凡天文、地理、礼乐、法律、兵农、漕运、马政，无不讨论。手集十

---

①　（宋）秦观著，徐培均笺注：《淮海集笺注》卷39《王定国注论语序》，上海古籍出版社1994年版，第1272—1273页。

②　（宋）苏辙：《栾城集》卷24《王氏清虚堂记》，上海古籍出版社1987年版，第510页。

③　（宋）范仲淹：《尚书度支郎中充天章阁待制知陕州军府事王公墓志铭》，载（宋）范仲淹著，李勇先、王蓉贵校点《范仲淹全集》卷14，四川大学出版社2007年版，第339页。

④　《山东通志》卷28之4《人物四》，文渊阁四库全书本。

⑤　（明）于慎行：《四川按察司提学副使傅公光宅墓志铭》，载（明）焦竑编《国朝献征录》（六），《明代传记丛刊·综录类》，明文书局印行，第62页。

⑥　同上书，第63页。

⑦　《钦定四库全书总目》卷184《集部三十七》，文渊阁四库全书本。

⑧　《钦定四库全书总目》卷98《子部八》，文渊阁四库全书本。

三经、二十一史《性理》、《通鉴》及诸子百家，咸荟萃成书"①。他精通经学，著有《周易通注》《四书易经制义》《内则衍义》，还曾因"不数年入相……自以显荣太骤，盛年告归，杜门著书，深得老氏之学"②。他还是有清一代著名的史学家，曾主持修撰过《明史》、清《太宗实录》《聊城县志》，还担任过清太祖、清太宗《圣训》和《通鉴全书》总裁官。另外，他还工于诗文创作。

（三）以儒学修身，孝悌传家

儒学作为中国古代诸子百家中影响最大的流派，特别是儒学成为显学之后，儒学所宣扬的道德规范和价值理念一直是传统中国人所恪守的思想指南和行为规范。作为历史上代有闻名的名门望族，更是将家族子孙的儒学相尚和践履放在重要位置，视儒学传家为家族世代延续发展的基础和保障。同历史上所有的名门望族一样，上述聊城所出现的仕宦家族亦体现出同样的家族文化特点，其家族子孙大都体现出儒家所倡导的仁、义、礼、智、信、孝、悌、忠、恕、恭、宽、让、温、诚、敬、慈、直、俭、谦等一系列儒家风范，以儒修身，孝悌传家。魏州冠氏路氏家族的路岩"性志纯洁"，儒家所倡导的谦和谦让在他身上有鲜明体现，他虽然历居高位，但"居循循谦饬，若不在势位者。所与交，虽褐衣之贱，待以礼，始终一节"③。清河崔氏家族的许多族人亦是这样，如"少有大度，喜怒不见于色。有毁恶之者，必善言以报，虽见诬谤，终不自申曲直"的崔光，"宽和慈善，不忤于物，进退沈浮，自得而已。……光（崔光）初为黄门则让宋弁；为中书监让汝南王悦；为太常让刘芳；为少傅让元晖、穆绍、甄琛；为国子祭酒让清河王怿、任城王澄；为车骑、仪同让江阳王继，又让灵太后父胡国珍，皆顾望时情"，以至于"议者以为矫饰"④。崔光之子崔劢、之弟崔敬友，则表现出儒家所提倡的宽厚、清俭的君子人格特征，崔敬友"恭宽接下，修身厉节"，崔劢"少清虚寡欲，好学有家

① （清）耿贤举：《皇清诰授光禄大夫少保兼太子太保武英殿大学士兵部尚书加一级傅公家传》，载《东郡傅氏族谱》，道光癸卯重修，嘉荫亭藏版。
② 《山东通志》卷28之4《人物四》，文渊阁四库全书本。
③ （宋）欧阳修、宋祁：《新唐书》卷184《路岩传》，中华书局1975年版，第5396页。
④ （唐）李延寿：《北史》卷44《崔光传》，中华书局1975年版，第1615—1616、1622—1623页。

风。……清俭勤慎"，其"清俭勤慎"的文化人格甚至"为齐文宣所知"。① 唐代孙氏家族的孙瑝，"节峻诚坚，无触利之交，无苟随之势，感一饭必思有所效，而坛宇凝旷，未尝屑意于曲俗，故遇人无假诚，待物无伪貌，江澄岳耸，莫可动摇。洎释褐至唸遂，亲戚有不能自持者，无疏密耆幼，名宦婚葬，居室□体，一资于公"②，儒家诚实无妄、亲亲仁爱的精神在他身上表现得尤为鲜明。清代东昌府任氏家族任克溥，宣统《聊城县志》称其"孝友性成，读书忘倦，急难好施，客居二十余年，捐偿学庙等，祀乡贤"，"人以为有范文正之风，遇人极谦谨难比，闾耆老必与为礼，不念旧怨……为生时曾代友远输官豆，仁心义质，为时所重"，"故吏慑其威而民怀服之"。③ 东昌府朱氏家族朱鼎延凸显出鲜明的儒者风范，为官期间，"潜心程朱之学，时以正心诚意持己，训人素甘淡泊，虽位至司空，全不经营资产，东郡考院，倾圯捐金修整，至今焕然"④。

　　传统中国社会结构以家族为本位，因而作为"始于事亲"的家庭道德规范"孝悌"观在传统中国社会也就有了特别重要的地位。《尚书·康诰》把"子孝"作为天神赐予民众的法则之一，孔子极力提倡孝悌之道，认为"孝弟（悌）也者，其为仁之本与"⑤，把不孝看作最大的罪过："五刑之属三千，而罪莫大于不孝"，视"非孝者无亲"为"大乱之道"⑥。这种以"孝亲"为核心的家庭伦理道德，不仅是宗法社会的支柱，也是家庭关系的支柱，它与宗法传统相配合，经孔子、孟子等儒家学派的阐扬，成为传统中国人普遍存在的一种文化心理情感。纵观中国历史上的名门望族，其家族望族地位之所以能长期延续，一个很大原因就在于其家族子孙普遍存在的这种"亲亲为大"⑦ 的文化心理情感。聊城历史上的名

---

① （唐）李延寿：《北史》卷44《崔光传》，中华书局1975年版，第1623、1624页。

② （唐）李都：《唐故御史中丞汀州刺史孙公墓志铭并序》，载陈尚君辑校《全唐文补编》卷83，中华书局2005年版，第1035页。

③ （宣统）《聊城县志·任克溥》。

④ 《山东通志》卷28之4《人物四》，文渊阁四库全书本。

⑤ 《论语·学而》，中华经典藏书本，中华书局2007年版，第2页。

⑥ （唐）唐明皇御注，（唐）陆德明音义，（宋）邢昺疏：《孝经注疏》卷6《五刑章第十一疏》，文渊阁四库全书本。

⑦ 《中庸》："仁者人也，亲亲为大；义者宜也，尊贤为大。"见（宋）朱熹《四书集注·中庸章句》，岳麓书社1987年版，第40页。

门望族也概莫能外，其家族子孙以孝悌传家的文化特色非常突出。像魏州冠氏路季登家族的路群"性仁孝，志行贞洁。父母殁后，终身不茹荤血"①。魏州冠氏另一路氏家族的路随、路泌在宗族当中亦是"以孝悌闻于宗族"②。再像清河崔氏家族的崔光，由于"家贫""佣书以养父母"③。华氏家族的华歆亦是亲亲之爱的典范，《三国志》记载其"素清贫，禄赐以振施亲戚故人"，由于常常馈赠亲戚故人，以至于"家无担石之储"④。唐代博州乐安孙氏家族的孙幼实，也表现出与华歆相同的文化人格，他积极践履儒家倡导的亲亲之爱，以孝闻于家乡，"秩未终，以阳氏季妹孀居襄汉，群稚无主，乃挈家赴于汉南，奉妹庇甥，未尝一日有间"⑤。三槐王氏家族的王质"性纯孝，与家人道先君事，必感激泣下。故厚于宗族，每拳拳焉，忧乐同之"⑥。清代东昌府任氏家族任克溥，清代状元、礼部尚书韩菼在为其撰写墓志铭中称其"度量深沉，事亲最孝"⑦。东昌府"御史傅"家族的傅光宅孝亲之德体现得更为突出，据于慎行为其撰写的墓志铭记载，傅光宅"奉使岷藩道中，迁南京兵部郎中，而又闻太恭人讣也。其时公年长矣，一痛几陨，头须为白。服除，结庐河上，矢不复出。里长老皆前劝语，乃以戊戌诣阙"；又说他"孝友乐易，情谊周洽，于人无所不亲。……先世田庐，推以予弟，不取其分。……又尝置腴田五百，以奉两庠膏楮。内外戚属待之举火者，亦无虑数千指矣"⑧。其亲亲仁爱之举令人动容。

---

①　（后晋）刘昫等：《旧唐书》卷 177《路岩传》附传，中华书局 2000 年版，第 3132 页。

②　（后晋）刘昫等：《旧唐书》卷 159《路随传》，中华书局 2000 年版，第 2852 页。

③　（唐）李延寿：《北史》卷 44《崔光传》，中华书局 1974 年版，第 1615 页。

④　（晋）陈寿撰，（宋）裴松之注：《三国志·魏书》卷 13《华歆传》，中华书局 1999 年版，第 304 页。

⑤　（唐）孙徽：《唐故河南府长水县丞乐安孙府君墓志铭并序》，载周绍良、赵超主编《唐代墓志汇编》，上海古籍出版社 1992 年版，第 2504 页。

⑥　（宋）范仲淹：《范文正公文集》卷 14《尚书度支郎中充天章阁待制知陕州军府事王公墓志铭》，载（宋）范仲淹著，李勇先、王蓉贵校点《范仲淹全集》，四川大学出版社 2007 年版，第 338—339 页。

⑦　（清）韩菼：《皇清诰授光禄大夫刑部左侍郎加四级正一品加刑部尚书海眉任公墓志铭》，载政协聊城市东昌府区文史资料委员会编《东昌望族》，山东新闻出版局 2003 年版，第 22 页。

⑧　（明）于慎行：《四川按察司提学副使傅公光宅墓志铭》，载（明）焦竑编《国朝献征录》（六），《明代传记丛刊·综录类》，明文书局印行，第 62、63 页。

(四) 诚厚为国，仁以为己任

"穷则独善其身，达则兼善天下。"① 儒家要求显达之后要以天下为己任，要"居天下之广居，立天下之正位，行天下之大道"②，要"乐以天下，忧以天下"③。聊城历史上这些深受儒学影响的仕宦家族，在为政实践中也同样体现出儒家所倡导的以天下为己任的为政风范，诚厚为国，悉心为政。这主要体现在如下两个方面。

其一，敢言敢谏。儒家经典《忠经》有言："忠臣之事君也，莫先于谏。"④ 指出"君子之事上也，入则献其谋，出则行其政……秉职不回，言事无惮，苟利社稷，则不顾其身"⑤。宋代大儒范仲淹也指出"儒者报国，以言为先"⑥，认为"臣不兴谏则君道有亏"⑦。检索文献史料不难看出，聊城仕宦家族大都体现出敢言敢谏的为政风格，他们"入则献其谋"，"言事无惮"。华氏家族的华歆"常以为人臣陈事，务以讽谏合道为贵"⑧。魏州冠氏家族的路随"有学行大度，为谏官能直言，在内廷匡益"，"会李绛讽上纳谏，宪宗皇帝曰：'谏官路随、韦处厚章疏相继，朕常深用其言'"。史官曾评价路随等大臣"致位崇极。兼之忠说，垂名简书，兹实有足多也"⑨。三槐王氏族人王素、王速仕宦期间亦是直言敢谏：王素"及为御史谏官，论事上前，不挠权势，不顾嫌忌，称为敢言。侍读经阁，至于前言往行，必精切开说，因以讽劝。仁宗常命公悉上御史谏

---

① 《孟子·尽心上》，中华经典藏书本，中华书局 2006 年版，第 291—292 页。
② 《孟子·滕文公下》，中华经典藏书本，中华书局 2006 年版，第 125 页。
③ 《孟子·梁惠王下》，中华经典藏书本，中华书局 2006 年版，第 29 页。
④ （汉）马融：《忠经·忠谏章第十五》，载（元）陶宗仪《说郛》卷 70 下，文渊阁四库全书本。
⑤ （汉）马融：《忠经·百工章第四》，载（元）陶宗仪《说郛》卷 70 下，文渊阁四库全书本。
⑥ （宋）范仲淹：《范文正公文集》卷 17《让观察使第一表》，载（宋）范仲淹著，李勇先、王蓉贵校点《范仲淹全集》，四川大学出版社 2007 年版，第 403 页。
⑦ （宋）范仲淹：《范文正公别集》卷 2《从谏如流赋》，载（宋）范仲淹著，李勇先、王蓉贵校点《范仲淹全集》，四川大学出版社 2007 年版，第 483 页。
⑧ （晋）陈寿撰，（宋）裴松之注：《三国志·魏书》卷 13《华歆传》注 2，中华书局 1999 年版，第 304 页。
⑨ （后晋）刘昫等：《旧唐书》卷 159《路随传》，中华书局 2000 年版，第 2855、2853、2855 页。

官时所论事,间省阅之,盖有简于上心者深矣"①;而"慨然有大志,不为无用之学,究极事变著明利病,动数千言"的王速,"既居言责,当国家多事,知无不言;居宪台,百日谏垣三旬,而前后论奏数十上,皆切中事"②。东昌府任氏家族的任克溥任职期间,有关朝廷政治得失、民生疾苦多有上言。如康熙八年(1669),任克溥上疏陈民生疾苦数端:"有司派殷户催粮,粮单中多列逃亡绝户,无可征粮;且有粮册无名,按时追比,致倾家以偿者。……河漕附近,籍民应役,衣敝履决,力尽筋疲,而工食或至中饱。浅夫闸夫,卖富差贫,一名更至数十名,衙役捕击恫吓,民被累无穷。"针对民生疾苦,任克溥请求清廷"敕督抚清厘惩禁"③。《清史稿·任克溥》记载说,"乾隆四十七年,高宗览克溥条奏诸疏,善之,谕:'克溥逮事两朝,抒诚建白,无愧直言謇谔之臣。'并命录诸疏宣示"④。清河崔氏家族的崔光,为政期间不畏权势,接二连三地上表进行谏诤。譬如:熙平元年(516),"灵太后临朝,每于后园亲执弓矢,光(崔光)乃表上中古妇人文章,因以致谏"。当年秋天,"灵太后频幸王公第宅",崔光又上表劝谏:"《礼记》云:诸侯非问疾吊丧,入诸臣之家,谓之君臣为谑。不言王后夫人,明无适臣家之义。……但帝族方衍,勋贵增迁,祗请遂多,将成彝式。陛下遵酌前王,贻厥后矩,天下为公,亿兆己任。专荐郊庙,止决大政,辅神养和,简息游幸,则率土属赖,含生仰悦矣"。神龟二年(519)八月,"灵太后幸永宁寺,躬登九层佛图",崔光再次上表劝谏:"伏见亲升上级,仵跻表刹之下,祗心图构,诚为福善,圣躬玉趾,非所践陟。臣庶恇惶,窃谓未可。"当年九月,灵太后幸嵩山佛寺,崔光再一次上表谏诤。⑤博州武水孙氏家族敢言敢谏的为政风格表现得也特别突出,像孙景商为官期间曾"居数月,疏四五上,皆政之失而除授之乖舛者"⑥。

其二,勤政廉明。在社会政治生活中,仕宦者居官理政除了直言敢谏

---

① (宋)张方平:《乐全集》卷37《宋故端明殿学士金紫光禄大夫行工部尚书致仕上柱国太原郡开国公食邑三千八百户食实封一千二百户谥懿敏王公神道碑铭并序》,文渊阁四库全书本。

② (宋)楼钥:《攻媿集》卷90《国子司业王公行状》,文渊阁四库全书本。

③ 赵尔巽等:《清史稿》卷264《任克溥传》,中华书局1977年版,第9221页。

④ 同上书,第9222页。

⑤ (唐)李延寿:《北史》卷44《崔光传》,中华书局1974年版,第1620、1621页。

⑥ (唐)蒋伸:《唐故天平军节度赠兵部尚书乐安孙府君墓志铭》,载周绍良、赵超主编《唐代墓志汇编》,上海古籍出版社1992年版,第2345页。

外，最主要的莫过于勤政廉明的为官之道了。宋代循吏张咏就曾深有感触地说过："事君者，廉不言贫，勤不言苦，忠不言己效，公不言己能，斯可以事君矣。"①勤政廉明要求为官者洁身自爱，"博施于民而济众"②，"修己以安百姓"③。聊城名门望族仕宦成员深谙勤政廉明的为官之道，并将其贯穿于自己的为政实践之中。像华氏家族的华歆为政因"深虑国计"而为明帝"甚嘉之"，其为政"清静不烦，吏民感而爱之"④。裴松之为《三国志》所作注中称华歆"淡于财欲，前后宠赐，诸公莫及，然终不殖产业。陈群常叹曰：'若华公，可谓通而不泰，清而不介者矣。'"又称"华太尉积德居顺，其智可及也，其清不可及也。事上以忠，济下以仁"⑤。华歆之子华博，"历任三县内史，治有名迹"⑥。博州武水孙氏家族勤政廉明的为政风格表现得更为鲜明，像孙成任职期间，尽职尽责，"务于修职，问以谣俗，因而行化，或豪桀负阻，攘于白书，兼风俗剽轻，未渐于教义。下令纠慢，盗止而山空；敦学尚儒，户晓而人劝"⑦。孙简为官则处处"以己率下，一毫不自私"⑧。崔氏家族的崔庠，任东郡太守、颍川太守时，"颇有政绩"⑨。"阁老傅"家族的傅永绰，为政所到之处，"莫不以教孝悌、勤鞫讯、劝农桑、恤茕独为先务，而尤长于弭盗，所获巨盗甚多"⑩；"强干有为"的傅京辉出任盐源县知县期间，勤于政务，积极有为，"开市场，建学宫，修养济院及道路桥梁，凡有益地方

---

① （宋）王称：《东都事略》卷45《张咏传》，载《二十五别史》本，齐鲁书社2005年版，第355页。

② 《论语·雍也》，中华经典藏书本，中华书局2007年版，第83页。

③ 《论语·宪问》，中华经典藏书本，中华书局2007年版，第226页。

④ （晋）陈寿撰，（宋）裴松之注：《三国志》卷13《华歆传》，中华书局1999年版，第306、302页。

⑤ （晋）陈寿撰，（宋）裴松之注：《三国志·魏书》卷13《华歆传》注2，中华书局1999年版，第305页。

⑥ 同上书，第306页。

⑦ （唐）孙绛：《唐故中大夫守桂州刺史兼御史中丞充桂州本营都防御经略招讨观察处置等使上柱国乐安县开国男赐紫金鱼袋孙府君墓志铭并序》，载周绍良、赵超主编《唐代墓志汇编》，上海古籍出版社1992年版，第1856页。

⑧ （唐）令狐绹：《唐故银青光禄大夫检校司空兼太子少师分司东都上柱国乐安县开国侯食邑一千户赠太师孙公墓志铭并序》，载周绍良、赵超主编《唐代墓志汇编续集》，中华书局2001年版，第1111页。

⑨ （唐）李延寿：《北史》卷44《崔光传》附传，中华书局1974年版，第1629页。

⑩ （宣统）《聊城县志》卷8《人物志·傅永绰》。

者莫不勇力为之。暇则与诸生讲习。风俗文章，翕然丕变，士民悦服"①。

（五）宋明清时期的仕宦家族体现出科第起家的特性

除了上述一些特征之外，宋明清时期的名门望族则体现出科第起家的特性。自宋代开始，随着科举制度的变革和发展，特别是"取士不问家世"将门第等级观念的打破，宋明清时期家族的兴盛，基本上走的是以科举起家的路子，门第、血统关系在政治生活中弱化。因此自宋代开始，中国历史上大量的以科举起家而走上兴盛的名门望族不断涌现。正如台湾学者黄宽重先生所说："唐代以前，世家大族在政治、社会乃至经济上都具有举足轻重的地位，形成门第社会。到了宋代，科举考试成为步入政治的主要阶梯，也是影响家族荣枯的重要因素。"② 宋明清时期聊城出现的名门望族也体现了这一特点。像三槐王氏家族是著名的科举仕宦家族，其家族主要是依靠科举和个人的才能而得以发展兴盛的。世代务农经商的东昌府"阁老傅"家族自傅以渐状元及第之后，便迅速发展成鲁西的名门望族。明清时期东昌府杨氏家族自杨氏族人杨以增进士及第后，杨氏家族也迅速发展成世代为宦的仕宦家族，许多为朝中高官。任氏家族子孙自由武转文、走上科举及第道路后，其家族不仅成为世代簪缨相继的仕宦家族，同时亦发展成为亦官亦文的文化家族。其他如"世进士第"的东昌府朱氏家族、文武同向发展的邓氏家族、以傅光宅为代表的"御史傅"家族、东昌府耿氏家族，皆是因家族子孙科举及第而使家族走上兴盛之路的。

任何名门望族的形成皆经历了漫长的历史发展阶段，在其发展过程中，形成了特色鲜明的家族文化。这些家族文化积淀了中国传统文化的基本价值取向。子孙世代相承的家族文化，不仅促进了家族自身的发展，而且给后人留下了一笔丰厚的精神文化遗产。

五　学术研究综述

中国传统社会是以家族为本位的宗法社会，强调以家族为中心，家族

---

① 盐源县地方志办公室编：《盐源史志资料》1988 年第 4 期，转引自李泉《清代聊城傅氏家族文化研究》，中华书局 2013 年版，第 137 页。

② 黄宽重：《宋代的家族与社会》，（台北）东大图书股份有限公司 2006 年版，第 27 页。

是社会的基本细胞。正如中国文化名人梁启超在《新大陆游记》中所说：
"吾中国社会之组织，以家族为单位，不以个人为单位，所谓家齐而后国
治是也。周代宗法之制，在今日其形式虽废，其精神犹存也。"① 家族对
中国传统社会政治、经济、文化等各个方面有着极为重要的影响。由此，
家族问题的研究始终成为学术界研究的重要课题。有学者指出，早在 20
世纪二三十年代，近代学者就开始了对家族制度的研究，出版了吕思勉的
《中国宗族制度小史》（中山书局 1929 年版）、陶希盛的《婚姻与家庭》
（商务印书馆 1934 年版）、高达观的《中国家族社会之演变》（正中书局
1934 年版）、潘光旦的《明清两代嘉兴的望族》（商务印书馆 1941 年
版）、王伊同的《五朝门第》（成都金陵大学中国文化研究所 1943 年版）、
瞿同祖的《中国与中国社会》（商务印书馆 1947 年版）等专著。日本学
者则从 40 年代开始，出版了加藤常贤的《中国古代家族制度研究》、清
水盛光的《支那家族的构造》（岩波书店 1942 年版）、《中国族产制考》
（岩波书店 1949 年版）、牧野巽的《支那家族研究》（生活社 1944 年版）
和《近世中国宗族研究》（日光书院 1944 年版）、守屋美都雄《中国古代
的家族和国家》和《中国古代的家族研究》等一大批有代表性的研究论
著。进入 80 年代后，家族史的研究受到学界的普遍关注，研究成果不断
问世，有代表性的研究成果有徐扬杰的《中国家族制度史》（人民出版社
1992 年版）和《明清家族制度史论》（中华书局 1995 年版）、冯尔康、
常建华等编著的《中国宗族社会》（浙江人民出版社"社会史丛书"1994
年版），朱凤瀚的《商周家族形态研究》（天津古籍出版社 1990 年版）、
郑振满的博士论文《明清福建家族组织与社会变迁》（湖南教育出版社
"博士论丛"1992 年版）、朱勇的博士论文《清代宗族法研究》（湖南教
育出版社"博士论丛"1987 年版）②，以及常建华的《宗族志》（上海人
民出版社 1998 年版）等。

　　21 世纪是家族史研究继续发展和兴盛时期，从已有的研究成果看，
这一时期的家族史研究除了一些宏观性的成果外（如陈其南的《家族与
社会》，联经出版社 2004 年版），主要侧重于某个具体历史时期或某一历
史时期具体家族的探索，或者侧重于某一区域家族的研究。代表性成果如

---

　　① 梁启超：《饮冰室合集》专集第 5 册，中华书局 1989 年版。
　　② 陈爽：《近年来有关家族问题的社会史研究》，《光明日报》1998 年 10 月 24 日。

王善军的《宋代宗族和宗族制度研究》（河北教育出版社 2000 年版），该书首先论述了唐宋之际宗族制度的变革，然后分上篇、下篇和终篇。上篇探索了宋代宗族谱牒、宗族公产、家法族规、宗族祭祀、族塾义学、宗祧继承等宗族各项组织制度和原则，下篇对同居共财大家庭、基层社会中的强宗豪族、专制政治中的世家等几项重要宗族类型进行了分析，终篇则分析了宋代宗族制度的社会职能、宗族观念、宗族制度的历史影响。林济的《长江流域的宗族与宗族生活》（湖北教育出版社 2004 年版），主要对长江流域族群的发展与宗族文化的形成、苏州宗族与宗族生活、徽州宗族与宗族生活、巴蜀宗族与宗族生活等内容做了具体探索。夏炎的《中古世家大族清河崔氏研究》（天津古籍出版社 2004 年版），主要对清河崔氏大族的形成、清河崔氏与十六国南北朝政治、隋唐清河崔氏地位的变化、清河崔氏各房支与隋唐政治、清河崔氏的婚姻关系、清河崔氏家传文化，以及中古清河崔氏的社会地位等进行了系统研究。刘焕阳的《宋代晁氏家族及其文献研究》（齐鲁书社 2004 年版），对晁氏家族的世系行状、晁氏家族的师友交游、著述以及晁补之生平思想及文学创作等进行了论述。王善军的《世家大族与辽代社会》（人民出版社 2008 年版），对辽朝契丹、奚、渤海、汉人等民族的主要世家大族的经济势力及其代表的经济关系、世家大族的仕宦与政治地位、世家大族的教育与文化成就、世家大族的社会生活、世家大族社会地位的维护与衰败、世家大族的历史地位等内容进行了系统而深入的研究。黄宽重的《宋代的家族与社会》（台北：东大图书股份有限公司 2006 年版）一书，"由个案研究出发，探讨浙江四明及江西地区六个著名士人家族的兴衰与社会关系演变。最后则跳脱个案研究的框架，进一步说明宋代家族发展成败的要素，并对长久以来关于宋代社会究竟是'流动性'或'封闭性'的争议，提供新的看法"，该书"有助于掌握宋代士人家族发展样貌，更进一步了解士族在中国近世基层社会中所扮演的角色"（封底）。郑振满的《明清福建家族组织与社会变迁》（中国人民大学出版社 2009 年版）"运用历史学与人类学相结合的研究方法，提出了分析中国传统家族组织的动态理论模型。通过解读闽台地区现存的族谱、分家文书等家族史资料，考察家庭结构的周期性变化、宗族组织的不同类型、宗族发展的区域性特征，探讨家族组织与中国传统社会结构的内在联系。作者认为，明清时期家族组织的普遍发展，反映了宗法伦理的庶民化、基层社会的自治化、财产关系的共有化，体现了社会意识形态的'泛家族主义'倾向"。王蕊的《齐鲁家族聚落与文化变迁》（齐鲁书社 2008 年版），是一部探索齐鲁家族聚落兴衰变迁和齐鲁家族文化内涵的学术专著，该书首先在引言部分对齐鲁家族社会的产生与流变进行了论述，然后对齐鲁家族聚落遗存、齐鲁家族聚落组织与文化特征、齐鲁家族文化的发展与演变、齐鲁家族习俗文化、齐鲁传统家族文化内涵、齐鲁家族文化的衰落与嬗变等内容进行了深入分析研究。朱亚非等著有《明清山东仕宦家族与家族文化》（山东人民出版社 2009 年版），对山东临朐冯氏家族、诸城刘氏家族、海丰吴氏家族、日照丁氏家族、黄城丁氏家族、大店庄氏家族进行了研究。王志民主编的《山东文化世家研究书系》（中华书局 2013 年版），对山东历史上 28 个文化世家（每个文化家族为一本专著）的兴起与发展、家族的主要代表人物、婚姻状况、家族交游、家学家风等方面进行了具体考察和探索。除了学术专著外，21 世纪更有大量的学术论文从不同层面对名门望族进行具体探索，如王欣的《中古吴地文学世家研究》（《苏州科技学院学报》社会科学版 2004 年第 3 期），认为除民间文学外，传世的中古吴地文学家基本上是世家大族出身；中古吴地世家大族的兴衰与其文学成就高低密切相连，东汉至三国声名显赫的吴郡朱张顾陆四大家族，在两晋南朝这一历史时期有两种截然不同的发展轨迹：文化包括文学能力较强的家族家势绵延不衰，反之则家声不振。赵红卫的《明清时期山东文化世家之母教研究——以安丘曹氏为中心的考察》（《理论学刊》2012 年第 3 期）一文，论述了母教与明清时期山东文化世家的兴衰关系，以及山东文化世家中母教的内容，认为"母教与明清时期山东文化世家的兴衰关系密切。山东文化世家非常注重对家族中女性的传统妇德教育，并通过世家大族之间的联姻，使母教得到很好的发挥。山东文化世家中诸多优秀的母亲或是助夫教子，或是在丈夫亡故后身兼严慈课子读书，维系了一个家族的稳定和兴旺，甚或让一个岌岌可危、濒临衰败的家族重新步入科第连绵的发展轨道。与山东文化世家中的女性多是接受传统妇德教育相关联，山东文化世家中母教的内容，一是以道德教化而促成学业事功，二是用先祖父辈的事功德行为范例教育后辈，表现出传承家学门风的自觉意识"。许辉《隋唐五代时期幽州的世家大族与政治地位》（《北京史学论丛》2015 年）对隋唐时期幽州世家大族组成的类型及其政治地位进行了探析，认为隋唐时期幽州世家大族因为数代在中央或者地方担任了官职，通过占据优越的政治地位从而保障了家族的实力与声望；幽州世家大族的政治地位与社会声望的获取，源于他们能够利用社会形势发挥自身条件，竭力保有或垄断所获得的军政职位累积势力。缪钺、方北辰的《魏晋南朝江东世家大族述论》（《文献》1989 年第 3 期），对江东世家大族的政治活动、江东经济地理环境对江东世家大族兴衰的作用、江东世家大族的文化活动，以及江东世家大族的集团结构等问题进行了系统探析。

　　涉及聊城历史上名门望族的研究，学术界亦有不少成果面世。有关唐代乐安孙氏家族的研究成果主要侧重于乐安孙氏族人孙逖及其诗文创作，只有少量论文对孙逖的家世、家族进行了研究。臧清的《唐代文儒的文学与历史承担——从张说到孙逖》（《郑州大学学报》2004 年第 4 期）认为"开元、天宝时期以张说、孙逖等为中心的几代文儒不只是同时兼具文与儒两方面的才能，而且是在思想观念、自我意识上将文与儒结合起来，由此开拓出不同于前人的文学观念，从而对盛唐士人的价值取向、精神追求尤其是文学感觉空间的建构，影响至深"。任红敏的《吴越烟霞染诗情——宦游吴越对孙逖山水诗创作的影响》（《沈阳工程学院学报》2006 年第 4 期），对开元初宦游吴越的诗人孙逖的山水诗风格及其对开元前期清淡山水诗风的影响进行了论述，认为"孙逖写于吴越的山水诗风格以意境优美空静、宁静淡远为主要特色；他还善于用鲜润明丽的色彩，淡远中又添一份活泼轻快，清淡之中又呈秀媚，而且他又非静态地观照景物，把宦情糅合在自然山水的描写中，使诗篇具有浓烈的抒情色彩"，"吴越山水加上诗人本身的气质和才华，形成了孙逖山水诗的风格"。欧阳明亮的《论孙逖"文儒"身份形成之渊源》（《皖西学院学报》2007 年第 6 期）一文，以乐安孙氏家族的核心人物孙逖为研究对象，重点论述了孙逖文儒身份形成的因素，认为孙逖"最终成为一代文儒，与其所承载的家风家学有着密切的关系，是孙氏一门前后几代文化积累的结果。孙逖的'文儒'身份以及由此取得政治资本和文坛地位，也为其整个家族在唐代的显赫与发达赢得了条件"，"孙逖文儒的身份，既是以家族为渊源，又是以家族为归结"。王冠一的《从"文贵形似"到"形神兼备"——读孙逖山水诗》（《社会科学论坛》2008 年第 3 期），对孙逖诗风从"文贵形似"到"形神兼备"的演变进行了论述，认为孙逖的从"文贵形似"到"形神兼备"的诗风之变，不仅仅是艺术创作风格上的演变，也是一种世风的转变和时代精神的转变；在一定程度上，也反映了从

"无我之境"到"有我之境"的哲学和审美追求的发展。欧阳明亮的《孙
逖与他的山水行役诗》(《兰台世界》2009 年第 4 期),对孙逖山水行役
诗的创作及其与唐代山水诗歌发展进程的关系进行了论述。欧阳明亮、郑
莉的《唐代诗人孙逖与他的〈宿云门寺阁〉》(《古典文学知识》2009 年
第 2 期)一文主要对孙逖《宿云门寺阁》诗的意蕴进行了论述。张卫东
的《唐代文儒孙逖籍居之地考释》(《学习与探索》2010 年第 4 期),针
对唐代文儒孙逖籍贯的三种说法(河北涉县说、山东聊城说、河南巩县
说),通过文献资料的佐证,对孙逖籍居之地进行了具体考释,认为"唐
代名臣颜真卿所指出的,孙逖祖籍博州武水、中迁潞州涉县、最终实际上
是以河南巩县(洛阳)地区为主要活动区域的说法,更加符合孙逖的实
际生活状态"。张卫东、陈翔的《唐代文儒孙逖家族研究》(《江西社会科
学》2010 年第 9 期)一文,对先唐孙氏家族及唐代孙逖家族的发展状况
进行了探索,并论述了孙逖家族文儒兼修和孝悌传家的家风。

　　有关宋代三槐王氏家族的研究成果有周祚绍等著《历代王氏望族》
(中华名门望族丛书,山东人民出版社 1997 年版),书中涉及对宋代三槐
王氏家族仕宦情况、婚姻关系等方面的研究。王善军的《宋代世家大族:
个案与综合之研究》(博士后学位论文,四川大学,2003 年)也涉及宋代
三槐王氏家族的发展概况、婚姻关系、仕宦情况及家族文化成就等方面的
研究内容。李贵录的《北宋三槐王氏家族研究》(齐鲁书社 2004 年版),
主要对北宋三槐王氏家族的崛起、家族成员、三槐王氏艺文、家族生活及
姻亲等方面进行了探索。王旦作为北宋初期名相,学界对其研究成果较为
丰富,王瑞来的《"平世之良相":王旦论——君臣关系个案研究之二》
(台湾大学历史学系:《转变与定型:宋代社会文化史学术研讨会论文
集》,2000 年),主要从君臣关系方面,对王旦为政为相时期的历史和政
治作为进行了深入考察、论述,认为"没有同真宗的密切关系,没有真
宗的充分信任,也就不可能有王旦作为宰相的专权。因此说,朝廷各种政
策的制定,诏令的颁布,人事的任免,制度的兴废,都是君臣双方的共同
行为"。林金珊的《论王旦与宋真宗时期的内政与外交》(《求索》2004
年第 9 期)一文,对王旦在宋真宗时期内政与外交方面所起的作用进行
了论述,认为"王旦的愿望是力求作一名'太平良相'。他不仅参与议
政,而且向皇帝推荐人才,选任官员,并且负责监督执行。他在内政方面
成绩较为突出,无论是在政事决策方面或者在人事处理方面,都有所作

为。许多有才能的官员都得到他的推荐和任用，他与当时一些政治精英人物共同努力为十一世纪前中期政局的基本稳定发展奠定了基础。王旦在处理外交方面，坚持了北宋以金帛为代价换取和平的外交政策基本方针"。王德忠的《王旦与天书封禅及其时代特征》(《东北师大学报》2008 年第 4 期) 对王旦附和、参与的天书封禅及其所体现出来的时代特征进行了论述，认为王旦附和、参与的"天书封禅闹剧是北宋社会经过近 50 年安定发展并呈现初步繁荣形势下真宗君臣在政治上无所作为的表现，是北宋统治集团由开拓进取向因循保守转变的重要标志，具有明显的时代特色"。任崇岳《王旦的用人及器量》(《光明日报》2003 年 5 月 13 日) 一文认为王旦政绩卓著，在用人和为人处事上有过人之处，值得借鉴。陈探宇《王旦与佛教》(《宋史研究论丛》2009 年) 一文，以宋初为背景，对王旦与佛教的关系进行了深入研究。

东昌府"阁老傅"家族和杨氏家族作为中国历史上著名的仕宦家族和文化家族，近几年受到学界关注，其代表性研究成果是 2013 年中华书局出版了李泉的《清代聊城傅氏家族文化研究》和丁延峰的《清代聊城杨氏藏书世家研究》。这两本专著皆是王志民主编的《山东文化世家研究书系》中的作品，前者对聊城傅氏的源起、清代开国状元傅以渐、傅氏家族仕宦成员的为政风范、傅氏家族的家学家风、傅氏家族的婚姻状况、傅氏家族的交游圈等方面的内容进行了系统性的论述研究；后者以聊城杨氏藏书为研究对象，主要对杨氏家世及其发展、杨氏家学家风、杨氏家族的社会交往、杨氏藏书源流与管理维护及藏书特色以及杨氏藏书的学术利用等内容作了系统研究。除此之外，岳玉玺、李泉、马亮宽的《傅斯年——大气磅礴的一代学人》(天津人民出版社 1994 年版)，马亮宽的《傅斯年教育思想研究》(辽宁教育出版社 1997 年版)，李泉的《傅斯年学术思想评传》(北京图书馆出版社 2000 年版)，马亮宽的《傅斯年评传》(中国社会科学出版社 2014 年版) 等论著涉及东昌府傅氏家族的先世及家学。有关杨氏家族藏书的研究成果相对比较丰富，李付兴、马增敏的《从服膺北海到会通汉宋——杨以增治学和藏书思想探源》(《晋图学刊》2013 年第 1 期) 主要对杨以增的治学、藏书思想及其形成的因素进行了论述，认为杨以增"在学术上主张以汉学为主、会通汉宋，在藏书上则经史并重，重视珍善本的收藏，并刊刻了大量书籍，用广其传。其治学和藏书思想的形成，是与当时的学术环境、学术潮流的转换密不可分

的，经历了一个由服膺北海到会通汉宋的发展过程"。丁延峰的《海源阁
杨氏著述考》（《文献》2006 年第 2 期）对海源阁杨氏著述情况进行了考
析。张兆林、束华娜的《聊城杨氏海源阁藏书管窥》（《图书与情报》
2014 年第 6 期）一文，则对杨氏海源阁的由来以及海源阁图书收藏方式、
特色及藏书方法进行了探索。马亮宽的《明清聊城运河与文化族群兴
衰——以傅、杨两家族为个案》（《聊城大学学报》2008 年第 4 期）认为
"京杭大运河自元代修会通河开始流经聊城，促进了聊城经济、文化、社
会的发展与进步，促成了聊城文化族群的兴起。聊城文化族群受八股文化
的影响，多数因科考取得功名，进入仕途而兴，又恪守儒家文化的忠孝节
义等文化理念，家族内部重视教育，培养人才；对外注重教化，敦睦亲邻
关系。各文化大族之间遵守封建礼法，用姻亲、师友、世交等关系互相维
护，用封建礼法相互制约，保持了各文化家族较长时期的传承不衰，造就
了聊城文化的丰厚底蕴"。吴欣的《明清京杭运河区域仕宦宗族的社会变
迁——以聊城"阁老傅、御史傅"为中心》（《东岳论丛》2009 年第 5
期）一文，以东昌望族"阁老傅、御史傅"家族为主要考察对象，论述
了运河区域社会的地方性特征与宗族社会组织发展、衰落之间的内在联
系，进而揭示了宗族组织的内在发展脉络。

　　一般来说，簪缨相继的仕宦家族既是古代中国社会的政治主体，也是
文化上的主体，无论是在中央还是地方社会中皆发挥着重要的影响和作
用。聊城历史上名门望族代出，许多家族历史发展源远流长，同样他们在
中国历史上产生了重要影响，是一个值得研究的社会群体。近年来有关聊
城家族史研究已受到学术界的重视，对有的家族史已有了相当深入的研
究，取得了可喜的研究成果，但从总体上讲，许多家族史的研究还没有得
到重视。有鉴于此，笔者拟对此课题进行研究。

第二章　唐代博州武水乐安孙氏家族

唐代博州武水（今山东聊城市西南）乐安孙氏家族，是中古时期较为显赫的仕宦家族之一。这个家族兴起于春秋战国时期，历经秦汉魏晋南北朝发展，至唐代孙偓官至宰相，家族发展达到兴盛。博州孙氏家族人丁繁盛，人才辈出，从春秋时期的得姓始祖孙书开始，历朝历代均有大量族人源源不断入朝为官，名人辈出。其中，既有孙武、孙膑这样名冠中外的大将、军事家，又有官至宰相、侍郎、中书舍人之类的朝中高官，还有手握一州、一郡军政大权的都督、刺史之类的封疆大吏，至于郡守、县令、县尉之类的地方长官更是不可胜数。博州武水乐安孙氏家族不仅世为官宦，属于典型的仕宦家族，而且家族文化名人代不乏人，尤其自魏晋以后，以文学资望而知名的文人雅士层出不穷，众多族人所凸显出来的非凡的文学才华，使这个仕宦家族同时也成为典型的文学家族。

一　唐代博州武水乐安孙氏家族先世考略

作为中华民族人口众多的主要大姓，孙姓源头出自多支。学界有人认为出自战国时期思想家荀况之后，汉代皇室成员汉宣帝刘询继位后，为避汉宣帝刘询的"询"字讳，荀况后代子孙便改荀为孙。还有学者认为出自商汤王后裔比干之后。比干是商代帝王文丁的次子、帝辛（商纣王）的叔叔，他因犯颜直谏商纣王而被纣王杀害。之后其子孙为躲避被纣王追杀的危险，纷纷隐姓埋名，甚至改姓换名，有的以自己原本为王族子孙的缘故，便改为王孙氏，后衍化成单姓孙氏。而据《元和姓纂》和《新唐书·宰相世系表》记载，孙姓祖源主要有三大源头：姬姓、芈姓、妫姓。

姬姓孙氏出自周文王第八子卫康叔之后，如《元和姓纂》卷4"孙"姓条记载说："周文王第八子卫康叔之后。至武公生惠孙，惠孙生耳，耳生武仲，以王父字为氏。"①《新唐书·宰相世系表》则明确记载说：

> 孙氏出自姬姓。卫康叔八世孙武公和生公子惠孙，惠孙生耳，为卫上卿，食采于戚，生武仲乙，以王父（按：指惠孙）字为氏。乙生昭子炎，炎生庄子纥，纥生宣子鳍，鳍生桓子良夫，良夫生文子林父，林父生嘉，世居汲郡。晋有孙登，即其裔也。②

由此可知，姬姓孙氏的祖先为卫国康叔八世孙卫武公姬和之孙姬武仲，姬武仲为卫武公姬和公子惠孙之孙，为纪念祖父惠孙，姬武仲便以祖父的孙字为氏，称孙氏，所以姬武仲又称孙仲，自此其后代皆以孙为姓。春秋时期叔孙豹之子孙昭子、卫国上卿孙良夫、卿大夫孙林父，以及晋代的孙登都是他的后裔。

芈姓孙氏为楚王蚡冒之后，对此《新唐书·宰相世系表》这样记载道：

> 又有出自芈姓。楚蚡冒生王子蒍章，字无钩，生蒍叔伯吕臣，孙蒍贾伯嬴生蒍艾猎，即令尹叔敖，亦为孙氏。③

文中所说蒍艾猎，即春秋时期楚国名相蒍敖（字艾猎、孙叔），其祖父为楚王蚡冒之孙、楚国令尹蒍吕臣，父亲蒍贾（字伯嬴）为春秋时楚国司马。蒍敖为政期间，"施教导民，上下和合，世俗盛美，政缓禁止，吏无奸邪，盗贼不起。秋冬则劝民山采，春夏以水，各得其所便，民皆乐

---

① （唐）林宝：《元和姓纂》卷4，文渊阁四库全书本。文中"王父"指的是"祖父"。关于"王父"的含义，《释亲》中有这样的解释："父之考为王父，则王父是祖也。"见（宋）魏了翁《尚书要义》卷10，文渊阁四库全书本。

② （宋）欧阳修、宋祁：《新唐书》卷73下《宰相世系表》，中华书局1975年版，第2945页。

③ 同上。宋人邓名世在《古今姓氏书辩证》中不同意此说，认为"《唐宰相表》云：孙氏一出楚蚡冒，生王子蒍章，字无钩。生蒍叔伯吕臣，孙蒍贾伯嬴，生蒍艾猎，即令尹孙叔敖，亦为孙氏。误矣"。他指出"蒍敖，字孙叔，一名艾猎。古人先字后名，故谓之孙叔敖。《传》曰：蒍敖为宰，择楚国之令典，是称其姓名，伍参曰：'若事之集，孙叔为无谋矣。'是称其字也。今驳正之，明其未尝为孙氏"。见（宋）邓名世《古今姓氏书辩证》卷7，江西人民出版社2006年版，第111页。

其生"①，西汉著名史学家司马迁在《史记·循吏列传》中，将其放在循吏之首进行介绍、赞美。其后人对这样一位为官奉职循理、政绩显赫且深受民众爱戴的祖辈颇感自豪，于是便以其字"孙叔"中的"孙"字为姓氏。

妫姓孙氏出自齐国贵族田完的后代。《新唐书·宰相世系表》有如下一段记载：

> 又有出自妫姓。齐田完字敬仲，四世孙桓子无宇，无宇二子：恒、书。书字子占，齐大夫，伐莒有功，景公赐姓孙氏，食采于乐安。生凭，字起宗，齐卿。凭生武，字长卿，以田、鲍四族谋为乱，奔吴，为将军。三子：驰、明、敌。明食采于富春，自是世为富春人。明生膑，膑生胜，字国辅，秦将。胜生盖，字光道，汉中守。生知，字万方，封武信君。知生念，字甚然，二子：丰、益。益字玄器，生卿，字伯高，汉侍中。生凭，字景纯，将军。二子：届、询。询字会宗，安定太守。二子：鸾、骐。鸾生爰居，爰居生福，为太原太守，遇赤眉之难，遂居太原中都。太原之族有岚州刺史昉，生存进，安定太守。询次子骐，字士龙，安邑令。二子：通、夐。通子孙世居清河，后魏有清河太守灵怀。武德中，子孙因官徙汝州郏城。灵怀曾孙茂道。②

以上对妫姓孙氏家族的族源及其家族发展情况进行了简要梳理。由上记载可知，妫姓孙氏的得姓始祖为陈国国君陈厉公的长子陈完之后、齐国大夫孙书，同时也是唐代魏郡武水乐安孙姓的得姓始祖。对此，孙逖在为其父孙嘉之撰写的《宋州司马先府君墓志铭》中有明确记载："府君讳嘉之，字某，魏郡武水（今聊城市西南）人也。故属乐安，盖齐大夫书之后。"③

---

① （汉）司马迁：《史记》卷119《循吏列传·孙叔敖传》，中州古籍出版社1994年版，第928页。

② （宋）欧阳修、宋祁：《新唐书》卷73下《宰相世系表》，中华书局1975年版，第2945—2946页。

③ （唐）孙逖：《宋州司马先府君墓志铭》，载（清）董诰等《全唐文》卷313，中华书局1983年版，第3182页。

孙书字子占，本姓田，而其祖先原本姓陈，为陈国国君陈厉公的长子陈完。陈宣公二十一年（前672），陈国发生内乱，陈宣公废嫡立庶，太子御寇被杀，因"御寇与完（陈完）相爱，恐祸及己"①，陈完便出逃到齐国，被齐桓公任命为掌管百工的"工正"。陈完到齐国之后，便把陈氏改为田氏②，由此陈完改称田完。田完四世孙是侍奉齐庄公的田桓子无宇，因其力大无比且以勇武著称，很受齐庄公的宠爱。田无宇生有田恒和田书二子③，次子田书，在齐景公朝官至"大夫"一职，因伐莒（今山东莒县）有功，被齐景公赐姓孙氏，受封于乐安（古城在今山东省广饶县）地区，孙书由此成为乐安孙氏家族的得姓始祖。孙书受封安乐后，即率家人迁居此地，安乐孙姓家族由此不断繁衍发展。

在孙书的后代子孙中，出现了许多赫赫有名的政治家和军事家，其子孙凭（字起宗）为齐国上卿，其孙则是以兵法见长的著名军事家同时亦是政治家的孙武。

孙武（约前545—前470），字长卿，春秋时期齐国乐安人。春秋末期，齐国国内发生田、鲍、栾、高四族谋乱。为了远祸避害，避免孙氏家族因与田氏家族不可分割的血脉关系而招致杀身之祸，孙武全家便在孙凭的率领下出奔到日渐兴盛的吴国。在吴国，孙武因其精通兵法而受到吴王阖闾的赏识和重用，被任命为将。对此司马迁在《史记·孙武吴起列传》中这样记载说：

> 孙子武者，齐人也。以兵法见于吴王阖庐。阖庐曰："子之十三篇，吾尽观之矣，可以小试勒兵乎？"对曰："可。"阖庐曰："可试以妇人乎？"曰："可。"于是许之。出宫中美女，得百八十人。孙子分为二队，以王之宠姬二人各为队长，皆令持戟。令之曰："汝知而心与左右手背乎？"妇人曰："知之。"孙子曰："前，则视心；左，视左手；右，视右手；后，即视背。"妇人曰："诺。"约束既布，乃

---

①　（汉）司马迁：《史记》卷16《田敬仲完世家》，中州古籍出版社1994年版，第560页。

②　关于孙书祖先陈完改"陈"姓为"田"姓的原因，田战省先生在其论著《影响世界的大军事家》（北方妇女儿童出版社2010年版）之《孙武·世代兵家》部分中指出，陈完到达齐国后，由于其出色的工作和绝佳的人品，齐桓公便赐给他一些田庄。陈完一则为了隐姓避难，二则为了表示对齐桓公赐封田庄的感激，三则当时陈、田二字的读音差不多，所以便以田为姓，改陈完为田完。

③　一种说法田无宇有田开、田乞、田书三个儿子。

设铁钺，即三令五申之。于是鼓之右，妇人大笑。孙子曰："约束不明，申令不熟，将之罪也。"复三令五申而鼓之左，妇人复大笑。孙子曰："约束不明，申令不熟，将之罪也，既已明而不如法者，吏士之罪也。"乃欲斩左右队长。吴王从台上观，见且斩爱姬，大骇。趣使使下令曰："寡人已知将军能用兵矣。寡人非此二姬，食不甘味，愿勿斩也。"孙子曰："臣既已受命为将，将在军，君命有所不受。"遂斩队长二人以徇。用其次为队长，于是复鼓之。妇人左右前后跪起皆中规矩绳墨，无敢出声。于是孙子使使报王曰："兵既整齐，王可试下观之，唯王所欲用之，虽赴水火犹可也。"吴王曰："将军罢休就舍，寡人不愿下观。"孙子曰："王徒好其言，不能用其实。"于是阖庐知孙子能用兵，卒以为将。西破强楚，入郢，北威齐晋，显名诸侯，孙子与有力焉。①

孙武为吴王阖间（即阖庐）作兵法十三篇，而后将其试之以妇人，由此得到吴王了解和信任，"卒以为将"。在诸侯国之间的争霸战争中，孙武亲自统率吴国军马西破强大的楚国，并一度攻入楚国都城郢（今湖北荆州），而后北上，又对齐国和晋国构成强大的威胁，孙武由此名显于诸侯各国。也正是在孙武的辅助下，吴国奠定了在春秋时期各诸侯国的霸主地位。他所著《孙子兵法》一书，是一部博大精深、思想深邃的军事名著，曹操在为《孙子兵法》作序中曾这样说过："圣人之用兵也，戢而时动，不得已而用之。吾观兵书战策多矣，孙武所著深矣！审计重举，明画深图，不可相诬。"② 唐太宗李世民对《孙子兵法》特别是书中的虚实军事理论更是给予高度评价，认为"观诸兵书，无出孙武；孙武十三篇，无出虚实。夫用兵识虚实之势，则无不胜焉"③。又谓："吾谓不战而屈人之兵者，上也。百战百胜者，中也。深沟高垒以自守者，下也。以是较量，孙武著书，三等皆具焉。"④ 自《孙子兵法》问世后，便为历代政治家、军事家、思想家推崇备至，将其奉为兵学之圣典，以至于如太史公司

① （汉）司马迁：《史记》卷65《孙武吴起列传》，中州古籍出版社1994年版，第645页。
② （明）张溥：《汉魏六朝百三家集》卷23《魏武帝集·孙子兵法序》，文渊阁四库全书。
③ 《李卫公问对》卷中，文渊阁四库全书本。
④ 《李卫公问对》卷下，文渊阁四库全书本。

马迁所说："世俗所称师旅，皆道《孙子》十三篇。"① 宋代著名政治家苏洵则将孙武称为"应敌无穷之才"，认为"求之而不穷者，天下奇才也。天下之士与之言兵，而曰我不能者几人？求之于言而不穷者几人？言不穷矣，求之于用而不穷者几人？呜呼！至于用而不穷者，吾未之见也。孙武十三篇，兵家举以为师。然以吾评之，其言兵之雄乎！今其书，论奇权密机，出入神鬼，自古以兵著书者罕所及。以是而揣其为人，必谓有应敌无穷之才"②。

　　在春秋时期乐安孙氏家族发展史上，孙武无疑是其中一个关键人物。虽然孙武在帮助吴国建立霸主地位后销声匿迹，但正是因为孙武之声望，他的次子孙明才得以受荫被封为富春侯，食采于富春（今浙江富阳），由此与乐安孙氏一脉相承的富春孙氏得以出现并发展起来。富春孙氏自孙明封侯食采于富春以来，其家族历经秦、汉两代繁衍生息，到三国时期已发展成为江南地区赫赫有名的世家望族。而东吴孙权政权的建立，则使得孙氏家族的发展达到巅峰。

　　同其祖父孙武一样，孙武后世孙孙膑③也以精通军事而著称。孙膑，字伯灵，生阿、鄄之间（今山东省阳谷县阿城镇、菏泽市鄄城县北一带），他一生遭遇坎坷，据司马迁《史记·孙武吴起列传》记载，"孙膑尝与庞涓俱学兵法。庞涓既事魏，得为惠王将军，而自以为能不及孙膑，乃阴使召孙膑。膑至，庞涓恐其贤于己，疾之，则以法刑断其两足而黥之，欲隐勿见"。孙膑一生虽然遭遇坎坷，但他没有自暴自弃，而是心怀大志，"齐使者如梁，孙膑以刑徒阴见，说齐使。齐使以为奇，窃载与之齐。齐将田忌善而客待之。忌数与齐诸公子驰逐重射。孙子见其马足不甚相远，马有上、中、下辈。于是孙子谓田忌曰：'君弟重射，臣能令君胜。'田忌信然之，与王及诸公子逐射千金。及临质，孙子曰：'今以君之下驷与彼上驷，取君上驷与彼中驷，取君中驷与彼下驷。'既驰三辈毕，而田忌一不胜而再胜，卒得王千金。于是忌进孙子于威王。威王问兵

_____

① （汉）司马迁：《史记》卷 65《孙武吴起列传》，中州古籍出版社 1994 年版，第 647 页。
② （宋）苏洵著，曾枣庄、金成礼笺注：《嘉祐集笺注》卷 3《权书·孙武》，上海古籍出版社 1993 年版，第 54 页。
③　关于孙膑是孙武几世孙，文献资料中有多种不同的记载。如《新唐书》卷 73 下《宰相世系表》中称孙武有三子：驰、明、敌，"明食采于富春，自是世为富春人。明生膑，膑生胜……胜生盖"。国家图书馆藏《溧阳孙氏宗谱》则云："孙武生明，明生顺，顺生机，机生操，操生膑。"可知战国时期的孙膑是孙武的五世孙而非其孙。

法，遂以为师"①。在战国时期列国争霸中，孙膑以军师身份，运用正确的军事和战略谋略，先后两次辅佐齐国大将田忌击溃魏国大将庞涓，夺得了"围魏救赵"的桂陵之战和解韩国之困的马陵之战的军事胜利，齐国也由此取得了称霸东方的霸业地位，孙膑也因此"名显天下，世传其兵法"②。唐人周昙在他的咏史诗中，曾发出这样一番感慨和赞誉："曾嫌胜己害贤人，钻火明知速自焚。断足尔能行不足，逢君谁肯不酬君。"③作为著名军事家，孙膑也为后世留下了著名的军事理论著作——《孙膑兵法》，这是继《孙子兵法》之后又一部军事力作，书中所蕴含的丰富的军事理论，是中华军事理论宝库中重要的文化遗产。在孙膑兵法中，尤其强调"阵""势""变""权"四个方面④，而其中的"势"更是孙膑兵法的主要军事理论思想。《吕氏春秋》曾对春秋战国时期 10 个著名学派的特点进行过总结概括，认为"老聃贵柔，孔子贵仁，墨翟贵廉，关尹贵清，子列子贵虚，陈骈贵齐，阳朱贵已，孙膑贵势，王廖贵先，儿良贵后"⑤。应该说，《吕氏春秋》中所讲的"孙膑贵势"是对孙膑兵法主要特点的精到总结。"贵势"是孙膑对其先祖孙武"任势"⑥军事理论的继承和发展。

在"齐、晋、吴、楚迭为霸国，更相吞灭，以至七雄"的战国争霸过程中，孙武、孙膑祖孙二人各为其主，分别为吴、齐二国建立霸国地位立下汗马功劳，成为中国历史上难得的一段千古佳话。诚如东汉著名史学家班固所说："当是时也，吴有孙武，齐有孙膑，魏有吴起，秦有商鞅，皆擒敌立胜，垂著篇籍。"⑦有学者指出，从乐安孙姓的得姓情况及早期发展历史可以看出，乐安孙姓之所以特别出名，原因即在于得姓始祖孙书的孙子是春秋时期大军事家孙武，此后乐安孙姓不断发展壮大，逐渐成为

---

① （汉）司马迁：《史记》卷 65《孙武吴起列传》，中州古籍出版社 1994 年版，第 645 页。

② （宋）章定：《名贤氏族言行类稿》卷 14，文渊阁四库全书本。

③ （唐）周昙：《孙膑》，载中华书局编辑部点校《全唐诗》卷 728，中华书局 1999 年版，第 8244 页。

④ 《孙膑兵法·势备》认为，"凡兵之道四：曰阵，曰势，曰变，曰权。察此四者，所以破强敌、取孟（猛）将也。……势者，攻无备，出不意……中之近……也。视之近，中之远。权者，昼多旗，夜多鼓，所以送战也。凡此四者，兵之用也。〔众〕皆以为用，而莫彻其道。"

⑤ （宋）洪迈：《容斋随笔·容斋四笔》卷 6《王廖儿良》，中华书局 2005 年版，第 697 页。

⑥ 《孙子·势篇》中提出"善战者，求之于势，不责于人，故能择人而任势"。

⑦ （唐）杜佑：《通典》卷 148《叙兵》，中华书局 1985 年版，第 3787 页。

所有孙姓中最著名的一支①。虽然乐安孙姓在以后历史发展过程中不断向外迁移，但乐安孙姓长期以来一直是排在当地姓氏之首的第一大姓，所谓"乐安郡九姓：孙、任、高、薛、冐、仲、蒋、房、亢"②。

春秋战国时期，是中国历史上诸侯争霸的时代，各诸侯国为了取得各自的霸主地位，动辄兵戎相见，力图以武力、战争决定胜负，进而称霸于诸侯各国。春秋战国时期的历史环境，导致了这一时期尚武之风盛行。正如梁启超先生在《中国之武士道》③一文所分析的那样，"推其致霸之由，其始皆缘与他族杂处，日相压迫，相侵略，非刻刻振后无以图存，自不得不取军国主义，以尚武为精神，其始不过自保之谋，其后乃养成进取之力。诸霸国之起源，皆赖是也"。春秋战国时期的尚武风尚自然决定了那时人们的仕晋之路主要是靠军功，而那些骁悍的勇士也自然而然地成为统治者选拔的主要对象，如齐桓公即位后，就在全国选拔"拳勇股肱之力秀出于众者"，诏令"于子之属，有拳勇股肱之力，秀出于众者，有则以告。有而不以告，谓之蔽才"④。春秋战国时期频频发生的争霸战争，加之统治者"陈武夫，尚勇力"⑤，使尚武之风在士民阶层得以普及、盛行，甚至出现"士民贵武勇而贱得利"⑥的倾向。与春秋战国时期的尚武风尚相适应，春秋战国时期的孙氏家族也凸显出"尚武"的家族特征，像前述乐安孙氏家族的得姓始祖孙书之父田无宇就以勇武著称，而孙书的"大夫"一职，以及孙书之子孙凭官至齐"卿"一职，在春秋战国时期都是与军事有关的重要官职，属于军事职官。另外从孙书因"伐莒有功"而被齐景公赐孙姓的文献记载中，也不难窥测出孙书对军事的精通。孙书孙子孙武及其五世孙孙膑，更是以精通军事理论和战争谋略而著称于中外的军事家。孙膑之子孙胜也承继了祖辈们的尚武风尚，官至秦国将军。应当说，春秋战国时期孙氏家族尚武的家族门风，具有鲜明的时代特征。有专家学者表达过这样精到的观点："在先秦兵学中，齐国兵学是一座丰碑，占据核心和主导地位，不论在当时还是后世都产生了深远的影响，使

---

① 参见张卫东、陈翔《唐代文儒孙逖家族研究》，《江西社会科学》2010年第9期。

② （宋）乐史撰，王文楚等点校：《太平寰宇记》卷18《青州》，中华书局2007年版，第351页。

③ 载梁启超《饮冰室合集》第7册，中华书局1989年版。

④ （宋）王钦若等：《册府元龟》卷239，文渊阁四库全书本。

⑤ （宋）王钦若等：《册府元龟》卷734，文渊阁四库全书本。

⑥ 黎翔凤撰，梁运华整理：《管子校注》卷3《五辅第十》，中华书局2004年版，第192页。

齐国成为先秦时期的兵家文化中心。"① 从一定程度上可以讲，齐国之所以能成为先秦时期兵家文化之中心，与春秋战国时期乐安孙氏家族孙武、孙膑的尚武风尚密不可分。

秦汉至三国时代是乐安孙氏家族不断发展时期，其时家族人员仕宦不断，其中仅见于《新唐书》卷73下《宰相世系表》，以及宋人邓名世《古今姓氏书辩证》卷7记载的一些重要人物有：

孙膑之孙孙盖，字光道，为秦汉中太守。孙盖之子孙知，字万方，秦封为武信君。孙知曾孙孙卿，汉侍中。孙卿之子孙凭，字景纯，官至车骑将军。孙凭之子孙询，字会宗，为安定太守。孙询育有二子，长子孙鸾之孙孙福为东汉太原太守；次子孙骐，字士龙，汉平帝时为安邑令。孙骐之子孙夐，字子远，东汉时曾任天水（今甘肃东南部）太守，后迁徙至青州（治所在今山东淄博市东北临淄镇北）居住。孙夐之子孙厚，字重殷，为大将军掾。孙厚之子孙瑶，字良玉，为中郎将。孙瑶之子孙邃，字伯渊，为清河太守。孙邃之子孙儵，字士彦，曾任洛阳县令。孙儵之子孙国，字明元，官至尚书郎。孙国之子孙就，字玄志，汉阳太守。孙就有二子，次子孙旃，字子之，为太原太守；长子孙钟，吴郡富春（今浙江杭州富阳）人，为东汉末年著名将领孙坚之父、三国时东吴的开国皇帝孙权祖父。在东汉后期天下大乱之际，孙钟隐居故乡不仕，清代文人杭世骏《三国志补注》记载说，"孙钟，吴郡富春人，坚之祖也。与母居，至孝笃明，种瓜为业"②。其子孙坚、孙静，其孙孙策、孙权，皆是三国时期叱咤风云的历史人物。孙旃有二子，长子孙炎，字叔然，曾任魏秘书监，三国时期著名的经学家，他一生的主要志趣在于注疏儒家经学，人称"东州大儒"。孙炎之子孙俊，字仲觚，曾任太官令。孙俊之子孙道恭，字雅逊，晋长秋卿。孙道恭有二子：长子孙颙，字士若；次子孙芳，官至中书令。孙旃次子孙历，魏晋之际为幽州刺史、右将军③；孙历有二子，次子孙尹，字文旗，曾任陈留、阳平太守，因早卒，无事迹记述。长子孙旂，字伯旗，乐安人，《晋书》卷60《孙旂传》称其"洁静，少自修立"。他由察孝廉步入仕途，累迁黄门侍郎，外任荆州刺史，其名声、地

---

① 于孔宝：《先秦齐国兵学的传统与地位》，《舰船知识（网络版）·孙子兵法·第六届论文集》（http：//mil. news. sina. com. cn/2004－11－02/1304239355. html）。

② （清）杭世骏：《三国志补注》卷6，文渊阁四库全书本。

③ （唐）房玄龄：《晋书》卷60《孙旂传》，中华书局1974年版，第1633页。

位可与解系、解结相媲美。永熙年间，征拜为太子詹事，不久转任卫尉，后因武器仓库发生火灾而获罪，被免去官职。一年之后，孙旂又凭借其才干先后出任兖州刺史、平南将军。

在乐安孙氏家族发展过程中，孙旂之子孙弼及弟弟孙尹之子因参与孙秀与司马懿第九子赵王司马伦策划的西晋八王之乱，家族受到沉重打击。据史料记载，孙旂之子孙弼及弟弟孙尹之子孙髦、孙辅、孙琰四人均有吏才，一时称名于当世，遂与孙秀合为一族。永康元年（300），赵王司马伦起事，孙氏四兄弟因参与此事，旬月之间相继升任为公府掾、尚书郎，其中孙弼又为中坚将军，领尚书左丞，转为上将军，领射声校尉；孙髦为武卫将军，领太子詹事；孙琰为武威将军，领太子左率。四人皆赐爵开国郡侯，推崇孙旂为车骑将军、开府。在西晋皇室诸王争权夺利的斗争中，孙旂保有清醒的头脑。起初，孙旂因孙弼四兄弟授任于伪朝，曾派小儿孙回责让孙弼等"以过差之事，必为家祸"。然而孙弼等人"终不从，旂制之不可，但恸哭而已"。事情的发展果不出孙旂所料，"及齐王冏（司马冏）起义，四人皆伏诛。襄阳太守宗岱承冏檄斩旂，夷三族"①。受此影响，孙道恭之子孙顗，"避地于魏之武水。武水故属乐安，后世居焉"②；孙道恭之孙孙烈，"避赵王伦之难，徙居昌黎。生岳，前燕侍中，子孙称'昌黎孙氏'"③。

在魏晋时期乐安孙氏家族发展史上，孙惠蔚是一个不能不提的关键人物。孙惠蔚，字叔炳，武邑武遂人，小字陀罗。《魏书》卷84《孙惠蔚传》记载，孙惠蔚原名孙蔚，正始中，因"侍讲禁内，夜论佛经，有惬帝旨，诏使加'惠'，号'惠蔚法师'"④，孙惠蔚之名由此而来。孙惠蔚出身于官宦家庭，其高祖孙辉为孙顗之子，字光休，后赵射声校尉。曾祖孙纬，字符文，幽州都督。祖父孙周，字季洽，后燕高阳王文学。父亲孙

---

① （唐）房玄龄：《晋书》卷60《孙旂传》，中华书局1974年版，第1633—1634页。
② （唐）孙绛：《唐故中大夫守桂州刺史兼御史中丞充桂州本营都防御经略招讨观察处置等使上柱国乐安县开国男赐紫金鱼袋孙府君墓志铭并序》，载周绍良、赵超主编《唐代墓志汇编》，上海古籍出版社1992年版，第1855页。《新唐书·宰相世系表三下》则称孙顗"避地河朔，居武邑武遂"。见《新唐书》卷73下《宰相世系表三下》，中华书局1975年版，第2947页。
③ （宋）邓名世撰，王力平点校：《古今姓氏书辩证》卷7，江西人民出版社2006年版，第110页；（唐）房玄龄、宋祁：《新唐书》卷73下《宰相世系表三下》，中华书局1975年版，第2947页。
④ （北齐）魏收：《魏书》卷84《孙惠蔚传》，中华书局1974年版，第1854页。

敬仁，字士和，北燕司隶功曹。孙惠蔚自幼聪慧，"年十三，粗通《诗》、《书》及《孝经》、《论语》；十八，师董道季讲《易》；十九，师程玄读《礼经》及《春秋》三《传》。周流儒肆，有名于冀方"①。北魏孝文帝太和初年（477），孙惠蔚参加了当时举孝廉的察举考试，对策于中书省。中书监高闾平素听闻孙惠蔚才名，称其英辩，通过相互交谈，举荐为中书博士，不久转为皇宗博士。太和二十二年（498），孙惠蔚侍读东宫。世宗即位之后，仍在左右敷训经典，官位自冗从仆射升迁秘书丞、武邑郡中正，同时又兼任黄门侍郎一职，之后历任中散大夫、正黄门侍郎、著作郎、国子祭酒、秘书监等职。北魏宣武帝元恪延昌二年（513），因其侍讲有功，孙惠蔚被封为枣强县开国男，食邑二百户②。肃宗初，又出任平东将军、济州刺史。返京后，除授光禄大夫。神龟元年（518），时年67岁的孙惠蔚去世后，被追赠为大将军、瀛州刺史。

魏晋南北朝时期，士族门阀制度盛行，"上品无寒门，下品无势族"③，如三国曹魏政权在选官用人上确立的九品中正制，"尊世胄，卑寒士，权归右姓已"。当时一州的大中正和主簿、一郡的中正与功曹等中高级官员，"皆取著姓士族为之，以定门胄，品藻人物"④，儒生寒官能进入高级官僚绝非易事。而"魏初已来，儒生寒官，惠蔚最为显达"⑤。孙惠蔚能从一介寒官跻身于上品高官，其杰出的才学与政治才能是可想而知的。事实上孙惠蔚正是凭其杰出的才学和能力而走上通达之路的，《魏书·孙惠蔚传》有一记载，高闾奉皇上旨令理定雅乐，孙惠蔚亦参与了雅乐的制定。雅乐定成后，高闾上书请求集中朝中大臣于太乐署，一起就定成后的雅乐之是非进行讨论。当时秘书令李彪自以为有才辩，对定成后的雅乐进行诘难，然而在与孙惠蔚的辩论过程中，李彪只能是甘拜下风。又载：黄门侍郎张彝时常与孙惠蔚一起游处，"每表疏论事，多参访焉"。上述史料说明，孙惠蔚不仅精通礼乐，而且有实际治国之术。

孙惠蔚不仅精通礼乐，更重要的是他深谙儒家典籍中所蕴含的治国之

---

① （北齐）魏收：《魏书》卷84《孙惠蔚传》，中华书局1974年版，第1852页。

② 同上书，第1854页。《册府元龟》卷38这样记载："宣武为太子时，孙惠蔚侍讲东宫，及即位之后，仍在左右敷训经典。延昌二年，追赏侍讲之劳，封枣强县开国男，食邑三百户。"

③ （唐）房玄龄、褚遂良等：《晋书》卷45《刘毅传》，中华书局1974年版，第1274页。

④ （宋）欧阳修、宋祁：《新唐书》卷199《柳冲传》，中华书局1975年版，第5677页。

⑤ （北齐）魏收：《魏书》卷84《孙惠蔚传》，中华书局1974年版，第1854页。

术。如孙惠蔚入东观后，鉴于"观、阁旧典，先无定目，新故杂糅，首
尾不全。有者累帙数十，无者旷年不写。或篇第褫落，始末沦残；或文坏
字误，谬烂相属。篇目虽多，全定者少"的状况，曾上疏指出"臣今依
前丞臣卢昶所撰《甲乙》新录，欲裨残补阙，损并有无，校练句读，以
为定本，次第均写，永为常式。其省先无本者，广加推寻，搜求令足。然
经记浩博，诸子纷纶，部帙既多，章篇纰缪，当非一二校书，岁月可了。
今求令四门博士及在京儒生四十人，在秘书省专精校考，参定字义"，以
便使"典文允正，群书大集"①。孙惠蔚之所以重视文献典籍的校考，是
因为他深谙儒家典籍中所蕴含的治国之术。他在上疏中这样指出：

> 臣闻圣皇之御世也，必幽赞人经，参天二地，宪章典故，述遵鸿
> 猷。故《易》曰："观乎天文以察时变，观乎人文以化成天下。"然
> 则《六经》、百氏，图书秘籍，乃承天之正术，治人之贞范。是以温
> 柔疏远，《诗书》之教；恭俭易良，《礼乐》之道。爻象以精微为神，
> 《春秋》以属辞为化。故大训炳于东序，艺文光于麟阁。斯实太平之
> 枢宗，胜残之要道，有国之灵基，帝王之盛业。安上靖民，敦风美
> 俗，其在兹乎？及秦弃学术，《礼经》泯绝。汉兴求访，典文载举，
> 先王遗训，粲然复存。暨光武拨乱，日不暇给，而入洛之书二千余
> 两。魏晋之世，尤重典坟，收亡集逸，九流咸备。观其鸠阅史篇，访
> 购经论，纸竹所载，略尽无遗。②

在中国传统政治秩序建立过程中，儒家先哲高度重视价值或文化的统
一性，如孔子通过对仁爱概念的系统论述，对中国原有的政治大一统和文
化大一统合一的社会秩序提供了新的理论奠基；孔子基于仁爱观念所论述
的道德和政治秩序的同构系统，是中国社会长期统一、国家政治秩序相对
稳定的宝贵文化资源③。从孙惠蔚上述的上疏中不难看出，他深谙儒家典
籍中所蕴含的治国之术。这也是他的上疏能得到皇帝"诏许之"的原因
所在。

---

① （北齐）魏收：《魏书》卷84《孙惠蔚传》，中华书局1974年版，第1853、1854页。
② 同上书，第1853页。
③ 参见王秋《儒家以道德秩序奠基政治秩序》，《中国社会科学报》2014年8月4日A06版。

在唐代乐安孙氏家族的墓志铭中，孙惠蔚几乎众口一词被誉为"以儒学风鉴"而著称的代表人物。如在唐代乐安孙氏族人孙婴墓志铭中，称魏光禄大夫孙惠蔚"以风鉴儒学，仪范本朝。自光禄以降，世载清德，不陨其业，以至于隋晋阳令讳孝敏"。① 孙保衡在《唐故滑州白马县令乐安孙府君墓志铭并序》中，则称孙惠蔚"以儒学振耀一时，为时师友"②。孙嘉之在《宋州司马先府君墓志铭》中也明确指出："魏光禄大夫惠蔚，为本朝大儒，自时厥后，不陨其业。"③ 乐安孙氏家族的发展历程亦完全说明，"以儒学风鉴""不陨其业"的家族门风，主要是从孙惠蔚开始，并为其后代子孙传承光大的。

据《新唐书·宰相世系表》、唐人林宝《元和姓纂》卷4、宋人邓名世《古今姓氏书辩证》卷7等文献记载可知，孙惠蔚有二子：长子孙伯礼，次子孙方嗣。孙伯礼后魏人，善于书写隶书，袭封走上仕途，先后出任员外散骑侍郎、宁朔将军、步兵校尉、国子博士。去世后，追赠辅国将军、巴州刺史。孙伯礼有三子，长子孙元琥，为北齐文宣帝相国骑曹；次子孙孝敏，为隋晋阳令；三子孙广烈，为沔阳丞。孙惠蔚次子孙方嗣，为后魏建威将军，其子孙仲瑜，为隋吏部侍郎。孙孝敏之子孙仲将，为寿张丞。在以上所列孙惠蔚的后代子孙中，对家族儒学传承发展有影响的代表是孙元琥之子孙灵晖及其孙孙万寿。

孙元琥之子孙灵晖，长乐武强人。《北齐书·儒林传·孙灵晖传》称其"少明敏，有器度"，先举冀州刺史秀才，射策高第，授员外将军。后因精通儒术，擢任为太学博士，迁任北徐州治中，不久转任潼郡太守。北齐天统年间，皇帝敕令朝臣为南阳王高绰推举老师，孙灵晖在吏部尚书尉瑾的举荐下被征为国子博士，为南阳王高绰讲授儒家经典。高绰虽不好文学，但对孙灵晖却非常敬重，对其恩宠有加。他先是上奏皇帝任孙灵晖为本府咨议参军，在自己出任定州刺史时，又让孙灵晖随其前往，后高绰升任大将军，孙灵晖又以王师三品之官领大将军司马。对孙灵晖受到的恩

① （唐）孙保衡：《唐故宣义郎京兆府蓝田县尉乐安孙府君墓志铭并序》，载周绍良、赵超主编《唐代墓志汇编》，上海古籍出版社1992年版，第1920页。

② 周绍良、赵超主编：《唐代墓志汇编》，上海古籍出版社1992年版，第1989页。

③ （唐）孙逖：《宋州司马先府君墓志铭》，载（清）董诰等《全唐文》卷313，中华书局1983年版，第3182页。

宠，当时儒士"甚以为荣"①。受家庭影响，孙灵晖之子孙万寿表现出与其父相同的文化人格。孙万寿，字仙期，一字遐年，信都武强人，自幼"聪识机警，博涉经史，善属文，美谭笑"②。北齐末年，出仕为阳休之开府行参军。及高祖隋文帝受禅，因"善属文"被滕穆工引为文学。后因坐衣冠不整，配防江南。行军总管宇文述，召其执掌军书。官至大理司直，直至去世。《隋书·文学传》有其传记，《北齐书·儒林传·孙灵晖传》和《北史》卷81《孙惠蔚传》附有其传。

从以上论述中可以看出，兴起于春秋时期的乐安孙氏家族，历经秦汉魏晋南北朝发展，家族人口不断繁衍发展，并且其族人源源不断入朝为官，代出仕宦。更为重要的是，在从春秋战国至魏晋时期乐安孙氏家族的发展过程中，经历了从春秋战国的"尚武"家族门风到魏晋时期"尚儒"的变化。有专家学者指出，从"尚武"转向"尚儒"，这是乐安孙氏家族门风的一次重大转变，并认为这种家族门风的转变对其家族的长久发展带来了不可估量的影响："'世代治儒'的家族传统为家族的长久承续所提供的支撑比单纯地将政治仕途作为家族发展的凭托，其力度要大得多，这也是中国历史悠久的世家大族的普遍特点。"③这是颇有见地的精到之论。从一定程度上说，乐安孙氏家族到唐代得以发展，并能走向兴盛，与从魏晋开始的家族"尚儒"门风的转变是密不可分的。

魏晋时期乐安孙氏家族尚儒门风的转变具有鲜明的时代特征。魏晋时代虽是社会大动荡时代，儒家伦理丧失，但此时学校教育和儒学仍有一定程度的发展。特别是北魏道武帝拓跋珪即位之后，便以经术为先务，设立太学，置五经博士，崇儒兴学，儒学由此进入北朝历史上蓬勃发展的黄金时代。虽然儒学的发展在北朝不同的时段有过盛衰起落，但从总的趋向看，儒学的发展还是主流。对于这一时期儒学的发展，《北史》卷81《儒林上》有一段长文记述，不妨摘录转述如下：

儒者，其为教也大矣，其利物也博矣，以笃父子，以正君臣，开

---

① （唐）李百药：《北齐书》卷44《儒林传·孙灵晖传》，中华书局2000年版，第410、411页。

② （唐）李延寿：《北史》卷81《孙惠蔚传》附《孙万寿传》，中华书局1974年版，第2719页。

③ 张卫东、陈翔：《唐代文儒孙逖家族研究》，《江西社会科学》2010年第9期。

政化之本原，凿生灵之耳目，百王损益，一以贯之。虽世或污隆，而斯文不坠。自永嘉之后，宇内分崩，礼乐文章，扫地将尽。

魏道武初定中原，虽日不暇给，始建都邑，便以经术为先。立太学，置《五经》博士生员千有余人。天兴二年春，增国子太学生员至三千人。……四年春，命乐师入学习舞，释菜于先师。明元时，改国子为中书学，立教授博士。太武始光三年春，起太学于城东。后征卢玄、高允等，而令州郡各举才学。于是人多砥尚，儒术转兴。献文天安初，诏立乡学，郡置博士二人，助教二人，学生六十人。后诏大郡立博士二人，助教四人，学生一百人；次郡立博士二人，助教二人，学生八十人；中郡立博士一人，助教二人，学生六十人；下郡立博士一人，助教一人，学生四十人。太和中，改中书学为国子学，建明堂、辟雍，尊三老五更，又开皇子之学。

及迁都洛邑，诏立国子、太学、四门小学。孝文钦明稽古，笃好坟籍，坐舆据鞍，不忘讲道。……宣武时，复诏营国学，树小学于四门，大选儒生以为小学博士，员四十人。虽黉宇未立，而经术弥显。时天下承平，学业大盛，故燕、齐、赵、魏之间，横经著录，不可胜数。大者千余人，小者犹数百。州举茂异，郡贡孝廉，对扬王庭，每年逾众。神龟中，将立国学，诏以三品以上，及五品清官之子以充生选。未及简置，仍复停寝。正光三年，乃释奠于国学，命祭酒崔光讲《孝经》，始置国子生三十六人。……

齐神武生于边朔，长于戎马，杖义建旗，扫清区县。因魏氏丧乱，属尔朱残酷，文章咸荡，礼乐同奔，弦歌之音且绝，俎豆之容将尽。永熙中，孝武复释奠于国学，又于显阳殿诏祭酒刘钦讲《孝经》，黄门李郁说《礼记》，中书舍人卢景宣讲《大戴礼夏小正》篇，复置生七十二人。及永熙西迁，天平北徙，虽庠序之制，有所未遑，而儒雅之道，遽形心虑。时初迁都于邺，国子置生三十六人。至兴和、武定之间，儒业复盛矣。始天平中，范阳卢景裕同从兄仲礼于本郡起逆，齐神武免其罪，置之宾馆，以经教授太原公以下。及景裕卒，又以赵郡李同轨继之。二贤并大蒙恩遇，待以殊礼。同轨云亡，复征中山张雕武、勃海李铉、刁柔、中山石曜等递为诸子师友。及天保、大宁、武平之朝，亦引进名儒，授皇太子、诸王经术。……诸郡俱得察孝廉，其博士、助教及游学之徒通经者，推择充举。射策十条，通八以上，听九品出身；其尤异者，亦蒙抽擢。

　　周文受命，雅重经典。……于是求阙文于三古，得至理于千载，黜魏、晋之制度，复姬旦之茂典。卢景宣学通群艺，修五礼之缺；长孙绍远才称洽闻，正六乐之坏。由是朝章渐备，学者向风。明皇纂历，敦尚学艺，内有崇文之观，外重成均之职。握素怀铅，重席解颐之士，间出于朝廷；员冠方领，执经负笈之生，著录于京邑。济济焉，足以逾于向时矣。洎保定三年，帝乃下诏尊太傅燕公为三老。帝于是服衮冕，乘碧辂，陈文物，备礼容，清跸而临太学，袒割以食之，奉觞以酳之，斯固一世之盛事也。其后命轺轩而致玉帛，征沈重于南荆。及定山东，降至尊而劳万乘，待熊安生以殊礼。是以天下慕向，文教远覃。衣儒者之服，挟先王之道，开黉舍，延学徒者，比肩；励从师之志，守专门之业，辞亲戚，甘勤苦者，成市。虽通儒盛业，不逮魏、晋之臣，而风移俗变，抑亦近代之美也。

　　历史上的北朝北魏政权历经 14 帝，其中有 6 个皇帝属于短命皇帝，在位从 8 个月到 3 年不等。由上引文可以看出，北魏政权在位时间较长的道武帝（在位 23 年）、明元帝（在位 15 年）、太武帝（在位 28 年）、献文帝（在位 7 年）、孝文帝（在位 29 年）、宣武帝（在位 16 年）都执行了崇儒兴学的文化政策。北魏之后的北齐政权、北周政权，同样也是雅重经典，崇儒尚文，大力发展学校教育，崇儒尚文的文化政策一直贯通于北朝始终，故而"虽世或污隆，而斯文不坠"。这样一种社会文化环境，造就了社会各阶层尤其是诸生对儒家经典的崇尚之风，其中"《诗》、《礼》、《春秋》，尤为当时所尚，诸生多兼通之"。除此而外，"《论语》、《孝经》，诸学徒莫不通讲。诸儒如权会、李钦、刁柔、熊安生、刘轨思、马敬德之徒，多自出义疏。虽曰专门，亦皆相祖习也"。与此同时，社会上出现了大量传授讲习儒家经典的知识分子，并且如接力棒一样，师徒之间相互传授，如："自魏末，大儒徐遵明门下讲郑玄所注《周易》。遵明以传卢景裕及清河崔瑾。景裕传权会、郭茂。权会早入邺都，郭茂恒在门下教授，其后能言《易》者，多出郭茂之门。""《三礼》并出遵明之门。徐传业于李铉、祖俊、田元凤、冯伟、纪显敬、吕黄龙、夏怀敬。李铉又传授刁柔、张买奴、鲍季详、邢峙、刘昼、熊安生。安生又传孙灵晖、郭仲坚、丁恃德。其后生能通《礼经》者，多是安生门人。"崇儒兴学的社会环境，使大量知识分子或"以经书进"，像北魏的刘芳、李彪诸人；或"以文史达"，像崔光、邢峦之徒，"其余涉猎典章，闲集词翰，莫不縻以好爵，动贻赏眷。于是斯文郁然，比隆周、汉"。① 在这样一种时代环境下，崇儒尚学也就是情理之中的事情了。从很大程度上讲，魏晋时期乐安孙氏家族尚儒门风的出现，是当时时代风气的反映，具有鲜明的时代特征。

附表　　**春秋至魏晋、隋时期乐安孙氏家族成员职官表**

序号	世系	姓名	父名	朝代	官职	史料出处
1	一世	孙书	田无字	春秋	大夫	《新唐书》卷73下《宰相世系表》
2	二世	孙凭	孙书	春秋齐	卿	《新唐书》卷73下《宰相世系表》
3	三世	孙武	孙凭	春秋齐	将军	《新唐书》卷73下《宰相世系表》
4	四世	孙明	孙武	春秋	封富春侯为富春孙氏之始	《新唐书》卷73下《宰相世系表》
5	五世	孙膑	孙明	春秋	将	《新唐书》卷73下《宰相世系表》
6	六世	孙胜	孙膑	秦国	将	《新唐书》卷73下《宰相世系表》
7	七世	孙盖	孙胜	汉	汉中守	《新唐书》卷73下《宰相世系表》
8	八世	孙知	孙盖	汉	武信君	《新唐书》卷73下《宰相世系表》
9	九世	孙念	孙知	汉	不详	《新唐书》卷73下《宰相世系表》
10	十世	孙益	孙念	汉	侍中	《新唐书》卷73下《宰相世系表》；(宋)邓名世：《古今姓氏书辩证》卷7
11	十一世	孙卿	孙益	汉	侍中	《新唐书》卷73下《宰相世系表》
12	十二世	孙凭	孙卿	汉	车骑将军	《新唐书》卷73下《宰相世系表》
13	十三世	孙询	孙凭	汉	安定太守	《新唐书》卷73下《宰相世系表》
14	十四世	孙鸾	孙询	汉	不详	《新唐书》卷73下《宰相世系表》
15	十四世	孙骐	孙询	汉	安邑令	《新唐书》卷73下《宰相世系表》；(宋)邓名世《古今姓氏书辩证》卷7
16	十五世	孙夐	孙骐	后汉	天水太守	(宋)邓名世《古今姓氏书辩证》卷7
17	十五世	孙通	孙骐	后汉	不详	《新唐书》卷73下《宰相世系表》

---

① （唐）李延寿：《北史》卷81《儒林上》，中华书局1974年版，第2703、2708、2709、2708、2708、2704页。

续表

序号	世系	姓名	父名	朝代	官职	史料出处
18	十五世	孙爰居	孙鸾	后汉	不详	《新唐书》卷73下《宰相世系表》
19	十六世	孙厚	孙夐	后汉	大将军掾	《新唐书》卷73下《宰相世系表》
20	十六世	孙福	孙爰居	后汉	太原太守	（宋）邓名世《古今姓氏书辩证》卷7
21	十七世	孙瑶	孙厚	后汉	中郎将	《新唐书》卷73下《宰相世系表》
22	十八世	孙邃	孙瑶	后汉	清河太守	《新唐书》卷73下《宰相世系表》
23	十九世	孙儵	孙邃	东汉	洛阳令	《新唐书》卷73下《宰相世系表》
24	二十世	孙国	孙儵	东汉	尚书郎	《新唐书》卷73下《宰相世系表》
25	二十一世	孙耽	孙国	东汉	汉阳太守	《新唐书》卷73下《宰相世系表》
26	二十二世	孙旃	孙耽	东汉	太原太守	《新唐书》卷73下《宰相世系表》
27	二十三世	孙炎	孙旃	魏	秘书监	《新唐书》卷73下《宰相世系表》
28	二十三世	孙历	孙旃	魏晋之际	幽州刺史、右将军	《新唐书》卷73下《宰相世系表》；《晋书》卷60《孙旂传》
29	二十四世	孙俊	孙炎	晋	太官令	《新唐书》卷73下《宰相世系表》
30	二十四世	孙旂	孙历	晋	黄门侍郎、荆州刺史、兖州刺史、平南将军	《晋书》卷60《孙旂传》；《新唐书》卷73下《宰相世系表》
31	二十四世	孙尹	孙历	晋	陈留、阳平太守	《晋书》卷60《孙旂传》
32	二十五世	孙道恭	孙俊	晋	长秋卿	《新唐书》卷73下《宰相世系表》
33	二十六世	孙芳	孙道恭	晋	中书令	《新唐书》卷73下《宰相世系表》；（宋）邓名世《古今姓氏书辩证》卷7
34	二十七世	孙辉	孙颛	后赵	射声校尉	《新唐书》卷73下《宰相世系表》
35	二十八世	孙纬	孙辉	西晋	幽州都督	《新唐书》卷73下《宰相世系表》
36	二十八世	孙岳	孙烈	前燕	侍中、幽州刺史、右将军	《新唐书》卷73下《宰相世系表》；（宋）邓名世《古今姓氏书辩证》
37	二十九世	孙周	孙纬	后燕	高阳王文学	《新唐书》卷73下《宰相世系表》；（宋）邓名世《古今姓氏书辩证》
38	三十世	孙敬仁①	孙周	北燕	司隶功曹	《新唐书》卷73下《宰相世系表》；（宋）邓名世《古今姓氏书辩证》
39	三十一世	孙蔚（孙惠蔚）	孙敬仁	后魏	秘书监、枣强开国男	《新唐书》卷73下《宰相世系表》

---

① （宋）邓名世《古今姓氏书辩证》卷7为"恭仁"。

续表

序号	世系	姓名	父名	朝代	官职	史料出处
40	三十二世	孙伯礼	孙惠蔚	后魏	员外散骑侍郎、宁朔将军、步兵校尉、巴州刺史	《魏书》卷84《孙惠蔚传》附《孙伯礼传》；《新唐书》卷73下《宰相世系表》
41	三十二世	孙方嗣	孙惠蔚	后魏	建威将军	《新唐书》卷73下《宰相世系表》；《魏书》卷84《孙惠蔚传》附《孙伯礼传》
42	三十三世	孙元琥	孙伯礼	北齐	文宣帝相国骑曹	《新唐书》卷73下《宰相世系表》
43	三十三世	孙孝敏	孙伯礼	隋	晋阳令	《新唐书》卷73下《宰相世系表》
44	三十三世	孙广烈	孙伯礼	隋	沔阳丞	《新唐书》卷73下《宰相世系表》
45	三十三世	孙仲瑜	孙方嗣	隋	吏部侍郎	《新唐书》卷73下《宰相世系表》
46	三十四世	孙灵晖	孙元琥	北齐	大将军司马	《新唐书》卷73下《宰相世系表》
47	三十五世	孙万寿	孙灵晖	隋	（北齐）大理司直、（隋）豫章长史	《北齐书》卷44《儒林传·孙灵晖传》附《孙万寿传》；《北史》卷81《孙惠蔚传》
48	三十五世	孙万安	孙灵晖	隋	徐、婺、兖三州刺史	（宋）邓名世：《古今姓氏书辩证》卷7

二　唐代博州武水乐安孙氏家族发展

　　唐代是乐安孙氏家族发展壮大时期。这一时期，其家族人丁不仅繁衍壮大，而且仕宦为官者代以继之，其中不乏朝中高官，其家族在政治领域的影响愈益增大。从以下对唐代乐安孙氏家族八代子孙仕宦情况的梳理中不难看出，唐代的乐安孙氏家族无疑属于一个典型的仕宦家族。

（一）唐代博州武水乐安孙氏家族第一代和第二代

　　若从在唐代任职时算起，唐代乐安孙氏家族第一代为孙仲将。孙仲将之父孙孝敏，隋朝大业年间任并州晋阳县令。进入唐代的孙仲将与其父官职一样，也是品第不高的八品官，为郓州寿张县丞。孙仲将有一子孙希庄，唐太宗时为韩王府典签，掌管韩王府中的表启书疏。韩王即为唐高祖李渊第十一子李元嘉，贞观十年（636）被封为韩王，授潞州都督。据《旧唐书》记载，李元嘉"少好学，聚书至万卷，又采碑文古迹，多得异本。……其修身洁己，内外如一"，是高祖诸王子中的佼佼者，"当代诸王莫能及者，唯霍王元轨抑其次焉"①。与南朝时期相比，唐代诸王府所设的典签一职虽然仅掌文书，权力不大，但能在这种声望极高的王子身边任职，也算得上是一种幸运了。

（二）唐代博州武水乐安孙氏家族第三代

　　唐代博州武水乐安孙氏家族第三代孙嘉之，是唐代乐安孙氏家族发展历程中的重要人物。孙嘉之，孙希庄独子，字某，魏郡武水（今山东聊城西南）人。博州武水乐安孙氏家族这一支，从孙孝敏至孙嘉之，属于"四世而传一子，故五服之内，无近属焉"②。孙嘉之 4 岁时父亲去世，由于四世单传，无亲属可怙恃，孙嘉之只好依托于外祖父家。外祖刘士杰，当时居官于潞州涉县（今山西涉县），所以孙嘉之居官之前随外祖父在涉县生活，故孙逖在为其父所作的《宋州司马先府君墓志铭》称孙嘉之"自幼及长，外族焉依"。孙嘉之虽然生活坎坷，但自幼志向远大，"克自激昂，允迪前烈，弱冠以文章著称"。武则天天册万岁年间，孙嘉之进士及第，与崔日用、苏晋等名士一起出任考功郎中。武则天久视元年（700）孙嘉之又应拔萃举，与邵炅、齐澣同升甲科，而后出任过蜀州新津县主簿、河南府缑氏县尉、王屋县主簿，以及洺州曲周、宋州襄邑二县令等官职。孙嘉之由科举步入仕途，但他"少好摄生之术，自王屋授诀于司马先生，便欲罢官学道，而官微禄薄，曰：'衰门无储，宗党孤眇，无所仰给，繇是愿效六百石长吏焉'"。于是孙嘉之在"秩满之后，遂绝迹人世，屏居园林，怡神太和，以适初愿"。孙嘉之晚年，长子孙逖被任命为中书舍人，在孙逖希望降低自己官位以用来提高父亲官秩的请求得到恩准后，皇上以孙嘉之"有义方之训"而特授其为朝散大夫宋州司马，并"手诏褒美"，使其"亲族荣之"③。儿子的孝亲之举，使"欲罢官学道"的孙嘉之最后以宋州司马

---

① （后晋）刘昫等：《旧唐书》卷 64《韩王元嘉传》，中华书局 2000 年版，第 1638 页。

② （唐）孙逖：《宋州司马先府君墓志铭》，载（清）董诰等《全唐文》卷 313，中华书局 1983 年版，第 3182 页。

③ 以上引文见孙逖《宋州司马先府君墓志铭》，载（清）董诰等《全唐文》卷 313，中华书局 1983 年版，第 3182 页。

致仕。孙嘉之居官勇于直言，并且有较高的文学修养。其事迹主要见之于孙逖为其撰写的《宋州司马先府君墓志铭》的记载之中。

（三）唐代博州武水乐安孙氏家族第四代

称孙嘉之为博州武水乐安孙氏家族发展历程中一个重要人物，不仅仅是因为他进士及第，"弱冠以文章著称"，有较高的文学修养，更重要的是从孙嘉之开始，乐安孙氏家族改变了"四世而传一子，故五服之内，无近属"的状况，自此以后家族不仅人丁日益兴旺，而且仕宦不断、名人辈出。

唐代乐安孙氏的第四代，包括孙嘉之四子：孙逖、孙遹、孙遘、孙造。

在孙嘉之四子中，长子孙逖最为知名。孙逖（696—761），博州武水（今山东聊城）人，是乐安孙氏家族中的杰出人物，他自幼英俊聪慧、才思敏捷。据《旧唐书》卷190中《文苑传·孙逖传》记载，唐玄宗开元二年（714），孙逖应考哲人奇士举，被授予山阴（今浙江会籍）县尉。开元八年（720），孙逖由吏部侍郎王丘荐拔，由山阴县尉转迁为秘书正字。王丘是有唐一代名德兼著的名臣，据《旧唐书·王丘传》记载，王丘11岁时由童子举擢第而知名，弱冠又应制举，拜奉礼郎。开元初年，志行修洁的王丘累迁考功员外郎。"先是，考功举人，请托大行，取士颇滥，每年至数百人，丘一切核其实材，登科者仅满百人。议者以为自则天已后凡数十年，无如丘者，其后席豫、严挺之为其次焉。三迁紫微舍人，以知制诰之勤，加朝散大夫，再转吏部侍郎。典选累年，甚称平允。擢用山阴尉孙逖、桃林尉张镜微、湖城尉张晋明、进士王泠然，皆称一时之秀"[①]。孙逖能为当时名德兼著、取士用人严格而又平允的王丘所荐擢，其才学品质由此不难窥见；亦的确称得上"一时之秀"。开元十年（722），孙逖应制举登文藻宏丽科，与当时颇有文名、出身名门望族的常无名同登甲科，一时名震朝野。当时的宰相张说对其所作的策文非常推崇，"俾与张九龄、许景先、韦述同游门庭"，并命其子张均、张垍前往"拜之"，甚至连皇帝唐玄宗也御驾洛城门亲自召见他，并命户部郎中苏晋等人将其所作之文定为异等，擢升孙逖为左拾遗。由于才华横溢，孙逖

---

① （后晋）刘昫等：《旧唐书》卷100《王丘传》，中华书局2000年版，第2120页。

不久升迁为左补阙。黄门侍郎李暠出镇太原，孙逖又被辟为从事。开元二十一年（733），孙逖出任考功员外郎、集贤修撰。从开元二十四年（736）起，孙逖被拜为中书舍人，其间还充任过河东黜陟使。唐玄宗天宝三年（744），权判刑部侍郎。天宝五年（746），孙逖因风疾请求朝廷改任一闲散而无一定职守的官位，请求得到诏准后被改任为太子左庶子，不久转为太子詹事。孙逖去世后，于唐代宗广德二年（764）被朝廷诏赠尚书右仆射，谥号文[①]。孙逖一生在政治、文学等方面多有建树，故其生平事迹散见于各种文献史料的记述之中，《旧唐书》《新唐书》和《唐才子传》有其传记，颜真卿所作《尚书刑部侍郎赠尚书右仆射孙逖文公集序》对其师孙逖经历特别是文学成就有概括性的评述。

与孙逖相比较，其弟孙遹、孙遭、孙造则显得较为平凡，故文献史料对三人生平事迹少有记述。孙嘉之次子孙遹，《旧唐书》和《新唐书》中无传，《新唐书》卷73下《宰相世系表》记载其官职为左羽林兵曹参军，唐人李都在《唐故御史中丞汀州刺史孙公墓志并序》中称其曾先后出任过皇关内营田判官、左羽林兵曹参军、京畿采访支使，赠左散骑常侍等职。孙嘉之第三子孙遭，《旧唐书》和《新唐书》中无传，《新唐书》卷73下《宰相世系表》记载其官职为亳州刺史。孙嘉之第四子孙造，《新唐书·宰相世系表》与《古今姓氏书辩证》卷7记载其官职均为詹事司直；乐安孙氏族人孙保衡在为孙造之子孙婴所撰写墓志铭中，有孙造于唐玄宗天宝初年"应文词清丽举，与郭纳同登甲科，官至詹事府司直"[②] 之记述。孙造能荣登文词清丽举甲科，反映了他本人有较好的文学修养。

（四）唐代博州武水乐安孙氏家族第五代

唐代博州武水乐安孙氏家族第五代，进入乐安孙氏家族发展壮大时期，其时不仅人丁繁盛，而且政治影响扩大。与上一代相比，家族成员入仕官品普遍提高。

唐代博州武水乐安孙氏家族第五代男性成员共11人，其中孙逖有四

---

①　参见傅璇宗主编《唐才子传校笺》卷1《孙逖》，中华书局1987年版。

②　（唐）孙保衡：《唐故宣义郎京兆府蓝田县尉乐安孙府君墓志铭并序》，载周绍良、赵超主编《唐代墓志汇编》，上海古籍出版社1992年版，第1920页。

子，孙邈有四子，孙造有二子，孙遹有一子。

孙逖长子孙宿，《旧唐书》卷190中《文苑传·孙逖传》中有一简单记述，称其"历河东掌记，代宗朝历刑部郎中、中书舍人，出为华州刺史，卒"。孙简墓志铭称孙宿"传文公（孙逖）之业，登□制举，为谏议大夫、中书舍人，终华州刺史"①。由此可见，孙宿应为制举出身，出任过谏议大夫、中书舍人，最后官至华州刺史致仕。

孙逖次子孙绛，《旧唐书》和《新唐书》中无传，仅《新唐书》卷73下《宰相世系表》记载其官职为右补阙。在唐代，右补阙属于中书省的官员，唐武则天垂拱元年（685）设置，官品为从七品上，职责是与右拾遗一同掌"供奉讽谏，大事廷议，小则上封事"②，品级虽然不高，但其职责重大。

孙逖三子孙成（737—789），字思退，其兄孙绛在为孙成撰写的墓志铭中称其"髫岁，崇文馆明经及第，参调选部，年甫志学，考判登等，竦听一时，解褐授左内率府兵曹参军"③。著名政治家、官至宰相的刘晏为京兆府尹时，奏授孙成为京兆府云阳县尉，使其辅佐畿辅一带的事务，当时"邑中庶务，刘并委达，一境决遣而生风，诸曹仆邀而何数。声溢朝听，最归府庭"。由于能力突出，孙成不久被任命为长安县尉。在此任职期间，"佐剧谷下，名灼京师，宰府急贤，意如不及"，不到三旬，又升任为监察御史，之后又先后被辟为陇右节度判官兼掌书记、殿中侍御史、尚书屯田员外郎。在尚书屯田员外郎任上，孙成"班令公田，事举而能损益"，不久充任山、剑等三道租庸使。同样，在此任上，由于政绩显著，"公议当迁"，进而转升为司勋员外郎。之后，孙成先后出任长安县令、仓部郎中、泽潞太原庐龙等道宣慰使、信州刺史等职，而后又出任

　　①　（唐）令狐绹：《唐故银青光禄大夫检校司空兼太子少师分司东都上柱国乐安县开国侯食邑一千户赠太师孙公墓志铭并序》，载周绍良、赵超主编《唐代墓志汇编续集》，上海古籍出版社2001年版，第1111页。

　　②　（宋）欧阳修、宋祁：《新唐书》卷47《百官志二》，中华书局1975年版，第1207页。

　　③　（唐）孙绛：《唐故中大夫守桂州刺史兼御史中丞充桂州本管都防御经略招讨观察处置等使上柱国乐安县开国男赐紫金鱼袋孙府君墓志铭并序》，载周绍良、赵超主编《唐代墓志汇编》，上海古籍出版社1992年版，第1855页。关于孙成入仕的途径说法不一，《新唐书》卷202《孙逖传》附《孙成传》中则记载孙成"推荫仕累洛阳、长安令"，认为孙成是由父荫步入仕途。从文献数据记载的可信度看，其兄孙绛为其撰写墓志铭中的记载是可信的，也就是说，孙成是经崇文馆明经及第的。

苏州刺史，制略中云："列在时彦，郁为才臣，文参教化之本，学务经通志略。今举高第，镇兹雄郡，深荷睿旨，励分圣忧，信人恺然，吴下歌暮，两州连最，百郡为式"，为此朝廷特增授孙成金章紫绶。唐德宗贞元四年（788），改任桂州刺史兼御史中丞、桂管观察使，直至去世。生前获有"乐安县开国男"爵位，死后被追赠为太子太傅。① 在孙逖诸子中，孙成最为知名。这不仅仅是因为他通晓经术，更重要的是因为他为官期间多有善政，政绩突出。正因为他为官政绩突出，所以仕宦后才能一路升迁。《新唐书》卷 202《孙逖传》中附有孙成简略传纪，孙绛为其撰有墓志铭。

孙逖第四子孙视，《旧唐书》和《新唐书》中无传，《新唐书》卷 73 下《宰相世系表》记载其官职为太常寺太祝、协律郎。太常寺太祝是掌管祭祀祷告事宜的官员，官秩为正九品上。协律郎为太常寺衙署中负责掌管音律的官员，官秩为正八品上。

孙遹之子孙会，《旧唐书》和《新唐书》中无传，《新唐书》卷 73 下《宰相世系表》记载其官职为常州刺史，而在其孙孙瑝墓志铭中记载其担任过皇侍御史一职，历任郴州、温州、庐州、宣州、常州五州刺史，去世后赠工部尚书②。

孙遘有四子：孙公彦、孙客卿、孙公辅、孙起。孙公彦、孙客卿、孙公辅在《旧唐书》和《新唐书》中均无传，《新唐书》卷 73 下《宰相世系表》记载其官职分别为睦州刺史、盱眙令、陆泽丞。孙起为孙遘次子，他深受儒家思想影响，为人处世多秉承儒家礼法规范。孙保衡在为其撰写的墓志铭中称其"学优而仕，释褐洪州建昌县尉"，但孙起是否由科举入仕无文献史料考证。后孙起历任郑州新郑尉、陈州录事参军、郓州长寿县令、滑州白马县令。孙起仕宦期间多有政绩，如在滑州白马县令任上，"邑讼既理，戎事兼佐，弦歌有裕"③。

孙造有二子，长子孙贾，《旧唐书》和《新唐书》中均无传，《新唐

---

① 参见（唐）孙绛《唐故中大夫守桂州刺史兼御史中丞充桂州本营都防御经略招讨观察处置等使上柱国乐安县开国男赐紫金鱼袋孙府君墓志铭并序》，载周绍良、赵超主编《唐代墓志汇编》，上海古籍出版社 1992 年版，第 1856 页。

② 参见（唐）李都《唐故御史中丞汀州刺史孙公墓志铭并序》，载陈尚君辑校《全唐文补编》卷 83，中华书局 2005 年版，第 1034 页。

③ （唐）孙保衡：《唐故滑州白马县令乐安孙府君墓志铭并序》，载周绍良、赵超主编《唐代墓志汇编》，上海古籍出版社 1992 年版，第 1989 页。

书》卷73下《宰相世系表》记载其官职为右内率府骑曹参军。次子孙婴，字孺之，他虽然"未识而孤"，但自幼勤奋好学、志向远大。唐代宗广德初年，孙婴经尚书李抱真表荐入仕，被授予饶州余干县尉，之后先后出任过邠州三水县丞、仙州司仓参军、泽州录事参军、京兆府蓝田县尉等官职①。

（五）唐代博州武水乐安孙氏家族第六代

从《新唐书》卷73下《宰相世系表》记载可知，唐代博州武水乐安孙氏第六代，男性成员共有20人。

孙起有子四人。孙保衡在为孙起撰写墓志铭中记载，孙起"夫人赵郡李氏，生长子非熊，前蕲州黄梅县尉；夫人陇西李氏，生次子及三女"。又载"今夫人河东裴氏，卿族华胄"②。《新唐书》卷73下《宰相世系表》除记载孙起有子孙非熊外，还有孙景商和孙清，看来孙景商和孙清应为裴氏所生。《新唐书》卷73下《宰相世系表》记载孙清官至太原少尹。在孙起四子中，孙景商最为知名。孙景商，字安诗，生于唐德宗贞元九年（793），卒于唐宣宗大中十年（856）。据其墓志铭记载，孙景商"幼奇卓，动举与凡儿异，稍长，力文学。……性端介，寡与人交"。孙景商是由进士及第入仕为官的，其后政治上的升迁沉浮与当时的牛李党争息息相关。其墓志铭称：唐文宗大和二年（828），"清河崔公颐下擢进士甲科，赴诸侯之辟于蜀西川、于荆、于越，凡所从悉当时名公，公（孙景商）亦以国士之道居于其府。御史丞得其名奏为监察，历殿中侍御史，益有名。入尚书省为度支员外郎。丁继母裴夫人忧，毁逾于礼。卒丧，除刑部员外郎，转度支郎中。时宰相李德裕专国柄，忿公（孙景商）不依己，黜为温州刺史，移滁州刺史"。据此有学者考证，孙景商大和二年（828）进士及第后便直接入幕充职了，他首次入剑南西川幕，府主为杜元颖。杜元颖罢幕后，孙景商又先后转入由段文昌充当府主的荆南幕、李绅充当府主的浙江东道幕。如果孙景商在李绅罢幕前后入朝为尚书郎官，此时的李德裕已于大和八年（834）出为兴军节度使，这时的朝廷政局发生了变化，牛党势力正在抬头，因此孙景商的入朝为官应当与牛党的

---

① 参见（唐）孙保衡《唐故宣义郎京兆府蓝田县尉乐安孙府君墓志铭并序》，载周绍良、赵超主编《唐代墓志汇编》，上海古籍出版社1992年版，第1920页。

② （唐）孙保衡：《唐故滑州白马县令乐安孙府君墓志铭并序》，载周绍良、赵超主编《唐代墓志汇编》，上海古籍出版社1992年版，第1989页。

引拔有关。因为段文昌曾为宰相李逢吉所引拔，而李逢吉与牛党令狐楚相善，说明段文昌在政治立场上是倾向于牛党的。这样为牛党重用的孙景商与李德裕等人为领袖的李党结怨也就在情理之中了。于是出现了于开成五年（840）再次入相的李德裕，便"忿公不依己"，将孙景商外放，黜为温州刺史，移滁州刺史①。孙景商虽因党争被黜职外放，但凭着个人才干，不久便得以步步升迁。据其墓志铭记载，孙景商被外放后，"理二郡，以慈煦弱，以严御豪，其它施设，皆可称纪"。"皆可称纪"的政绩，加以唐宣宗即位后以李德裕为首的李党失势，孙景商不久便被征拜为刑部兵部郎中，迁谏议大夫。在谏议大夫任上，孙景商鉴于政治之缺失多次上疏。唐宣宗大中五年（851），白敏中以宰相出镇，为京西北招讨，都统诸军讨伐党羌叛乱，并奏请朝廷任命谏议大夫孙景商充任行军司马，授左庶子兼御史中丞，赐紫金鱼袋，奏请知制诰蒋伸为右庶子，充节度副使。在征伐党羌叛乱中，孙景商因征讨有功而被征拜为给事中。半年之后，又出任京兆尹一职，孙景商在京兆尹任上两年，"一持正道，豪人望风敛束。视案牍靡昼夜，试问其官理要目，屈指历历如手持文"。由于为政勤勉、政以清廉，不久又迁任刑部侍郎。在此任上，由于政绩突出，孙景商声名威望愈加为人所称美。之后，又出任天平军节度郓曹濮观察等使检校礼部尚书兼御史大夫。大中十年（856），64 岁的孙景商去世后，"善人惊惜，连口悼嗟。上素知其人，轸动且久，不视朝一日，赠兵部尚书，赙祭如常礼"②。

　　孙宿有子二人，长子孙公器，《新唐书》卷73下《宰相世系表》和《旧唐书·文苑传·孙逖传》中记载其官职为信州刺史、邕管经略使。唐人令狐绹在为孙简撰写的墓志铭中则称孙公器"以词科高第，历监察，后为濠、信二州刺史，邕管经略使，兼御史中丞。时属五溪不率王命，奉诏招讨，克有戎功，去世后累赠司空"③。次子孙献可，《新唐书》卷73下《宰相世系表》中记载其官职为大理司直。

---

① 参见石云涛《唐后期方镇使府宾主关系与牛李党争》，《许昌学院学报》2003 年第 1 期。

② （唐）蒋伸：《唐故天平军节度郓曹濮等州观察处置等使朝请大夫检校礼部尚书使持节郓州诸军事兼郓州刺史御史大夫上柱国赐紫金鱼袋赠兵部尚书孙府君墓志铭并序》，载周绍良、赵超主编《唐代墓志汇编》，上海古籍出版社 1992 年版，第 2345 页。

③ （唐）令狐绹：《唐故银青光禄大夫检校司空兼太子少师分司东都上柱国乐安县开国侯食邑一千户赠太师孙公墓志铭并序》，载周绍良、赵超主编《唐代墓志汇编续集》，上海古籍出版社 2001 年版，第 1111 页。

孙成有子四人，长子孙惟肖，官至监察御史；次子孙保衡，曾任鄂州节度判官、检校司封郎中等职。三子孙微仲，官至沔州刺史。四子孙审象，字近初，"年甫童䇣，能自修整，恭俭礼让，本于生知"①，弱冠之年以门荫出身而入仕，先后出任怀州修武主簿、右龙武军录事参军、京兆府云阳县尉、亳州真源县令、河中临晋二县令，最后官至汝州司马。在乐安孙氏家族中，孙审象以孝悌仁爱闻名。

《新唐书》卷73下《宰相世系表》记载孙视有子一人：孙替否，官职为鼓城令。

孙会有子四人：孙公绍、孙公乂、孙公胄、孙士桀。长子孙公绍，生平无史料记述；三子孙公胄，曾任海盐尉；四子孙士桀，曾任长洲令。在孙会诸子中，次子孙公乂最为知名，因有墓志铭记载，故其生平事迹有比较详细的记述。

孙公乂，生于唐代宗大历七年（772），卒于唐宣宗大中五年（851）。孙公乂自幼聪慧好学，年十四，便初通两经，随乡荐上第。孙公乂虽聪慧好学，但早年仕途坎坷，"未及弱冠，遽失怙恃。长兄不事家计，诸弟尚复幼稚，公（孙公乂）以负荷至重，他进不得，遂即以前明经调补扬州天长县尉"。后出任江阳主簿，又由江阳主簿授婺州录事参军。不久因覆审讼案而蒙冤，幸好太守王仲舒了解内情，将其辟引为倅军事。唐元和末年，相国萧俛持掌国政，大力引荐、提拔当代俊贤，为此，"特敕拜公（孙公乂）为宪台主簿，方议朝选。属殿内御史有以自高者，恶非其党，将不我容。公以为道不可自屈，即直疏其事，置之宪长故相国赞皇公。是日解冠长告，坚卧私室。赞皇披文，耸听，益固其知，以公之志不可夺，因白执政，授京兆府户曹，由户曹为咸阳令，历四尹，皆以政事见遇，尤为韩公愈、刘公栖楚信重之。……由是声闻毂下"，为时人所称美。之后，孙公乂先后迁任吉州刺史、饶州刺史。唐武宗会昌二年（842）五月，又自饶州刺史改任睦州刺史。会昌六年（846）五月，孙公乂被征拜为大理卿，因"久居外任，早得癃罢疾，既不克朝谢，又不敢去官，愿假以散秩归洛。天子怜其志，即拜宾护分司"。唐宣宗大中三年（849）

---

① （唐）孙简：《唐故汝州司马孙府君墓志铭并叙》，载周绍良、赵超主编《唐代墓志汇编》，上海古籍出版社1992年版，第2218页。

秋，孙公乂以工部尚书致仕①。

孙公彦有二子，其中次子孙璩，曾出任于潜县尉。

孙公辅三子，即孙复礼、孙由礼、孙元宗，其中长子孙复礼曾出任贝州刺史。

（六）唐代博州武水乐安孙氏家族第七代

按照《新唐书》卷73下《宰相世系表》及其他文献史料记载，乐安孙氏第七代，男性成员有41人，其中，孙公器有七子，孙惟肖有二子，孙微仲有二子，孙审象有六子，孙公绍有三子，孙公乂有七子，孙公胄有一子，孙士桀有四子，孙复礼有一子，孙元宗有一子，孙景商有七子。

据《新唐书·宰相世系表》与宋人邓名世《古今姓氏书辩证》卷7载，孙公器有六子，分别为孙华清、孙正、孙简、孙范、孙娶、孙晏（初名节）。而孙纾在为孙筥所撰写墓志铭中，称孙筥为乐安氏，"大父府君讳宿（孙宿），皇朝中书舍人、华州刺史；烈考府君讳公器，皇朝邕管经略招讨等使……邕管府君娶河东裴氏。府君（孙筥）即裴太夫人第七子也"②。由此记载可以看出，孙筥是孙公器第七子，孙公器实际有子七人。

孙公器在乐安孙氏家族发展中起了很大作用，这不仅表现在其家庭人丁兴旺，而且其七子中有两人科举及第，五子仕宦为官，是当时公认的"显家"③。从文献史料记载看，在这七子当中，除孙娶、孙晏无官职记载外，其他五子皆有官位。其中长子孙华清、次子孙正分别出任太原尉、河中少尹，二人在《新唐书》和《旧唐书》均无传纪，故其生平学行无从祥知。孙公器第七子孙筥，字秘典，以荫第入仕，授东宫卫佐。据其墓志铭载，孙筥"少孤，又多疾疹，诗书礼乐，仅乎生知。逮与中年，心力减耗，后以荫第再调，遂授东宫卫佐。虽有官叙，常求分司，冀遂便安，

---

① 参见（唐）冯牢：《唐故银青光禄大夫工部尚书致仕上柱国乐安县开国男食邑五百户孙府君墓志铭》，载周绍良、赵超主编《唐代墓志汇编》，上海古籍出版社1992年版，第2289—2290页。唐人李都在为孙瑝撰写的墓志铭（《唐故御史中丞汀州刺史孙公墓志铭并序》）中则称孙公乂"以礼部尚书致仕，赠太尉"。载陈尚君辑校《全唐文补编》卷83，中华书局2005年版，第1034页。

② （唐）孙纾：《唐故前左武卫兵曹乐安孙府君墓志铭并序》，载周绍良、赵超主编《唐代墓志汇编》，上海古籍出版社1992年版，第2378页。

③ 参见（宋）欧阳修、宋祁《新唐书》卷202《孙逖传》附《孙简传》，中华书局1975年版，第5762页。

以就颐养"①。孙简、孙范是孙公器子辈中的佼佼者，二人参加科举考试皆进士及第。唐武宗会昌年间后，兄弟二人相继居显秩，其中孙范官至淄青节度使，孙简入仕后更是步步升迁。

孙简，字枢中，《新唐书·孙简传》对其仕宦有简单记载：唐宪宗元和初年，"登进士第，辟镇国、荆南幕府。累迁左司、吏部二郎中，繇谏议大夫知制诰，进中书舍人。初，逖掌诰，至代宗时，宿又居职，逮简凡三世。会昌初，迁尚书左丞。……历河中、兴元、宣武节度使，检校尚书右仆射、东都留守"②。其实，这只是孙简仕宦中的一部分。从孙简墓志铭记载看，孙简进士及第后，由于本人声名威望彰显，能力突出，入仕后一路升迁，先是"赴调集，判入高等，授秘书省正字，所试出，人人皆传讽。秩满，赵丞相宗儒镇河中，辟公（孙简）为观察推官，再调补京兆府鄠县尉，又从张华州惟素之幕，授监察御史里行，充镇国军判官，征为监察御史，除秘书郎。裴中令镇北都，辟为留守推官，以殿中侍御史内供奉充职。又转节度掌书记。又改节度判官，奏加上柱国，赐绯鱼袋。大京兆卢氏珵，仰公之才名，表公为府司录。王潜仆射在荆南，思得耆贤，奏公（孙简）为检校礼部员外郎兼侍御史，充节度判官，入为侍御史。宝历元年（825），以司勋员外郎判吏部，废置，转礼部郎中……除左司郎中，加朝散阶，转吏部郎中，又加朝请大夫。用公正之望，迁谏议大夫；以文学之称，守本官知制诰"。任职期间，孙简因"职业具举，时论推服"，不久转升为中书舍人、同州刺史，兼御史中丞，赐紫金鱼袋。之后，孙简又先后出任过陕虢观察使、检校右散骑常侍兼御史中丞、刑部侍郎、吏部侍郎、河南尹、河中检校礼部尚书兼御史大夫、中大夫、尚书左丞兼判选部事、太中大夫、山南西道检校户部尚书、检校兵部尚书、节度宣武军、正议大夫、检校右仆射、银青光禄大夫、东都留守、检校左仆射、吏部尚书、检校左仆射等职③。其任职的职位之多，罕为他人所比拟。不仅如此，孙简为政公正、清廉，仁以为己任，仕宦期间多有政绩。

---

① （唐）孙纾：《唐故前左武卫兵曹乐安孙府君墓志铭并序》，载周绍良、赵超主编《唐代墓志汇编》，上海古籍出版社1992年版，第2378页。

② （宋）欧阳修、宋祁：《新唐书》卷202《孙逖传》附《孙简传》，中华书局1975年版，第5761—5762页。

③ 参见（唐）令狐绹《唐故银青光禄大夫检校司空兼太子少师分司东都上柱国乐安县开国侯食邑一千户赠太师孙公墓志铭并序》，载周绍良、赵超主编《唐代墓志汇编续集》，上海古籍出版社2001年版，第1110—1111页。

与孙公器后代子辈相比，孙惟肖、孙微仲、孙公绍、孙公胄、孙复礼、孙元宗后代子辈则显得较为逊色。孙惟肖有二子，其中长子孙匡辟，曾任白水主簿；孙公绍有三子，三子中只有孙镣有官位记载，曾任宜城尉；孙公胄之子孙冕，曾任袁州录事参军；孙复礼之子孙大名无官位记载；孙元宗之子孙守崇，官至凤翔少尹。孙微仲有二子，长子孙庶立，曾任荥泽尉；次子孙方绍①，字比琏，自幼好学，"年未弱冠，以门荫补授怀州参，秩满，授汝州司户参军"，唐宣宗大中十一年（857），改授为大理寺丞，"在法官二载，断决冤疑，实为大理。岁满迁拜本寺正。……今上苦于求瘼，遂应良牧之吕，拜东牟太守"②。孙方绍为官期间政绩突出，其子孙邺在为其撰写的墓志铭中有记载。

孙审象后代人文献史料记载多有出入，孙简所撰孙审象墓志铭记载，孙审象"有子四人：长曰尚复，次曰胜，次曰璩，幼曰黑儿"③。而《新唐书》卷73下《宰相世系表》记载孙审象有六子：孙履度、孙方绍、孙簧、孙尚复、孙赟、孙佣，其中有四子为官，长子孙履度，任南陵尉；次子孙方绍，登州刺史；四子孙尚复，德清令；六子孙佣，江都尉。其实，《新唐书·宰相世系表》将孙佣说成孙审象之子有误。据孙佣墓志载："府君讳佣，字可器……洎曾祖讳嘉之，为秘书监；曾王父讳遘，历左补阙内供奉；大王父讳起，滑州白马县令赠尚书工部侍郎；祖妣夫人陇西李氏，封陇西郡君，生姑适崔氏，生景商；祖妣夫人河东裴氏，封河东郡君，生向，即府君之父焉。"④ 由此不难看出，孙佣实为孙景商同父异母弟弟孙向之子，孙审象与孙佣并非父子关系。孙佣为乡贡进士，刻苦好学，可惜19岁时去世，其墓志是由其父孙向所作。应该说，孙佣为孙向之子的记载是确切无疑的。

---

① 在《新唐书》卷73下《宰相世系表》中，孙方绍被说成是孙审象次子，有误。其实孙方绍并非孙审象次子，而是孙审象之兄孙微仲次子。对此，孙方绍长子孙邺在为其父所撰写的墓志铭中记载说：孙方绍"烈考讳微仲，皇沔州刺史。府君（孙方绍）即沔州刺史次子也"。见孙邺《唐故承议郎使持节都督登州诸军事守登州刺史孙府君墓志铭并序》，载周绍良、赵超主编《唐代墓志汇编》，上海古籍出版社1992年版，第2431页。

② （唐）孙邺：《唐故承议郎使持节都督登州诸军事守登州刺史孙府君（方绍）墓志铭并序》，载周绍良、赵超主编《唐代墓志汇编》，上海古籍出版社1992年版，第2431—2432页。

③ （唐）孙简：《唐故汝州司马孙府君墓志铭并叙》，载周绍良、赵超主编《唐代墓志汇编》，上海古籍出版社1992年版，第2219页。

④ （唐）孙向：《唐故乡贡进士孙府君墓志》，载周绍良、赵超主编《唐代墓志汇编》，上海古籍出版社1992年版，第2321页。

孙公乂有七子：孙顼、孙毂、孙玙、孙珇、孙璘、孙碧、孙瑝。三子孙玙在其父在世前已经去世。长子孙顼，曾任东都留守推官、检校尚书屯田员外郎、右庶子、京兆少尹等职；次子孙毂，字子相，曾出任河南尹，其父墓志铭称，"次子毂，职参内署，渥泽冠时，天子宠公（孙公乂）之归，辍自近侍，除为河南尹，天下荣之"①。第四子孙珇，进士出身，以校书郎为浙右从事；第五子孙璘，前弘文馆生；第六子孙碧，曾任汀州刺史。

在孙公乂的七子中，孙瑝最为知名。孙瑝，字子泽，进士出身。唐人李都在为孙瑝撰写的墓志铭中对其文化品格和仕宦经历有简要叙述，文中称孙瑝"庄重粹和，秀融眉睫。自冠岁笃于孝悌，声鼓缙绅，郁为名人之所器仰。若兰牙桂颖，香泄人间，故搴芳者争取。繇是一贡第进士于李公褒，识者不以为速。其后从卢公贞于甘棠，敬公晦于浙右"；"萧相国寘自内署守金陵，张公毅夫自夕拜守豫章。二镇急贤，叠驰缛礼。公从奏书于润，前使凡四府；自支使至判官，其列职者五；自校书至评事，由试官者三。宣宗皇帝朝崔丞相慎由方枢造物，权望压天下，凡所登用，掇第一流，因起公为小谏。俄而内署缺学士，萧丞相邺默上公名。公造门色沮，俯首卑谢，且曰：某诚无似。誓不以苟进自许。丞相不能抑。未几，御史中丞李公种始提宪印，风棱大张，欲其望者辉我寮伍。遂夺为殿内。厥后黜刺武当。以前时不从辟于白相国敏中故也。大凡去朝籍而处他位，未尝不简于业官。公至部未几，俾饥者饫，啼者歌，家宁户安，渔吏敛手，故治声四溢，深为本道节度使徐公商奖异，入为员外都官郎……俄转左司外郎。值徐丞相入为御史大夫，席公郡谣，表知杂事，迁司封正郎，赐五品服。寻以本官掌西掖书命。而风起三代，故事，岁满必以真授。公居职四周，方践正秩，而恬然无挠。今上以慈恕母天下，尤注意于三尺法。遂擢为御史中丞，庭锡金紫。谭者美之"②。由此记载可知，孙瑝进士及第后，由于能力突出，仕途不断升迁，官至御史大夫、御史中丞等职。

孙士枀有四子：孙嗣宗、孙嗣初、孙奭、孙尧。长子孙嗣宗，曾出任于潜县尉。次子孙嗣初，字必复，自幼聪慧，"为童时，在塾内，天与聪

---

①　（唐）冯牢：《唐故银青光禄大夫工部尚书致仕上柱国乐安县开国男食邑五百户孙府君墓志铭》，载周绍良、赵超主编《唐代墓志汇编》，上海古籍出版社 1992 年版，第 2290 页。

②　（唐）李都：《唐故御史中丞汀州刺史孙公墓志铭并序》，载陈尚君辑校《全唐文补编》卷 83，中华书局 2005 年版，第 1034、1035 页。

明，性气崭峻，读念日受书。及处稚列间，每事无不首出"。18 岁时，孙嗣初登明经第，被授以苏州参军。孙嗣初有才干，为政尽职尽责。苏州刺史李道枢"性严执法，官吏不可犯。公（孙嗣初）虽以下僚常有不惮意。……后因事，李公召与诂，大奇之，一州六曹七县事务，无不委任。叹曰：我每见孙参军手下公事，如看盆缘上物，更无不在眼前者"。由于其杰出的才干，孙嗣初刚初出做官便"得名大官知，已骙骙然为千里不烦于足下"，为当时"有官业人所称誉"。"时泗上诸侯历召为州职者数四，秩满，选授吴郡司兵参军，才术益锐。两换郡守，皆致治从容地"①。后调任河南府洛阳县尉、苏州昆山县令。孙士桀三子孙爽，字化南，进士出身，官至度支职方郎中；四子孙尧，官至夔州刺史。

孙景商有子七人，这七子的姓名文献记载各异。《新唐书》卷 73 下《宰相世系表》记载其子为孙备、孙储、孙伾、孙俭、孙偓、孙伉、孙佾。蒋伸在孙景商墓志铭中则称孙景商"有子七人，曰备，曰侑，曰伉，曰俊，曰伾……小男曰俨，曰攸"②。孙瑝在孙备墓志铭中则称孙备有弟曰"储、澥、伉、倚、铎、埴"③。对于孙景商七子官职，主要见之于《新唐书·宰相世系表》。孙备，字礼用，"重然诺，顾交谊，与君游者皆当时名人"④，一生力行儒家孝悌节义，官至直弘文馆、蓝田尉、洛阳县尉。孙储，字文府，《新唐书·宰相世系表》记载其官至京兆尹、乐安郡侯，《新唐书》卷 183《孙偓传》中则有"（孙偓）兄储，历天雄节度使，终兵部尚书"的记载。《全唐文补编》卷 91 则记载孙储于僖宗中和五年（885）自工部郎中授湖州刺史，后改任左散骑常侍。昭宗光化年间，孙储迁任秦州节度使，官至兵部尚书。孙伾，曾任兴元少尹。孙俭，字德府，昭义判官、检校工部员外郎。孙伉，春秋博士。孙佾，字文节，集贤院直学士、司勋郎中。

在孙景商诸子中，孙偓无疑是其中的佼佼者。孙偓，字龙光，进士

---

① （唐）孙爽：《□□□□□□□□□□州昆山县令乐安孙公府君墓志铭并序》，载周绍良、赵超主编《唐代墓志汇编》，上海古籍出版社 1992 年版，第 2418—2419 页。

② （唐）蒋伸：《唐故天平军节度郓曹濮等州观察处置等使朝请大夫检校礼部尚书使持节郓州诸军事兼郓州刺史御史大夫上柱国赐紫金鱼袋赠兵部尚书孙府君墓志铭并序》，载周绍良、赵超主编《唐代墓志汇编》，上海古籍出版社 1992 年版，第 2345 页。

③ （唐）孙瑝：《唐故河南府洛阳县尉孙府君墓铭并序》，载周绍良、赵超主编《唐代墓志汇编》，上海古籍出版社 1992 年版，第 2213 页。

④ 同上。

出身，僖宗乾符五年（878）戊戌科状元。《分门古今类事》有一记载：
"孙偓未殿试前，梦积木数百，而践履其上，自谓必作状元，居众材之
上。后唱名果然。"①《太平广记》则记载说："长安城有孙家宅，居之
数世，堂室甚古。其堂前一柱，忽生槐枝。孙氏初犹障蔽之，不欲人
见。期年之后，渐渐滋茂，以至柱身通体而变，坏其屋上冲。秘藏不
及，衣冠士庶之来观者，车马填咽。不久，偓处岩廊，储居节制。人以
为应三槐之朕，亦甚异也。"② 槐树在中国古代有多种寓意，自周代开
始，槐树首先与三公（太师、太傅、太保）宰辅官位联系在一起，是
官职的代名词③；后来，又把槐树视为古代科第吉兆的象征④。俞平伯
在《〈三槐〉序》中，则称"三槐者，高门积善之征也"。也可能正是借
着槐树的灵光，孙偓不仅进士及第，而且及第后升迁迅速，历任显官，并
且在昭宗乾宁二年（895）以户部侍郎同中书门下平章事的官职执掌朝
政，官至宰相。不久又兼任礼部尚书、行营节度诸军都统招讨处置等使，
被封为安乐县侯。不过，孙偓在相位不到3年，由于受人诬告，在昭宗乾
宁四年（897）被罢免了宰相官职，不久被贬谪为南州司马⑤，直至去世。

（七）唐代博州武水乐安孙氏家族第八代

　　从《新唐书》卷73下《宰相世系表》可知，唐代博州武水乐安孙氏

---

　　① 《分门古今类事》卷7《孙偓践木》，文渊阁四库全书本。
　　② （宋）李昉等：《太平广记》卷138，中华书局1961年版，第995页。类似的记载甚
多，如《新唐书》卷183《孙偓传》记载说："始，家第堂柱生槐枝，期而茂，既而偓秉政，
封乐安县侯。"宋人曾慥编《类说》卷34《居众材之上》记载："孙偓尝梦积木数百，偓践履
往复李园，曰来年必是状元，何者已居众材之上。果如其言。"
　　③ 《周礼·秋官》有云："朝士，掌建邦外朝之法，左九棘孤卿大夫位焉，群士在其后，
右九棘公侯伯子男位焉，群吏在其后。面三槐，三公位焉。州长众庶在其后。"
　　④ 有学者指出，在古代槐树与书生举子相关联，被视为科第吉兆的象征。《三辅黄图》
载："元始四年（前90）起明堂辟雍为博舍三十区，为会市，但列槐树数百株。诸生朔望会此
市，各持其郡所出物及经书，相与买卖，雍容揖逊。议论槐下，侃侃闇闇。"因此，在汉代长
安有"槐市"之称，是指读书人聚会、贸易之市，因其地多槐而得名。又有"学市"之称，
北周庾信《奉和永丰殿下言志》有"绿槐垂学市，长杨映直庐"之诗句。后还以槐借指学宫、
学舍。自唐代开始，科举考试关乎读书士子的功名利禄、荣华富贵，借此阶梯而上，博得三公
之位，是他们的最高理想。因此，常以槐指代科考，考试的年头称槐秋，举子赴考称踏槐，考
试的月份称槐黄。参见关传友《论中国的槐树崇拜文化》，《农业考古》2004年第1期。
　　⑤ 《资治通鉴》卷261称："贬礼部尚书孙偓为南州司马，秘书监朱朴先贬夔州司马，再贬
郴州司户。"而《新唐书》卷183《孙偓传》则称"与朴皆贬衡州司马"。

家族第八代，共有男性成员 28 人，其中孙华清有一子，孙正有一子，孙简有九子，孙范有八子，孙匡方一子，孙簧一子，孙瑝有二子，孙爽有二子，孙储有二子，孙偓有一子。有官职记载的如下：

孙简有九子：孙景蒙、孙景章、孙说、孙景裕、孙纾、孙徽、孙绿、孙幼实、孙弘休。长子孙景蒙，曾任奉先令、左赞善大夫。次子孙景章，先后出任过永州刺史、太子中舍人等职。孙简第三子孙说，字廷臣，"少以冲澹养素，恬漠自尚，名利之态，胶鐉于胸襟间"。孙说仕途上的步步升迁在一定程度上得益于相国卢商的信任，卢商出镇梓潼时，孙说被"辟为从事，未及奏秩而罢府还京。卢公入鞠剧曹，仍司邦计，复署巡官，奏试太祝。不寻岁，卢公秉执大政，归于庙算，府君以相幕体例，合得优升，遂除太常寺协律郎。……不越月，蒙特恩除京兆府栎阳县尉"，后"获荐于朝籍之士，授河南府士曹参军"，任职期满，出任新安令。孙说"凡莅官从职率有休闻，不阿曲于权豪，不脂韦于朋比，临事必断，执理不回。克以廉闻，蒙恩拔授蓬州刺史"。① 孙简第四子孙景裕，以门荫入仕，官至孟州司马。据载，孙景裕"幼薄名利，以诗酒自适，晚岁方用荫绪调补有解褐，授监门卫录事参军"②。孙景裕以门荫入仕后，先被坐镇岭南的节度使韦正贯奏授为节度推官，兼任京兆府鄠县尉，后又被淄青平卢节度使韦博奏授为押蕃巡官、里行监察，兼任河南府户曹参军，不久转任仓曹参军。孙简第八子孙幼实，字鼎臣，"少能勤督，尤工歌咏"，孙简对其"属念之厚，实有以异期于久久，以大吾门"，但可惜孙幼实"幼罹疾疹，锢束不展，竟不能用文以进"，只好"粗豁志业"③。后以门荫入仕，先后出任河南府参军、猴氏县尉、长水县丞。孙简第九子孙弘休，《新唐书·宰相世系表》无记载，其父墓志铭中记载其官职为河南参军。

在孙简九子中，有三子由进士及第而步入仕途，他们分别是孙纾、孙徽、孙绿。孙纾，《新唐书·宰相世系表》记载其官职为工部员外郎，其父墓志铭中记载孙纾还出任过渭南县尉、集贤校理等职。孙徽，曾先后出

---

① （唐）孙徽：《唐故朝议郎前守蓬州刺史乐安孙府君墓志铭并序》，载周绍良、赵超主编《唐代墓志汇编》，上海古籍出版社 1992 年版，第 2548 页。

② （唐）孙徽：《唐故宣德郎前守孟州司马乐安孙府君墓志铭并序》，载周绍良、赵超主编《唐代墓志汇编》，上海古籍出版社 1992 年版，第 2444 页。

③ （唐）孙徽：《唐故河南府长水县丞乐安孙府君墓志铭并序》，载周绍良、赵超主编《唐代墓志汇编》，上海古籍出版社 1992 年版，第 2504 页。

任过常州刺史、河东节度推官、试秘书省校书郎等职。孙绿，字子韦，《新唐书·宰相世系表》记载其官职为河中支使。

孙范有八子：孙浣、孙观、孙纬、孙蚪、孙铸、孙玩、孙缙、孙绪。这八子除长子孙浣无官职记载外，其他七子皆有官职记载。次子孙观，曾任清河令。三子孙纬，字中隐，咸通八年（867）登宏词科①，累任左司员外郎；僖宗时，出任歙州刺史、吏部侍郎。四子孙蚪，官至侍御史。五子孙铸，曾任许州法曹参军。六子孙玩，曾任蓬州刺史。七子孙缙，字纯化，曾出任睦州军事判官。八子孙绪，曾任平阳县令。

孙瑝有两子：孙揆、孙拙。长子孙揆，字圣圭，第进士，辟户部巡官。历任中书舍人、刑部侍郎、京兆尹。唐昭宗讨伐边防督将李克用时，曾授以孙揆为兵马招讨制置宣慰副使，不久授其为昭义军节度使，让其率领本道兵马讨伐李克用。孙揆被李克用伏兵俘获后，面对李克用优厚利诱而不为所动，并大骂不止，最后被李克用以锯肢解，死后被昭宗追赠为左仆射。《新唐书·忠义下》有其传记。其事迹零星散见于《资治通鉴》《册府元龟》《北梦琐言》《太平广记》《大事记续编》《山西通志》等文献史料中。次子孙拙，字几玄，进士出身，擢第甲科，出任户部巡官秘校京兆参军直弘文馆。官至宰相的裴贽任御史中丞时，"慎选属僚，必求端士"，他以孙拙"蔼有直声，且肖前烈"而奏授其为监察御史。然"时属天伦在疚，人事都忘，（孙拙）竟不赴职，时论不可，复拜察视，俄迁右补阙。公（孙拙）以艰运方钟，直道难措，因乞授河南府长水令，仍增命服，秩满，复奏授殿中侍御史，尚以天步多艰，官守无设，因踰年不赴任。金谓公（孙拙）峻洁自持，闺门有守，不膺斯任，孰曰当仁，复拜殿中侍御史，台中四任，悉谓两迁，难进之规，且复谁拟，俄拜礼部员外、户部员外。再乞任登封令，就加检校礼部郎中"。孙拙虽不汲汲于官位，但其仕宦"声闻京师"，多有政绩。为此朝廷复加其为检校考功郎中，俄入拜司勋员外郎。之后，先后出任方员外郎知制诰、中书舍人、左谏议大夫、左散骑常侍、西都留守副使、检校礼部尚书、工部侍郎等职②。

---

① 参见（宋）计有功《唐诗纪事》卷60《孙纬》，上海古籍出版社1987年版，第911页。
② 参见（唐）王銮《唐故朝散大夫守尚书工部侍郎柱国赐紫金鱼袋孙公墓铭并序》，载陈尚君《全唐文补编》卷97，中华书局2005年版，第1203、1204页。

孙储有两子：孙滉、孙洽。长子孙滉，曾任检校员外郎；次子孙洽，字道弘，官至秘书省校书郎。

孙匡方之子孙荣，字文威，虽然其官位较高，但《新唐书》《旧唐书》均无其个人传记，仅《新唐书》卷73下《宰相世系表》记载其官职为中书舍人。

孙正之子孙询，《新唐书》卷73下《宰相世系表》记载其官职为合阳县尉。

（八）唐代博州武水乐安孙氏家族第九代

博州武水乐安孙氏家族第九代很少见之于史书记载，《新唐书》卷73下《宰相世系表》仅记载3人，即孙儒郎之子孙小盛、孙玩之子孙小远、孙缙之子孙小胤。当然，博州武水乐安孙氏家族第九代绝不仅此3人，如据孙谠墓志铭记载，孙谠有三子，孙景裕有六子。其数字亦可能远远大于第八代，因为无论什么时代，种族的延续是不会停止的，并且就普遍意义上说，种族的传承、延续会像滚雪球一样，越来越大，这一点是毫无疑问的。但一个不可否认的事实是，博州武水乐安孙氏家族第九代，已经在政治上不占优势了。孙小盛、孙小远、孙小胤这三人皆无官职记载。孙谠三子中只有长子孙凝有官位记载，仅仅是以荫绪释褐任汴州参军①。孙景裕六子中只有长子孙炜有官位记载，但仅仅是八品官，曾出任汝州临汝县主簿②。由此可以看出，到唐代末期，乐安孙氏家族已经走向衰落。其衰微的因素应该与唐末战乱有很大关系。唐代末年的藩镇割据和唐末农民大起义，使政治混乱，所以至第九代，因唐末战乱出仕任职者极少，且入仕者大都以门荫入仕，官职低微，从政治影响来说，乐安孙氏家族已经走上衰微之路。

综上所述，可以看出，从孙嘉之到第八代，是唐代博州武水乐安孙氏家族发展、兴盛时期，其时家族人丁兴旺，仕宦人数众多，并且出现了许多朝中高官。唐朝末年，受唐末战乱的影响，博州武水乐安孙氏家族不仅仕宦人数甚少，而且仕宦成员位低职薄，政治上已经不可避免地出现衰微之势。

---

① 参见（唐）孙徽《唐故朝议郎前守蓬州刺史乐安孙府君墓志铭并序》，载周绍良、赵超主编《唐代墓志汇编》，上海古籍出版社1992年版，第2548—2549页。

② 参见（唐）孙徽《唐故宣德郎前守孟州司马乐安孙府君墓志铭并序》，载周绍良、赵超主编《唐代墓志汇编续集》，上海古籍出版社2001版，第2444页。

附 **唐代博州武水乐安孙氏家族成员职官表**

世系	姓名	父名	出身	官职	史料来源
第 1 代	孙仲将	孙孝敏		郓州寿张县丞	《新唐书》卷 73 下《宰相世系表》
第 2 代	孙希庄	孙仲将		韩王府典签	《新唐书》卷 73 下《宰相世系表》
第 3 代	孙嘉之	孙希庄	进士	宋州司马	《新唐书》卷 73 下《宰相世系表》；孙逖《宋州司马先府君墓志铭》，载（清）董诰等《全唐文》卷 313，中华书局 1983 年版
第 4 代	孙逖	孙嘉之	贤良方正	刑部侍郎、中书舍人、太子左庶子	《新唐书》卷 73 下《宰相世系表》；《旧唐书》卷 190 中《文苑传·孙逖传》
第 4 代	孙遹	孙嘉之		左羽林兵曹参军	《旧唐书》卷 190 中《文苑传·孙逖传》
第 4 代	孙遘	孙嘉之		亳州长史	《新唐书》卷 73 下《宰相世系表》
第 4 代	孙造	孙嘉之	文词清丽举，甲科	詹事府司直	《新唐书》卷 73 下《宰相世系表》；（唐）孙保衡：《唐故宣义郎京兆府蓝田县尉乐安孙府君墓志铭并序》，载周绍良、赵超主编《唐代墓志汇编》，上海古籍出版社 1992 年版
第 5 代	孙宿	孙逖	制举①	刑部郎中、中书舍人、华州刺史	《元和姓纂》卷 4；《新唐书》卷 73 下《宰相世系表》；《旧唐书》卷 190 中《文苑传·孙逖传》
第 5 代	孙绛	孙逖		右补阙	《新唐书》卷 73 下《宰相世系表》
第 5 代	孙成	孙逖	明经及第②	桂州刺史兼御史中丞、洛阳令、长安令	《新唐书》卷 73 下《宰相世系表》；《新唐书》卷 202《孙逖传》；（唐）孙绛：《唐故中大夫守桂州刺史兼御史中丞充桂州本营都防御经略招讨观察处置等使上柱国乐安县开国男赐紫金鱼袋孙府君墓志铭并序》，载周绍良、赵超主编《唐代墓志汇编》，上海古籍出版社 1992 年版

---

① 参见（唐）令狐绹《唐故银青光禄大夫检校司空兼太子少师分司东都上柱国乐安县开国侯食邑一千户赠太师孙公墓志铭并序》，载周绍良、赵超主编《唐代墓志汇编》，上海古籍出版社 1992 年版，第 1111 页。

② 参见（唐）孙绛《唐故中大夫守桂州刺史兼御史中丞充桂州本管都防御经略招讨观察处置等使上柱国乐安县开国男赐紫金鱼袋孙府君墓志铭并序》，载周绍良、赵超主编《唐代墓志汇编》，上海古籍出版社 1992 年版，第 1855 页。

续表

世系	姓名	父名	出身	官职	史料来源
第5代	孙视	孙遂		太常寺太祝、协律郎	《新唐书》卷73下《宰相世系表》
第5代	孙会	孙遘		皇侍御史，郴州、温州、庐州、宣州、常州刺史，赠工部尚书	《新唐书》卷73下《宰相世系表》；（唐）李都：《唐故御史中丞汀州刺史孙公墓志并序》，载陈尚君辑校《全唐文补编》卷83，中华书局2005年版
第5代	孙公彦	孙遘		睦州刺史	《新唐书》卷73下《宰相世系表》
第5代	孙客卿	孙遘		盱眙令	《新唐书》卷73下《宰相世系表》
第5代	孙公辅	孙遘		陆泽丞	《新唐书》卷73下《宰相世系表》
第5代	孙起	孙遘		洪州建昌县尉、陈州录事参军、白马令	《新唐书》卷73下《宰相世系表》；孙保衡：《唐故滑州白马县令乐安孙府君墓志铭并序》，载周绍良、赵超主编《唐代墓志汇编》，上海古籍出版社1992年版
第5代	孙贾	孙造		右内率府骑曹参军	《新唐书》卷73下《宰相世系表》
第5代	孙婴	孙造		邠州三水县丞、泽州录事参军、京兆府蓝田县尉	《新唐书》卷73下《宰相世系表》；（唐）孙保衡：《唐故宣义郎京兆府蓝田县尉乐安孙府君墓志铭并序》，载周绍良、赵超主编《唐代墓志汇编》，上海古籍出版社1992年版
第6代	孙公器	孙宿①	词科（高第）②	信州刺史、邕府经略使③兼御史中丞	《新唐书》卷73下《宰相世系表》《旧唐书》卷190中《文苑传·孙逖传》；令狐绹《唐故银青光禄大夫检校司空兼太子少师分司东都上柱国乐安县开国侯食邑一千户赠太师孙公墓志铭并序》，载周绍良、赵超主编《唐代墓志汇编续集》，上海古籍出版社2001年版
第6代	孙献可	孙宿		大理司直	《新唐书》卷73下《宰相世系表》
第6代	孙惟肖	孙成		监察御史	《新唐书》卷73下《宰相世系表》
第6代	孙保衡	孙成		鄂州节度判官、检校司封郎中	《新唐书》卷73下《宰相世系表》

---

① 《新唐书》中将孙公器说成是孙成之子。见欧阳修、宋祁《新唐书》卷202《文艺列传·孙逖传》，中华书局1975年版，第5761页。

② 参见（唐）令狐绹《唐故银青光禄大夫检校司空兼太子少师分司东都上柱国乐安县开国侯食邑一千户赠太师孙公墓志铭并序》，载周绍良、赵超主编《唐代墓志汇编续集》，上海古籍出版社2001年版，第1111页。

③ 《旧唐书》和《新唐书》中为"邕管经略使"。见《旧唐书》卷190中《文苑传·孙逖传》，中华书局2000年版，第3433页；欧阳修、宋祁《新唐书》卷202《文艺列传·孙逖传》，中华书局1975年版，第5761页。

世系	姓名	父名	出身	官职	史料来源
第6代	孙微仲	孙成		沔州刺史	《新唐书》卷73下《宰相世系表》
第6代	孙审象	孙成	门荫	怀州修武主簿、右龙武军录事参军、京兆府云阳县尉、汝州司马	《新唐书》卷73下《宰相世系表》;(唐)孙简:《唐故汝州司马孙府君墓志铭并叙》,载周绍良、赵超主编《唐代墓志汇编》,上海古籍出版社1992年版
第6代	孙替否	孙视		鼓城令	《新唐书》卷73下《宰相世系表》
第6代	孙公义	孙会	明经及第	吉州刺史、饶州刺史、睦州刺史、河南尹、工部尚书	《新唐书》卷73下《宰相世系表》;(唐)冯牢:《唐故银青光禄大夫工部尚书致仕上柱国乐安县开国男食邑五百户孙府君墓志铭》,载周绍良、赵超主编《唐代墓志汇编》,上海古籍出版社1992年版
第6代	孙公胄	孙会		海盐尉	《新唐书》卷73下《宰相世系表》
第6代	孙士桀	孙会		长洲令	《新唐书》卷73下《宰相世系表》
第6代	孙璩	孙公彦		于潜尉	《新唐书》卷73下《宰相世系表》
第6代	孙复礼	孙公辅		贝州刺史	《新唐书》卷73下《宰相世系表》
第6代	孙非熊	孙起		黄梅尉	《新唐书》卷73下《宰相世系表》
第6代	孙景商	孙起	进士	殿中侍御史、度支员外郎、刑部员外郎、度支郎中、天平节度使、检校礼部尚书	《新唐书》卷73下《宰相世系表》;(唐)蒋伸:《唐故天平军节度郓曹濮等州观察处置等使朝请大夫检校礼部尚书使持节郓州诸军事兼郓州刺史御史大夫上柱国赐紫金鱼袋赠兵部尚书孙府君墓志铭并序》,载周绍良、赵超主编《唐代墓志汇编》,上海古籍出版社1992年版
第6代	孙清	孙起		太原少尹	《新唐书》卷73下《宰相世系表》
第6代	孙向	孙起		大理评事兼监察御史	(唐)孙向:《唐故乡贡进士孙府君墓志》,载周绍良、赵超主编《唐代墓志汇编》,上海古籍出版社1992年版
第6代	孙谏	孙子诏		右武卫兵曹参军	《新唐书》卷73下《宰相世系表》
第7代	孙华清	孙公器		太原尉	《新唐书》卷73下《宰相世系表》
第7代	孙正	孙公器		河中少尹	《新唐书》卷73下《宰相世系表》
第7代	孙简	孙公器	进士	东都留守、太子太保、中书舍人	《新唐书》卷73下《宰相世系表》;《旧唐书》卷190中《文苑传·孙逖传》;《新唐书》卷202《文苑传·孙逖传》

世系	姓名	父名	出身	官职	史料来源
第7代	孙范	孙公器	进士	监察御史、淄青节度使	《新唐书》卷73下《宰相世系表》;《旧唐书》卷190中《义宛传·孙逖传》;《新唐书》202《文艺列传·孙逖传》
第7代	孙筥	孙公器	门荫	东宫卫佐	(唐)孙纾:《唐故前左武卫兵曹乐安孙府君墓志铭并序》,载周绍良、赵超主编《唐代墓志汇编》,上海古籍出版社1992年版
第7代	孙匡辟	孙惟肖		白水主簿	《新唐书》卷73下《宰相世系表》
第7代	孙庶立	孙微仲		荥泽尉	《新唐书》卷73下《宰相世系表》
第7代	孙方绍	孙微仲	门荫	大理寺丞、东牟太守	(唐)孙郱:《唐故承议郎使持节都督登州诸军事守登州刺史孙府君墓志铭并序》,载周绍良、赵超主编《唐代墓志汇编》,上海古籍出版社1992年版
第7代	孙履度	孙审象		南陵尉	《新唐书》卷73下《宰相世系表》
第7代	孙尚复	孙审象		德清令	《新唐书》卷73下《宰相世系表》
第7代	孙侗	孙向	乡贡进士	江都尉	《新唐书》卷73下《宰相世系表》;(唐)孙向:《唐故乡贡进士孙府君墓志》,载周绍良、赵超主编《唐代墓志汇编》,上海古籍出版社2001年版
第7代	孙镣	孙公绍		宜城尉	《新唐书》卷73下《宰相世系表》
第7代	孙顼	孙公乂	进士	右庶子、京兆少尹、检校尚书屯田员外郎	《新唐书》卷73下《宰相世系表》;(唐)冯牢:《唐故银青光禄大夫工部尚书致仕上柱国乐安县开国男食邑五百户孙府君墓志铭》,载周绍良、赵超主编《唐代墓志汇编》,上海古籍出版社1992年版
第7代	孙毂	孙公乂		河南尹	《新唐书》卷73下《宰相世系表》;(唐)冯牢:《唐故银青光禄大夫工部尚书致仕上柱国乐安县开国男食邑五百户孙府君墓志铭》,载周绍良、赵超主编《唐代墓志汇编》,上海古籍出版社1992年版
第7代	孙珺	孙公乂	进士	浙右从事	(唐)冯牢:《唐故银青光禄大夫工部尚书致仕上柱国乐安县开国男食邑五百户孙府君墓志铭》,载周绍良、赵超主编《唐代墓志汇编》,上海古籍出版社1992年版

续表

世系	姓名	父名	出身	官职	史料来源
第7代	孙璘	孙公乂	弘文馆生	不详	（唐）冯牢：《唐故银青光禄大夫工部尚书致仕上柱国乐安县开国男食邑五百户孙府君墓志铭》，载周绍良、赵超主编《唐代墓志汇编》，上海古籍出版社1992年版
第7代	孙碧	孙公乂		汀州刺史	《新唐书》卷73下《宰相世系表》
第7代	孙瑝	孙公乂	进士	凤翔少尹、员外都官郎、左司员外郎、御史中丞、汀州刺史	《新唐书》卷73下《宰相世系表》；（唐）李都：《唐故御史中丞汀州刺史孙公墓志并序》，载陈尚君辑校《全唐文补编》卷83，中华书局2005年版
第7代	孙冕	孙公胄		袁州录事参军	《新唐书》卷73下《宰相世系表》
第7代	孙嗣宗	孙士桀		于潜尉	《新唐书》卷73下《宰相世系表》
第7代	孙嗣初	孙士桀	明经第	河南府洛阳县尉、苏州昆山县令	《新唐书》卷73下《宰相世系表》；（唐）孙奭：《□□□□□□□□□州昆山县令乐安孙公府君墓志铭并序》，载周绍良、赵超主编《唐代墓志汇编》，上海古籍出版社1992年版
第7代	孙奭（字化南）	孙士桀	进士	度支职方郎中	《新唐书》卷73下《宰相世系表》；（唐）孙项：《大唐故苏州长洲县令孙府君夫人吴郡张氏墓志铭有序》，载周绍良、赵超主编《唐代墓志汇编》，上海古籍出版社1992年版
第7代	孙尧	孙士桀		夒州刺史	《新唐书》卷73下《宰相世系表》
第7代	孙守崇	孙复礼		凤翔少尹	《新唐书》卷73下《宰相世系表》
第7代	孙备	孙景商	进士	直弘文馆、蓝田尉	《新唐书》卷73下《宰相世系表》；（唐）蒋伸：《唐故天平军节度郓曹濮等州观察处置等使朝请大夫检校礼部尚书使持节郓州诸军事兼郓州刺史御史大夫上柱国赐紫金鱼袋赠兵部尚书孙府君墓志铭并序》，载周绍良、赵超主编《唐代墓志汇编》，上海古籍出版社1992年版
第7代	孙澥	孙景商		河南府参军	《唐乐安孙氏女子墓铭并序》，载周绍良、赵超主编《唐代墓志汇编》，上海古籍出版社1992年版
第7代	孙储	孙景商		湖州刺史、左散骑常侍、天雄节度使、秦州节度使、兵部尚书	《新唐书》卷73下《宰相世系表》；《新唐书》卷183《孙偓传》；陈尚君辑校：《全唐文补编》卷91《孙储》，中华书局2005年版

世系	姓名	父名	出身	官职	史料来源
第7代	孙伾	孙景商		兴元少尹	《新唐书》卷73下《宰相世系表》
第7代	孙俭	孙景商		昭义判官、检校工部员外郎	《新唐书》卷73下《宰相世系表》
第7代	孙偓	孙景商	进士（状元）	户部侍郎同中书门下平章事，兼礼部尚书、行营节度诸军都统招讨处置使	《新唐书》卷73下《宰相世系表》；《新唐书》卷183《孙偓传》
第7代	孙伉	孙景商	春秋博士	右千牛备身	《新唐书》卷73下《宰相世系表》；（唐）蒋伸：《唐故天平军节度郓曹濮等州观察处置等使朝请大夫检校礼部尚书使持节郓州诸军事兼郓州刺史御史大夫上柱国赐紫金鱼袋赠兵部尚书孙府君墓志铭并序》，载周绍良、赵超主编《唐代墓志汇编》，上海古籍出版社1992年版
第7代	孙佾	孙景商		集贤院直学士、司勋郎中	《新唐书》卷73下《宰相世系表》
第8代	孙询	孙正		合阳尉	《新唐书》卷73下《宰相世系表》
第8代	孙景蒙	孙简		左赞善大夫、奉先令	《新唐书》卷73下《宰相世系表》；（唐）令狐绹：《唐故银青光禄大夫检校司空兼太子少师分司东都上柱国乐安县开国侯食邑一千户赠太师孙公墓志铭并序》，载周绍良、赵超主编《唐代墓志汇编续集》，上海古籍出版社2001年版
第8代	孙景章	孙简		永州刺史、太子中舍人	《新唐书》卷73下《宰相世系表》；（唐）令狐绹：《唐故银青光禄大夫检校司空兼太子少师分司东都上柱国乐安县开国侯食邑一千户赠太师孙公墓志铭并序》，载周绍良、赵超主编《唐代墓志汇编续集》，上海古籍出版社2001年版
第8代	孙谠	孙简		京兆府栎阳县尉、蓬州刺史	《新唐书》卷73下《宰相世系表》；（唐）孙徽：《唐故宣德郎前守孟州司马乐安孙府君墓志铭并序》，载周绍良、赵超主编《唐代墓志汇编》，上海古籍出版社1992年版
第8代	孙景裕	孙简		京兆府鄠县尉、河南府户曹参军、孟州司马	《新唐书》卷73下《宰相世系表》；（唐）孙徽：《唐故宣德郎前守孟州司马乐安孙府君墓志铭并序》，载周绍良、赵超主编《唐代墓志汇编》，上海古籍出版社1992年版

续表

世系	姓名	父名	出身	官职	史料来源
第8代	孙纾	孙简	进士	渭南县尉、集贤校理、工部员外郎	《新唐书》卷73下《宰相世系表》；《旧唐书》卷190《文苑传·孙逖传》；（唐）令狐绹：《唐故银青光禄大夫检校司空兼太子少师分司东都上柱国乐安县开国侯食邑一千户赠太师孙公墓志铭并序》，载周绍良、赵超主编《唐代墓志汇编续集》，上海古籍出版社2001年版
第8代	孙徽	孙简	进士	常州刺史、河东节度推官	《新唐书》卷73下《宰相世系表》；《旧唐书》卷190《文苑传·孙逖传》；（唐）令狐绹：《唐故银青光禄大夫检校司空兼太子少师分司东都上柱国乐安县开国侯食邑一千户赠太师孙公墓志铭并序》，载周绍良、赵超主编《唐代墓志汇编续集》，上海古籍出版社2001年版
第8代	孙绿	孙简	进士①	河中支使	《新唐书》卷73下《宰相世系表》
第8代	孙幼实	孙简	门荫	河南府参军、缑氏县尉、长水县丞	（唐）孙徽：《唐故河南府长水县丞乐安孙府君墓志铭并序》，载周绍良、赵超主编《唐代墓志汇编》，上海古籍出版社1992年版
第8代	孙弘休	孙简		河南参军	（唐）令狐绹：《唐故银青光禄大夫检校司空兼太子少师分司东都上柱国乐安县开国侯食邑一千户赠太师孙公墓志铭并序》，载周绍良、赵超主编《唐代墓志汇编续集》，上海古籍出版社2001年版
第8代	孙观	孙范		清河令	《新唐书》卷73下《宰相世系表》
第8代	孙纬	孙范	宏词科	歙州刺史、吏部侍郎	《新唐书》卷73下《宰相世系表》；（宋）计有功：《唐诗纪事》卷60《孙纬》
第8代	孙蚪	孙范		侍御史	《新唐书》卷73下《宰相世系表》
第8代	孙铸	孙范		许州法曹参军	《新唐书》卷73下《宰相世系表》
第8代	孙玩	孙范		蓬州刺史	《新唐书》卷73下《宰相世系表》
第8代	孙缙	孙范		睦州军事判官	《新唐书》卷73下《宰相世系表》
第8代	孙绪	孙范		平阳令	《新唐书》卷73下《宰相世系表》

---

　　① 参见（唐）令狐绹《唐故银青光禄大夫检校司空兼太子少师分司东都上柱国乐安县开国侯食邑一千户赠太师孙公墓志铭并序》，载周绍良、赵超主编《唐代墓志汇编续集》，上海古籍出版社2001年版，第1111页。

世系	姓名	父名	出身	官职	史料来源
第8代	孙荣	孙匡方		中书舍人	《新唐书》卷73下《宰相世系表》
第8代	孙揆	孙璹	进士	中书舍人、刑部侍郎、京兆尹	《新唐书》卷73下《宰相世系表》；《新唐书》卷193《忠义下·孙揆传》
第8代	孙拙	孙璹	进士	监察御史、右补阙、河南府长水令、殿中侍御史、中书舍人、检校礼部尚书、工部侍郎	《新唐书》卷73下《宰相世系表》；(唐)王謩：《唐故朝散大夫守尚书工部侍郎柱国赐紫金鱼袋乐安孙公墓志铭并序》，载陈尚君《全唐文补编》，中华书局2005年版
第8代	孙滉	孙储		检校员外郎	《新唐书》卷73下《宰相世系表》
第8代	孙沿	孙储		秘书省校书郎	《新唐书》卷73下《宰相世系表》
第9代	孙凝	孙说	门荫	汴州参军	(唐)孙徽：《唐故朝议郎前守蓬州刺史乐安孙府君墓志铭并序》，载周绍良、赵超主编《唐代墓志汇编》，上海古籍出版社1992年版
第9代	孙炜	孙景裕		汝州临汝县主簿	(唐)孙徽：《唐故宣德郎前守孟州司马乐安孙府君墓志铭并序》，载周绍良、赵超主编《唐代墓志汇编》，上海古籍出版社1992年版

三　唐代博州武水乐安孙氏家族文化

乐安孙氏家族自春秋战国时期兴起后，历经魏晋南北朝繁衍发展，至唐代家族发展达到兴盛，所谓"其冠冕继耀，自汉魏迁于本朝（唐朝），存乎史；固不具而载也"①。其时家族不仅人丁繁盛，而且数代人"皆擅重名，或叠取高科，其官业行实，爆发于天下"②，成为中古时期较为显赫的仕宦文化家族之一。在唐代乐安孙氏家族的发展过程中，经历代传承，形成了特色鲜明的家族文化。

---

① 《唐乐安孙氏女子墓铭并序》，载周绍良、赵超主编《唐代墓志汇编》，上海古籍出版社1992年版，第2469页。

② (唐)孙璹：《唐故河南府洛阳县尉孙府君（孙备）墓铭并序》，载周绍良、赵超主编《唐代墓志汇编》，上海古籍出版社1992年版，第2213页。

（一）世以儒学相传，以孝悌仁爱为本

儒学作为中国传统文化的主体，一直是传统中国人立身处世的行为规范，其博大精深的思想体系，更成为儒家知识分子孜孜以求的知识宝藏。尤其是自汉武帝宣布"罢黜百家，独尊儒术"之后，经学成为经世致用的治国之学，学习、探研儒家经典也成为知识分子实现"学而优则仕"的主要途径，"遗子黄金满籯，不如教子一经"① 由此亦成为家庭教育所恪守的育人之道。以此为契机，自汉代以后历史上出现了众多世以儒学相传的文化家族和仕宦家族。

同历史上许多名门望族一样，魏晋隋唐时期的乐安孙氏家族具有深厚的儒学渊源。唐代乐安孙氏族人孙瑝在为自己的从兄孙备所撰写的墓志铭中这样说过："宋魏至皇朝，代以儒学显，故巨名硕望，冠出他族。"② 从一定程度上讲，乐安孙氏家族能作为一个名门望族在历史上长期延续、发展，首先是与其家族以儒学传家的家族特点紧密联系在一起的。

前已述及，与春秋战国时期的时代环境相适应，乐安孙氏家族表现出明显的尚武之风。然而时至魏晋，乐安孙氏家族明显体现出尚儒的家族门风。北齐人魏收在《魏书·孙惠蔚传》中曾称："自道恭至惠蔚世以儒学相传。"③ 其实，这种"世以儒学相传"的家族门风早在三国时代的孙炎身上就得以显现。孙炎为孙武的第二十代孙，字叔然，三国时期著名的经学家，他曾受学于东汉末年著名经学大师郑玄门下，人称"东州大儒"。孙炎一生志趣在于儒家经学注疏，司马氏篡魏建立西晋政权后，曾征其为秘书监一职，孙炎力拒不就。三国时期遍注群经的曹魏著名经学家王肃，"善贾（逵）、马（融）之学，而不好郑氏（郑玄）"之学，他集圣人之言，撰写《圣证论》一书，企图假借孔子圣人之言以讥讽揭短郑玄之学。为了维护业师郑氏之学的学术地位，深谙儒经的孙炎对此一一"驳而释之"。孙炎一生著述丰富，作有《周易》《春秋》例，为《毛诗》《礼记》

---

① （宋）章定：《名贤氏族言行类稿》卷4，文渊阁四库全书本。

② （唐）孙瑝：《唐故河南府洛阳县尉孙府君墓铭并序》，载周绍良、赵超主编《唐代墓志汇编》，上海古籍出版社1992年版，第2213页。

③ （北齐）魏收：《魏书》卷84《孙惠蔚传》，中华书局1974年版，第1852页。

《春秋三传》《国语》《尔雅》诸书做过注疏①。另外值得一提的，孙炎为注疏儒家经典《尔雅》所著的《尔雅音义》一书，还促进了汉字反切注音的盛行，北齐颜之推认为中国汉字反切注音开始于《尔雅音义》②，为汉语拼音的发展做出了贡献。

乐安孙氏家族尚儒风尚在孙惠蔚及其子孙身上更是得以体现。"以儒学风鉴称"③的孙惠蔚自幼学习儒家经典，"年十三，粗通《诗》、《书》及《孝经》、《论语》；十八，师董道季讲《易》；十九，师程玄读《礼经》及《春秋》三《传》。周流儒肆，有名于冀方"④。孙惠蔚族曾孙灵晖，"少明敏，有器度。得惠蔚手录章疏，研精寻问，更求师友，《三礼》、《三传》，皆通宗旨"⑤，后因"儒术甄明，擢授太学博士"⑥。孙灵晖之子孙万寿，少年时代，便随阜城（今河北阜城东）熊安生接受五经教育，略通大义⑦。熊安生为北朝时期著名的儒学家和经学家，《北史·熊安生传》中称其博通《五经》，尤其精于《三礼》，其所撰《周礼义疏》二十卷，《礼记义疏》三十卷、《孝经义》一卷，并行于世，对魏晋时期儒学的发扬光大产生了重要作用。他一生"专以《三礼》教授，弟子自远方至者千余人"。在接受其儒学教育的门人当中，"擅名于后者，有马荣伯、张黑奴、窦士荣、孔笼、刘焯、刘炫等，皆其门人焉"⑧。其

---

① 参见（晋）陈寿编撰，（南朝宋）裴松之注《三国志》卷13《魏书·王朗传》附《王肃传》，中华书局1999年版，第315、316页。

② 北齐颜之推在《颜氏家训》中这样说过："九州之人，言语不同。……自《春秋》标齐言之传，《离骚》目楚辞之经，后有扬雄著《方言》，其言大备。然皆考名物之同异，不显声读之是非也。逮郑玄注'六经'，高诱解《吕览》、《淮南》，许慎造《说文》，刘熹制《释名》，始有譬况假借以证音字耳。而古语与今殊别，其间轻重清浊，犹未可晓；加以内言外言、急言徐言、读若之类，益使人疑。孙叔言（然）创《尔雅音义》，是汉末人独知反语。至于魏世，此事大行。"见《颜氏家训》卷7《音辞第十八》，中华书局2007年版，第297页。

③ （唐）孙绛：《唐故中大夫守桂州刺史兼御史中丞充桂州本营都防御经略招讨观察处置等使上柱国乐安县开国男赐紫金鱼袋孙府君墓志铭并序》，载周绍良、赵超主编《唐代墓志汇编》，上海古籍出版社1992年版，第1855页。

④ （北齐）魏收：《魏书》卷84《孙惠蔚传》，中华书局1974年版，第1852页。

⑤ （唐）李延寿：《北史》卷81《孙惠蔚传》附《孙灵晖传》，中华书局1974年版，第2718页。

⑥ （唐）李百药：《北齐书》44《儒林传·孙灵晖传》，中华书局2000年版，第411—412页。

⑦ 参见（唐）魏征《隋书》卷76《文学传·孙万寿传》，中华书局1973年版，第1735页。

⑧ （唐）李延寿：《北史》卷82《儒林下·熊安生传》，中华书局1974年版，第2744、2745页。

实，孙万寿之父孙灵晖早年也曾受业于熊安生。可以这样说，孙灵晖之所以能成为魏晋时期的"大儒"，与早年受业于熊安生密不可分①。从孙灵晖、孙万寿父子共同受业大儒熊安生不难看出，魏晋时期的乐安孙氏家族已凸显出以儒学传家的家族门风。是诚如孙逖在为其父孙嘉之所写墓志铭中称："魏光禄大夫惠蔚，为本朝大儒，自时厥后，不隕其业。"②

进入唐代，乐安孙氏家族这种"不隕其业"、以儒学传家的家族门风得以承续和发扬光大，孙逖无疑是唐代乐安孙氏家族以儒学传家的典型代表。他崇尚儒学，"学穷百氏，不好非圣之书"③，表现出对圣贤之书的极为推崇，并将儒家伦理视为文人士大夫安身立命的根本，认为"德义之所府聚，文儒之所膏润"④。他指出："《洪范》五福，一曰寿，三曰攸好德。全生养形者，为寿而已。非有德而不彰，履仁蹈义者，为德而已。"⑤在他看来，全生养形之人，为的是长寿；履仁蹈义之人，为的是德；人如果无德，那么即使长寿也不会彰显；那些履仁蹈义的为德之人才能人间留名，彰显于世。应该说，这与中国传统文化中的"德之崇拜"精神是高度吻合的。正因为他推崇儒学，视践履儒家之道、之德为文儒安身立命、扬名之本，所以他对那些"葆光用晦，体道安贞……勇于为善，而不好立名；直以全诚，而未尝忤物。括囊君子之德，吻合至人之心"的文人士大夫尤为称许，甚至认为"以此持身，全身保性之术也；以此刑国，镇俗安人之具也"⑥。从孙逖所上章表以及为人撰写的墓碑中不难看出，儒家所倡扬的伦理道德是他臧否人物的主要标准，如唐朝官至亳州刺史、太子左庶子的王同晊"仪凤、调露之间，太夫人春秋高矣。愿及亲以筮

---

①　（唐）李延寿《北史》卷81《儒林上》这样记载："《三礼》并出遵明之门。徐传业于李铉、祖俊、田元凤、冯传、纪显敬、吕黄龙、夏怀敬。李铉又传授刁柔、张买奴、鲍季详、邢峙、刘昼、熊安生。安生又传孙灵晖、郭仲坚、丁恃德。其后生能通《礼经》者，多是安生门人。诸生尽通《小戴礼》。于《周仪礼》兼通者，十二三焉。"

②　（唐）孙逖：《宋州司马先府君墓志铭》，载（清）董诰等《全唐文》卷313，中华书局1983年版，第3182页。

③　（唐）颜真卿：《尚书刑部侍郎赠尚书右仆射孙逖文公集序》，载（清）董诰《全唐文》卷337，中华书局1983年版，第3415页。

④　（唐）孙逖：《太子右庶子王公神道碑》，载（清）董诰等《全唐文》卷313，中华书局1983年版，第3177页。

⑤　（唐）孙逖：《赠太子詹事王公神道碑》，载（清）董诰等《全唐文》卷313，中华书局1983年版，第3175页。

⑥　（唐）孙逖：《太子右庶子王公神道碑》，载（清）董诰等《全唐文》卷313，中华书局1983年版，第3177页。

仕，岂要君而择禄，繇是解褐邓州南阳丞"，孙逖赞扬此举为"孝子之致养"；垂拱年间，王同晊因冤狱受到牵连，失去官职长达十余载，"十年不调，人以为难"，而王同晊却坦然处之，孙逖称赞此举为"仁者之处约"。在为王同晊所作碑文中，他对墓主于言行举止方面所表现出来的诸如"谦约自退，忠俭有恒""以道观身，以忠教子"，以及为官时"束带于朝，端然齐肃，目不连视，体无懈容。……不矫举以求是，不忧务以近名"等儒家风范给予极大推崇和褒扬，赞其"动斯可效，静斯可则，古之至人，谓是全德"。① 再如他为唐代东都留守、官至工部尚书的韦虚心所写碑文中，开篇便对墓主的忠、孝极力赞扬，称其"甄六气之纯粹，协九畴之正直，沈静端悫，仁慈隐厚。忠之属也，清贞本于至公；孝之终也，毁瘁过于宁戚，斯所以行成于内、名扬于世者已"；对韦虚心任职时所表现的"清风畅于台寺，阴雨膏于郡国，所居致理，所去怀德。德以处事，事以度功，功成而义不愆，事正而名不悖"② 也给予大力称颂。从孙逖所作碑文中不难发现，他对墓主称颂的方面大都涉及儒家所提倡的君子人格所应有的一些基本标准和修养，凡是符合儒家言行规范要求的，事无大小和巨细，大到治国安邦，小到修己安人，甚至日常举止言行、仪态风貌都在他的称扬之列。如他对郑孝本的赞扬，说他"凡束带在位，三十余祀。理京师，训郊甸，惠华夏，清朔漠，九变复贯，百度维贞。其养人也宽而栗，其行已也俭而一，抚孤无隔于外姻，博施不崇于内实，盖德行之具美，而政事之首出"；又说他"秉彝中和，服义先训，孝惟不匮，友则因心，敦诗以言，习礼以立"，并将其上升到治国施政、安民安邦的高度予以评论，认为"用此道也，行于国，施于政，善气潜畅，清风高翔，何响不可，所居则化矣"。在他看来，郑氏家族之所以能"光宗保族""时称华胄，蕃衍六姻，阜昌百禄"，就在于其家族"世有令德"③。凡此种种，无不从一个侧面凸显出孙逖对儒家之道的推崇和倡扬。

---

① （唐）孙逖：《赠太子詹事王公神道碑》，载（清）董诰等《全唐文》卷313，中华书局1983年版，第3175—3177页。

② （唐）孙逖：《东都留守韦虚心神道碑》，载（清）董诰等《全唐文》卷313，中华书局1983年版，第3178页。

③ （唐）孙逖：《沧州刺史郑公墓志铭》，载（清）董诰等《全唐文》卷313，中华书局1983年版，第3180—3181页。

孙逖不仅尊奉、推崇儒家之道，而且始终以儒家思想和行为规范作为自己立身处世的指标。唐玄宗开元二年（714），19 岁的孙逖首次参加被称为哲人奇士举的科举考试，测试的主要内容是让考生就立身从官之道以及有关古代典章礼义等方面进行回答：

　　问：朕闻理国莫尚乎任贤，命官必资乎选众。尧舜以声而以度，考核良难；殷周取德兼取言，征求匪易。朕所以载怀经术之彦，夕遗其寝；虚伫艺能之士，朝忘其饥。子大夫光我弓旌，应斯扬择，为政作法，岂无前范，安人济时，亦有令躅。宜叙立身之志，各言从官之才。至如七辅、八元，施何纲纪？十臣、四老，正何得失？并陈事迹，兼详名氏。夫朝会古礼，登享旧章，九仪式辨其赐，六贽各明所执。雍畤起自何年，亳社立于何代？天士、地士，此何所封？诸布、诸严，彼何所主？又穆邦家而济生死，三圣之教何长？利动植而益黎元，五材之用何要？工商两业，在俗何先？文武二柄，适时何急？凡此数科，不获双美，必去者方于去食，可存者同夫存信。朕将亲览，尔等明言。①

围绕"子大夫光我弓旌，应斯扬择，为政作法，岂无前范，安人济时，亦有令躅。宜叙立身之志，各言从官之才"的策问，孙逖这样回答说：

　　臣闻邦有道，贫且贱焉，耻也。今神化阴骘，要道光被，设序塾以教于乡，立胶庠以训于国，制为禄秩，以劝其从，则含生禀灵者，孰不刻意于仁义，饬躬于闻达？所谓尧舜之代，比屋可封也。臣以一介，能行无取，思勉进以追群，顾观光而知愧。尝亦自强不息，有闻而行，驰颜闵之极挚，伏周孔之轨躅。学古庶乎叶道，慎行期乎润身。非有志于干禄，苟求仁于寡过。立身之志，允或在兹。从官之才，则愚岂敢？何则？仲尼有言曰："如有所誉，其有所试。必也临事，难乎预谋。"昔孔明之自比管乐，时人未许；仲由因之以师旅，

---

　　① （唐）孙逖：《应贤良方正科对策（并问）》，载（清）董诰等《全唐文》卷 311，中华书局 1983 年版，第 3162—3163 页。

夫子哂之。祗奉睿问，惧深隙越，其敢觊冒，轻议天工。陛下若不弃菅蒯，无遗蕴藻，考片言而察所以，效一官而视所由，安敢廋哉！取则不远，知人则哲。陛下允迪于圣君，扬已自媒，微臣敢辞于丑行！①

"非有志于干禄，苟求仁于寡过。立身之志，允或在兹"，这实际上也是孙逖践履儒家理想人格的人生宣言。在孙逖看来，人生理想不是汲汲于功名利禄，而是要以儒家价值理想为指针，以圣贤、君子为榜样，求仁取义，尚德明礼，内外兼修，修己安人，以此实现儒家所倡扬的齐家治国平天下的人生理想。

孙逖言而有行，入仕后时时表现出儒家希冀的理想人格，身体力行，积极践履。《旧唐书》孙逖本传有一记载，开元二十四年（736），孙逖被任命为中书舍人，在中书省掌制诰。其时，孙逖之父孙嘉之已是年近80岁的老人，仍为一县邑之长。考虑到自己到京城任官离父亲距离遥远，而父亲又年事已高，于是上表奏请降低自己的官位，改任朝外官，以便用来提高父亲的官秩，同时可以到离父亲较近的地方孝养老人。其上表称：

> 臣父嘉之，虽当暮齿，幸遇明时，绵历驱驰，才及令长。臣凤荷严训，累登清秩，频迁省闼，又拜掖垣。地近班荣，臣则过量；途遥日暮，父乃后时。在公府有偷荣之责，于私庭无报德之效，反惭乌鸟，徒厕鸳鸿。伏望降臣一外官，特乞微恩，稍沾臣父。②

孙逖请求出任朝外官以使其父沾赉的孝亲之举得到唐玄宗的"优诏奖之"③，下诏授予孙嘉之为宋州司马致仕。从孙逖一生的言行可以看出，儒家所倡导的孝亲之德在孙逖身上表现得异常突出。父亲孙嘉之去世后，孙逖悲痛至极，"愿朝奠几筵，暮扫松柏，往来密迩，以遂哀怀"，并且

---

① （唐）孙逖：《应贤良方正科对策（并问）》，载（清）董诰等《全唐文》卷311，中华书局1983年版，第3163页。

② （后晋）刘昫等：《旧唐书》卷190中《文苑传中·孙逖传》，中华书局2000年版，第3432页。

③ 同上。

"泣血书事"①，为其父写下了《宋州司马先府君墓志铭》，以示对父亲的怀念。其实，作为出身于以儒学相传家庭中的孙逖，除了孝亲的基本德行外，儒家所倡导的宽厚、仁爱、谦和、忠信等诸多德行在他身上皆有体现，并为时人称赞。如颜真卿称其"雅有清鉴"，"虽权要不能逼"②。与其父表现出来的淡泊名利、"恬于势利"③的文化人格一样，孙逖身上也承传了这种人格特质。如《旧唐书·文苑传》称其"掌诰八年，制敕所出，为时流叹服。议者以为自开元已来，苏颋、齐瀚……许景先及逖，为王言之最"，但是孙逖却"谦退不伐"④，表现出儒家所推崇的谦和谦让的君子之德。

在唐代乐安孙氏家族中，对儒学的推崇和践履绝不是孙逖一人所为，而是其家族成员一脉相承的家族特征。像孙逖之子孙宿、孙成，"清规素范，自承家法，全德茂行，高映缙绅"⑤。他们从"先圣立言，盖非为已；后学敬教，可以润身"⑥的认识出发，通经学古，时时按照儒家伦理规范行事，积极传承以儒学相尚的家族文化，"传儒门经术之业，居孔氏政事之科，根于惠慈，辅以才术，行存家范"⑦。他们之中，或者如孙简，"动

---

① （唐）孙逖：《宋州司马先府君墓志铭》，载（清）董诰等《全唐文》卷313，中华书局1983年版，第3183页。

② （唐）颜真卿：《尚书刑部侍郎赠尚书右仆射孙逖文公集序》，载（清）董诰等《全唐文》卷337，中华书局1983年版，第3416页。

③ 孙逖在《宋州司马先府君墓志铭》中称其父孙逖"早有大名，晚从卑位……随时委运，澹然无营。而畴昔辈列，平生雅故，当轴处中者多矣，盖未尝跬足而近之，恬于势利乃如此也"。见（清）董诰等《全唐文》卷313，中华书局1983年版，第3182页。

④ （后晋）刘昫等：《旧唐书》卷190中《文苑传中·孙逖传》，中华书局2000年版，第3432页。其实，孙逖这种谦谦君子的儒者风范，在其先祖孙惠蔚身上亦有鲜明体现，据《魏书》卷84《孙惠蔚传》记载，孙惠蔚与李彪"以儒学相知，及彪位至尚书，惠蔚仍太庙令。高祖曾从容言曰：'道固（李彪字道固）既登龙门而孙蔚犹沉涓沦，朕常以为负矣。'（孙惠蔚）虽久滞小官，深体通塞，无孜孜之望，儒者以是尚焉"。可以说，这种"居下位而不忧"（《周易·乾卦》）的君子之德为乐安孙氏族人所承传，故族人令狐绹在为孙氏族人孙简所撰写的墓志铭中称"自晋阳公而下，位虽不隆，而道德皆显"。见（唐）令狐绹《唐故银青光禄大夫检校司空兼太子少师分司东都上柱国乐安县开国侯食邑一千户赠太师孙公墓志铭并序》，载周绍良、赵超主编《唐代墓志汇编续集》，上海古籍出版社2001年版，第1110页。

⑤ （唐）孙简：《唐故汝州司马孙府君墓志铭并叙》，载周绍良、赵超主编《唐代墓志汇编》，上海古籍出版社1992年版，第2218页。

⑥ （唐）孙宿：《对谶书判》，载（清）董诰等《全唐文》卷439，中华书局1983年版，第4477页。

⑦ （唐）孙保衡：《唐故滑州白马县令乐安孙府君墓志铭并序》，载周绍良、赵超主编《唐代墓志汇编》，上海古籍出版社1992年版，第1989页。

循故实，礼无违者"①；或者如孙瑝，"节峻诚坚，无触利之交，无苟随之势，感一饭必思有所效，而坛宇凝旷，未尝屑意于曲俗，故遇人无假诚，待物无伪貌，江澄岳耸，莫可动摇"②；或者如孙偓，"性通简，不矫饬"，不"以己长形彼短、己清彰彼浊"③；或者如孙拙，"生知孝友，代袭公忠，非礼不言，抱义而处"，"峻洁自持，闺门有守，不应斯任，孰曰当仁"④；或者如孙审象，"为人子以谨孝闻，为人弟以恭顺闻，抚民以慈惠，驭己以直清"⑤；或者如孙起，"德被乡党，惠存鳏寡"⑥；或者如孙景裕六子，"皆执经力善，自强不息"⑦；或者如孙婴，"性与道合，气阶天和，孝友通于神明，恭俭遵于礼法。喜愠未尝形色，得丧安能介怀。宽以处家，和以接下，闺门之内，煦若春阳"⑧。以上所列，不一而足。可以说，在唐代乐安孙氏家族中，诸如此类倡扬、践履儒家伦理规范的人与事俯拾即是，不胜枚举。

《孝经·开宗明义章》谓："夫孝，德之本也，教之所由生也。"在儒家伦理意识中，孝为百行之首，它是产生一切伦理道德的基础和根本。所以《孝经·广扬名章》又谓："君子之事亲孝，故忠可移与君；事兄悌，故顺可移于长；居家理，故治可移于官。是以行成于内，而名立于后世

---

① （唐）令狐绹：《唐故银青光禄大夫检校司空兼太子少师分司东都上柱国乐安县开国侯食邑一千户赠太师孙公墓志铭并序》，载周绍良、赵超主编《唐代墓志汇编续集》，上海古籍出版社 2001 年版，第 1111 页。

② （唐）李都：《唐故御史中丞汀州刺史孙公墓志铭并序》，载陈尚君辑校《全唐文补编》卷 83，中华书局 2005 年版，第 1035 页。

③ 欧阳修、宋祁：《新唐书》卷 183《朱朴传》附《孙偓传》，中华书局 1975 年版，第 5386 页。对此，五代人孙光宪在《北梦琐言》中亦有记载："唐相国孙公偓，宽裕通简，不事矫异。常语于亲友曰：'凡人许己，务在得中，但士行无亏，不必太苦。以我之长，彰彼之短，以我之清，彰彼之浊，幸勿为之。'后谪居衡山，情抱坦然，不以放逐而怀戚戚。"见（五代）孙光宪《北梦琐言》卷 4《孙偓相通简》，中华书局 2002 年版，第 68 页。

④ （唐）王峑：《唐故朝散大夫守尚书工部侍郎柱国赐紫金鱼袋孙公墓铭并序》，载陈尚君辑校《全唐文补编》卷 97，中华书局 2005 年版，第 1203、1204 页。

⑤ （唐）孙简：《唐故汝州司马孙府君（孙审象）墓志铭并叙》，载周绍良、赵超主编《唐代墓志汇编》，上海古籍出版社 1992 年版，第 2219 页。

⑥ （唐）孙保衡：《唐故滑州白马县令乐安孙府君墓志铭并序》，载周绍良、赵超主编《唐代墓志汇编》，上海古籍出版社 1992 年版，第 1989 页。

⑦ （唐）孙徽：《唐故宣德郎前守孟州司马乐安孙府君（孙景裕）墓志铭并序》，载周绍良、赵超主编《唐代墓志汇编》，上海古籍出版社 1992 年版，第 2444 页。

⑧ （唐）孙保衡：《唐故宣义郎京兆府蓝田县尉乐安孙府君墓志铭并序》，载周绍良、赵超主编《唐代墓志汇编》，上海古籍出版社 1992 年版，第 1920 页。

矣。"在先哲们看来，只有将这种"以事亲为始"的孝道做好，才能做到"忠孝道著，乃能扬名荣亲"①。作为世以儒学相尚的乐安孙氏家族，更是深谙孝道在扬名显亲和家族发展中的作用。孙瑝就曾深有感触地说过这样的话："士之出缙绅华族内其藻黼身文，率有二道，孝居上，文次之。"②从史料记载不难看出，唐代乐安孙氏家族成员皆把孝悌之德放在首位。像孙逖之子孙成，"德全百行而根于孝"③，任长安令时，其兄孙宿为华州刺史，因失火受惊吓以致失声成哑。一向有孝悌之德的孙成得知后，立即请假，还没等朝廷答复便匆忙赶往华州。唐代宗为其孝悌之德所称许，不但没有责备他，反而赞叹道："急难之切，观过知仁。"④《新唐书》又称其"尝有期丧，吊者至，成不易缞而见。客疑之，请故，答曰：'缞者，古居丧常服，去之则废丧也。今而巾幞，失矣'"⑤，其孝亲之举与其父孙逖如出一辙。孙逖之孙孙婴，"未识而孤，克自激励，爱敬必尽，以奉高堂。……及亲而禄，遂怀捧檄之欢；力行以待，未及公车之召"⑥。"幼以仁育，长以顺传，于公廉称，在家孝闻"的孙逖曾孙孙幼实，也是以孝悌传家的典范，"秩未终，以阳氏季妹孀居襄汉，群稚无主，乃挈家赴于汉南，奉妹庇甥，未尝一日有间"⑦。一生笃行孝悌之德的孙景商，"性孝友，奉孀姊颇尽节"⑧。孙景商之子孙备，亦是"粹和惇孝，惕惕然无一

---

① （唐）李隆基注，（宋）邢昺疏：《孝经注疏》卷1《开宗明义章第一》，北京大学出版社2000年版，第5页。

② （唐）孙瑝：《唐故河南府洛阳县尉孙府君（孙备）墓铭并序》，载周绍良、赵超主编《唐代墓志汇编》，上海古籍出版社1992年版，第2213页。

③ （唐）孙绛：《唐故中大夫守桂州刺史兼御史中丞充桂州本营都防御经略招讨观察处置等使上柱国乐安县开国男赐紫金鱼袋孙府君（孙成）墓志铭并序》，载周绍良、赵超主编《唐代墓志汇编》，上海古籍出版社1992年版，第1856页。

④ （后晋）刘昫等：《旧唐书》卷190中《文苑传中·孙逖传》附《孙成传》，中华书局2000年版，第3433页。

⑤ （宋）欧阳修、宋祁：《新唐书》卷202《孙逖传》，中华书局1975年版，第5761页。

⑥ （唐）孙保衡：《唐故宣义郎京兆府蓝田县尉乐安孙府君（孙婴）墓志铭并序》，载周绍良、赵超主编《唐代墓志汇编》，上海古籍出版社1992年版，第1920页。

⑦ （唐）孙徽：《唐故河南府长水县丞乐安孙府君（孙幼实）墓志铭并序》，载周绍良、赵超主编《唐代墓志汇编》，上海古籍出版社1992年版，第2504页。

⑧ （唐）蒋伸：《唐故天平军节度郓曹濮等州观察处置等使朝散大夫检校礼部尚书使持节郓州诸军事兼郓州刺史御史大夫上柱国赐紫金鱼袋赠兵部尚书孙府君墓志铭》，载周绍良、赵超主编《唐代墓志汇编》，上海古籍出版社1992年版，第2345页。

日之过"①，"每黜归，必愉愉而喜，以解太夫人之愠"②。其他如"自冠岁笃于孝悌，声被缙绅，郁为名人之所器仰"③ 的孙瑝，"仲尼四教而常行之以仁德，修其心以慈顺，由其家人谓昆山片玉未之过"④ 的孙方绍，"性本纯孝，与妹岘爱爱，及诸兄妹，洎于诸亲，咸冤惜之"⑤ 的孙俐，皆是唐代乐安孙氏家族中践履儒家孝悌之德的典范。

乐安孙氏家族男性成员如此，其家族女性成员亦是体现出"淑德幼彰，孝敬内融，慈和外备"的文化人格，可谓"仁义德礼，钟于一门"⑥。故孙备墓志铭称："自宋魏至皇朝（唐朝），代以儒学显，故巨名硕望，冠出他族"⑦。

《北齐书·儒林传》中有赞曰："大道既隐，名教是遵，以斯建国，以此立身。帝图杂霸，儒风未纯，何以不坠，弘之在人。"⑧ 魏晋时代，玄学兴起，"越名教而任自然"观念崛兴，各种思想涌现，儒家名教由此发生危机；隋唐时代亦是多元文化共存时期，意识形态上奉行儒、释、道三教并行政策，相较于汉代的"罢黜百家，独尊儒术"和文化思想上的统一，儒学一家独尊的局面已不复存在。然而应当看到，无论是魏晋还是隋唐时代，虽然儒风不纯，但正是由于一些世以儒学相传的文化家族或仕宦家族对儒术的弘扬与践履，儒风始终不坠，并且在这些文化家族或仕宦家族中得到弘扬广大。由此而论，陈寅恪先生所说的"东汉以后学术文化，其重心不在政治中心之首都，而分散于各地之名都大邑。是以地方之大族盛门乃为学术文化之所寄托。……学

①　（唐）孙瑝：《唐故河南府洛阳县尉孙府君墓铭并序》，载周绍良、赵超主编《唐代墓志汇编》，上海古籍出版社1992年版，第2212页。

②　同上书，第2213页。

③　（唐）李都：《唐故御史中丞汀州刺史孙公（孙瑝）墓志铭并序》，载陈尚君辑校《全唐文补编》卷83，中华书局2005年版，第1034页。

④　《唐故武水孙府君（孙方绍）墓志》，载周绍良、赵超主编《唐代墓志汇编》，上海古籍出版社1992年版，第2431页。

⑤　（唐）孙向：《唐故乡贡进士孙府君（孙俐）墓志》，载周绍良、赵超主编《唐代墓志汇编》，上海古籍出版社1992年版，第2321页。

⑥　《唐故朝散大夫赐绯鱼袋守同州长史京兆韦公夫人乐安县君孙氏墓志铭并序》，载周绍良、赵超主编《唐代墓志汇编》，上海古籍出版社1992年版，第1977页。

⑦　（唐）孙瑝：《唐故河南府洛阳县尉孙府君墓志铭并序》，载周绍良、赵超主编《唐代墓志汇编》，上海古籍出版社1992年版，第2213页。

⑧　（唐）李百药：《北齐书》卷44《儒林传》，中华书局2000年版，第411—412页。

术文化与大族盛门常不可分离也"① 是颇有见地的精到之论。

(二) 勤奋力学，代传文雅

《魏书·儒林传》有云，"古语云：容体不足观，勇力不足恃，族姓不足道，先祖不足称，然而显闻四方，流声后裔者，其惟学乎。信哉斯言也。梁越之徒，笃志不倦，自求诸己，遂能闻道下风，称珍席上，或聚徒千百，或服冕乘轩，咸稽古之力也。"② 说明好学之风在维持家族盛行方面的重要作用。乐安孙氏家族之所以能长期发展，与整个家族的好学之风也是分不开的。

纵观乐安孙氏家族，自魏晋时期开始，其家族成员便表现出好学之风。史书记载，孙惠蔚其家所藏图书典籍较多。其子孙灵晖"年七岁，便好学，日诵数千言，唯寻讨惠蔚手录章疏，不求师友。三《礼》及《三传》皆通宗旨，始就鲍季详、熊安生质问疑滞，其所发明，熊、鲍无以异也。举冀州刺史秀才，射策高第，授员外将军"③。孙灵晖之子孙万寿，"聪识机警"，受父辈好学的影响，自幼也是勤奋好学，"博涉群书，礼传俱通大义，有辞藻，尤甚诗咏"④。

乐安孙氏家族作为有唐一代典型的仕宦文化家族，其家族子孙身上更是体现出勤奋好学的特点。像"性端介，寡与人交"的孙景商，"幼奇卓，动举与凡儿异。稍长，力文学。读书见古人阐才振节以辅时，必深揣摩，且有以自练其志"⑤。孙嘉之之孙孙公乂，"幼而嗜学，长能属文，尤以博识书判为己任"。由于勤奋好学，年仅 14 岁便"初通两经"⑥。"未识而孤"的孙婴，自幼亦是"勤苦不渝，以笃志业"。由于"饬躬好学，名

---

① 陈寅恪：《崔浩与寇谦之》，《金明馆丛稿初编》，生活·读书·新知三联书店 2001 年版，第 147—148 页。

② （北齐）魏收：《魏书》卷 84《孙惠蔚传》，中华书局 1974 年版，第 1865 页。

③ （唐）李百药：《北齐书》卷 44《儒林传·孙灵晖传》，中华书局 2000 年版，第 410 页。

④ 同上书，第 411 页。

⑤ （唐）蒋伸：《唐故天平军节度郓曹濮等州观察处置等使朝散大夫检校礼部尚书使持节郓州诸军事兼郓州刺史御史大夫上柱国赐紫金鱼袋赠兵部尚书孙府君墓志铭》，载周绍良、赵超主编《唐代墓志汇编》，上海古籍出版社 1992 年版，第 2345 页。

⑥ （唐）冯牢：《唐故银青光禄大夫工部尚书致仕上柱国乐安县开国男食邑五百户孙府君墓志铭》，载周绍良、赵超主编《唐代墓志汇编》，上海古籍出版社 1992 年版，第 2289 页。

称日闻"。① 其他如"抗志耽学"② 的孙公器，"卓然自立，唯刻苦于笔砚。其为文率高深遒拔，意欲自健于一时"③ 的孙备，"学该百氏，文擅周雅"④ 的孙方绍，都是乐安孙氏家族勤奋力学的典型。作为唐代文儒的典型代表，孙逖更是一个勤奋好学的典范。孙逖在《对读书判》中有言："所习有业，著在前典；不读非圣，闻诸昔贤。甲知敬学之为先，遂发愤而忘食。既而下帷之时，不学明训；张灯之际，乃习《阴符》。"⑤ 其实，这也是孙逖自己刻苦学习的写照。孙逖站在"夫强学业者义之用，工文者艺之本，明识者智之府，令名者德之舆"⑥ 的高度，博览群书，广泛涉猎文献图籍，尤其是儒家经典图书，所谓"学穷百氏，不好非圣之书"。孙逖之所以"年未弱冠，而三擅甲科"，之所以能成为乐安孙氏家族"风裁征明，天才杰出"⑦ 的子孙，之所以能在为人、为文上都为世人称赞，应该说，与他的勤奋好学和"学穷百氏，不好非圣之书"是紧密相连的。

在中国历史上，一个家族能世世代代长久不衰地发展，无疑必须具备众多的发展因素，这其中除了一些外在的因素外，在很大程度上又取决于家族的内在发展因素。而在古人看来，家族的内在发展因素主要体现在孝道和文学修养两个方面。正如乐安孙氏族人孙璋所说："士之处缙绅华族内其藻黼身文，率有二道，孝居上，文次之。"⑧ 国学大师钱穆先生在论及一个家族门第不衰因素时曾这样指出："今人论此一时代之门第，大都

---

① （唐）孙保衡：《唐故宣义郎京兆府蓝田县尉乐安孙府君墓志铭并序》，载周绍良、赵超主编《唐代墓志汇编》，上海古籍出版社1992年版，第1920页。

② （唐）孙徽：《唐故朝议郎前守蓬州刺史乐安孙府君（孙㧑）墓志铭并序》，载周绍良、赵超主编《唐代墓志汇编》，上海古籍出版社1992年版，第2548页。

③ （唐）孙璋：《唐故河南府洛阳县尉孙府君（孙备）墓铭并序》，载周绍良、赵超主编《唐代墓志汇编》，上海古籍出版社1992年版，第2213页。

④ 《唐故武水孙府君（孙方绍）墓志》，载周绍良、赵超主编《唐代墓志汇编》，上海古籍出版社1992年版，第2431页。

⑤ （唐）孙逖：《对读书判》，载（清）董诰《全唐文》卷311，中华书局1983年版，3164页。

⑥ （唐）孙逖：《送康若虚赴任金乡序》，载（清）董诰《全唐文》卷312，中华书局1983年版，第3168页。

⑦ （唐）颜真卿：《尚书刑部侍郎赠尚书右仆射孙逖文公集序》，载（清）董诰《全唐文》卷337，中华书局1983年版，第3415页。

⑧ （唐）孙璋：《唐故河南府洛阳县尉孙府君墓志铭并序》，载周绍良、赵超主编《唐代墓志汇编》，上海古籍出版社1992年版，第2213页。

只看在其政治上之特种优势，与经济上之特种凭藉，而未能注意及于当时门第中人之生活实况，及其内心想象。因此所见浅薄，无以抉发此一时代之共同精神所在。今所谓门第中人者，亦只是上有父兄，下有子弟，为此门第之所赖以维系而久在者，则必在上有贤父兄，在下有贤子弟。若此二者俱无，政治上之权势，经济上之丰盈，岂可支持此门第几百年而不弊不败？"他认为支撑一个家族门第不衰不败者，除了政治和经济上的因素外，家族中的贤父兄贤子弟则是主要因素。而在他看来，"当时门第传统共同理想，所希望于门第中人，上自贤父兄，下至佳子弟，不外两大要目：一则希望其能具孝友之内行，一则希望其能有经籍文史学业之修养。此两种希望，并合成为当时共同之家教。其前一项之表现，则成为家风。后一项之表现，则成为家学"①。他指出支撑一个家族门第不衰不败的主要因素，更多取决于家族子孙通过"孝友之内行"所体现出来的家风，以及家族子孙通过文史修养所体现出来的家学。此论可谓切实精到，一语中的。乐安孙氏家族之发展，也从一个家族发展的个案印证了钱穆先生的这一论断。

前已述及，魏晋隋唐时期乐安孙氏家族便体现出"代以儒学显"的家族特征，其家族成员表现出良好的儒家风范，钱穆先生所讲的"孝友之内行"的家风在其家族体现得非常鲜明，"故巨名硕望，冠出他族"。同样，乐安孙氏家族在"代以儒学显"的同时，其家族子孙也体现出良好的"经籍文史学业之修养"，尤其是家族的文学修养更为突出，用唐代乐安孙氏族人孙保衡评价其曾祖孙嘉之的话说，就是"道德文学，海内所称"②。

乐安孙氏家族"道德文学，海内所称"的家族文化在魏晋时期就已显现，其家族成员不仅以儒学相尚，而且在文学修养上为时人所推崇。如孙灵晖之子孙万寿不仅"受五经，略通大义，兼博涉子史"，而且"善属文"③，从容文雅。据《隋书·文学传·孙万寿传》记载，隋文帝受禅后，孙万寿被滕穆王荐引为文学，后因坐衣冠不整，配防江南。行军总管宇文

---

① 钱穆：《略论魏晋南北朝学术文化与当时门第之关系》，载钱穆《钱宾四先生全集·中国学术思想史论丛（二）》，（台湾）联经出版事业公司1998年版，第272、293页。

② （唐）孙保衡：《唐故宣义郎京兆府蓝田县尉乐安孙府君墓志铭并序》，载周绍良、赵超主编《唐代墓志汇编》，上海古籍出版社1992年版，第1920页。

③ （唐）魏征：《隋书》卷76《文学传·孙万寿传》，中华书局1973年版，第1735页。

述，召典军。孙万寿本自书生，从容文雅，一旦从军，郁郁不得志，为此曾为五言诗赠京邑知友曰：

> 贾谊长沙国，屈平湘水滨。江南瘴疠地，从来多逐臣。粤余非巧宦，少小拙谋身。欲飞无假翼，思鸣不值晨。如何载笔士，翻作负戈人！飘飘如木偶，弃置同刍狗。失路乃西浮，非狂亦东走。晚岁出函关，方春度京口。石城临兽据，天津望牛斗。牛斗盛妖氛，枭獍已成群。郗超初入幕，王粲始从军。襄粮楚山际，被甲吴江汶。吴江一浩荡，楚山何纠纷。惊波上溅日，乔木下临云。系越恒资辩，喻蜀几飞文。鲁连唯救患，吾彦不争勋。羁游岁月久，归思常搔首。非关不树萱，岂为无杯酒！数载辞乡县，三秋别亲友。壮志后风云，衰鬓先蒲柳。
>
> 心绪乱如丝，空怀畴昔时。昔时游帝里，弱岁逢知己。旅食南馆中，飞盖西园里。河间本好书，东平唯爱士。英辩接天人，清言洞名理。凤池时寓直，麟阁常游止。胜地盛宾僚，丽景相携招。舟泛昆明水，骑指渭津桥。被除临灞岸，供帐出东郊。宜城酝始熟，阳翟曲新调。绕树乌啼夜，雏麦雉飞朝。细尘梁下落，长袖掌中娇。欢娱三乐至，怀抱百忧销。梦想犹如昨，寻思久寂寥。一朝牵世网，万里逐波潮。回轮常自转，悬斾不堪摇。
>
> 登高视衿带，乡关白云外。回首望孤城，愁人益不平。华亭宵鹤唳，幽谷早莺鸣。断绝心难续，惝恍魂屡惊。群、纪通家好，邹、鲁故乡情。若值南飞雁，时能访死生。①

作品中借追忆郗超、王粲等一些怀才不遇的历史人物，抒发了自己因遭逢不幸而忧思、恍魂的心绪，韵律工整谨严，诗意朴实清新，堪称上乘诗作。传说这首诗传至京城之后，"盛为当时之所吟诵，天下好事者多书壁而玩之"②，由此亦不难看出孙万寿深厚的文学功力。

唐代确立的以诗赋为取士标准的科举考试制度，使"进士者，时共

---

① （唐）魏征：《隋书》卷76《文学传·孙万寿传》，中华书局1973年版，第1735—1736页。
② 同上书，第1736页。

贵之,主司褒贬,实在诗赋,务求巧丽,以此为贤"①。虽然有唐一代,反对以诗赋为取士标准的声音一直不绝如缕,诗赋在录取时的地位却在逐步发生变化,但终唐之世,"试诗赋始终是进士考试的一个重要项目"②。唐代进士考试中以诗赋为取士标准的确立,在很大程度上促进了一大批文学家族的涌现。加之唐代是中国古代文学发展的兴盛时期,尤其是由于诗歌的辉煌而被称为"诗的唐朝"③。在这样一种时代氛围下,进入唐代的安乐孙氏家族更是从整体上表现出杰出的文学才华,堪称典型的文学家族④。"有文学重名"⑤的孙嘉之,其本人是以"以词学登科"而入仕,其文学才华向为世人所称重,如孙嘉之曾孙孙保衡称其曾祖"道德文学,海内所称"⑥,孙逖在为其父所撰写的《宋州司马先府君墓志铭》中称孙嘉之"弱冠以文章著称。因此游太原,涉西河,以观陶唐之风。河汾之间,有盛名矣",并对其文章表现出"学该百氏而不为章句,文穷三变而尤工气质"⑦的特点大加赞誉。

受家庭熏陶,孙嘉之子女皆以文章著称于世,他"有子四人,皆著名于词学;有女六人,俱涉迹于图史"⑧。其中孙逖自幼便表现出非凡的文学才华。李都在为其撰写墓志铭称其"文儒德业,连环如棨星"⑨。孙绛则称其"才应贤期,望归人杰,文工天下,名赫宇内,道图于王佐,

---

① (唐)杜佑:《通典》卷17《选举五》,中华书局1988年版,第419页。
② 吴宗国:《唐代科举制度研究》,辽宁大学出版社1992年版,第158页。
③ 闻一多曾说:"一般人爱说唐诗,我欲要讲'诗唐'。诗唐者,诗的唐朝也。"见《闻一多论古典文学》,重庆出版社1984年版,第82页。
④ 张剑、周扬波在《宋代家族与文学研究》(中国社会科学出版社2009年版)中认为:"一个家族一代数人或者两代、三代以上均有能文之名或以文学著称于世的成员,这个家族就可以称之为文学家族。"
⑤ (唐)令狐绹:《唐故银青光禄大夫检校司空兼太子少师分司东都上柱国乐安县开国侯食邑一千户赠太师孙公墓志铭并序》,载周绍良、赵超主编《唐代墓志汇编续集》,上海古籍出版社2001年版,第1110页。
⑥ (唐)孙保衡:《唐故宣义郎京兆府蓝田县尉乐安孙府君墓志铭并序》,载周绍良、赵超主编《唐代墓志汇编》,上海古籍出版社1992年版,第1920页。
⑦ (唐)孙逖:《宋州司马先府君墓志铭》,载(清)董诰等《全唐文》卷313,中华书局1983年版,第3182页。
⑧ 同上。
⑨ (唐)李都:《唐故御史中丞汀州刺史孙公墓志铭并序》,载陈尚君辑校《全唐文补编》卷83,中华书局2005年版,第1034页。

位积于亚卿"①。颜真卿在为孙逖文集所作序中有云："（孙逖）文统三
变，特深稽古之道。故逸气上跻，而高情四达，羌索隐乎？混元之始，表
独立于常均之外，不其盛欤，年数岁，即好属文。"② 颜真卿之言绝非虚
夸之词，《旧唐书》卷190中《文苑传·孙逖传》称其"幼而英俊，文思
敏速"。孙逖15岁时，曾拜谒雍州长史崔日用，崔日用小瞧他，令他作
《土火炉赋》，孙逖"握翰即成，词理典赡。日用览之骇然，遂为忘年之
交，以是价誉益重"③。开元十年（722），孙逖便以杰出的文学才能考中
制登文藻宏丽科。宰相张说"重词学之士"④，他非常赏识孙逖的文学才
华，从而使孙逖得以常游其门。黄门侍郎李暠出镇太原时，与蒲州刺史李
尚隐游于伯乐川，孙逖为之所作的记得到文士的"盛称"⑤。开元年间，
官至中书舍人的孙逖与苏颋、齐浣、苏晋、贾曾、韩休、许景先典诏制
诰，其中孙逖"掌诰八年，制敕所出，为时流叹服。议者以为自开元已
来，苏颋、齐浣、苏晋、贾曾、韩休、许景先及逖，为王言之最"，其中
孙逖"尤善思，文理精练，加之谦退不伐，人多称之"⑥。孙逖杰出的文
学才华尤其为吏部侍郎王丘和宰相张说所推崇，据载，吏部侍郎王丘曾以
《竹帘赋》试孙逖，"降阶约拜，以殊礼待之"，而"相国燕公张说览其策
而心醉"⑦。张说不仅是唐代著名的政治家，也是唐代著名的文学家，其
文学成就得到时人高度称赞。《大唐新语》中称张说"前后三秉大政，掌
文学之任凡三十年，为文思精，老而益壮，尤工大手笔"。《旧唐书》中
则赞其"为文俊丽，用思精密，朝廷大手笔，皆特承中旨撰述，天下词
人咸讽诵之"。张说去世后，孙逖在为其写的挽词中，称其"海内文章

① （唐）孙绰：《唐故中大夫守桂州刺史兼御史中丞充桂州本营都防御经略招讨观察处置
等使上柱国乐安县开国男赐紫金鱼袋孙府君墓志铭并序》，载周绍良、赵超主编《唐代墓志汇
编》，上海古籍出版社1992年版，第1855页。

② （唐）颜真卿：《尚书刑部侍郎赠尚书右仆射孙逖文公集序》，载（清）董诰《全唐文》
卷337，中华书局1983年版，第3415页。

③ （后晋）刘昫：《旧唐书》卷190中《文苑传·孙逖传》，中华书局2000年版，第3432页。

④ （后晋）刘昫：《旧唐书》卷102《韦述传》，中华书局2000年版，第2157页。

⑤ （后晋）刘昫：《旧唐书》卷190中《文苑传·孙逖传》，中华书局2000年版，第3432页。

⑥ 同上。（宋）欧阳修、宋祁在《新唐书》卷202《孙逖传》中则称开元年间，"苏颋、
齐浣、苏晋、贾曾、韩休、许景先及逖典诏诰，为代言最，而逖尤精密，张九龄视其草，欲易一
字，卒不能也。"

⑦ （唐）颜真卿：《尚书刑部侍郎赠尚书右仆射孙逖文公集序》，载（清）董诰《全唐文》
卷337，中华书局1983年版，第3415—3416页。

伯，朝端礼乐英"①。孙逖之文能得到张说的欣赏，从中亦不难看出孙逖杰出的文学才能。孙逖一生不仅著述甚多，"所著诗歌、赋序、策问、赞、碑志、表疏、制诰，不可胜纪"，而且其著述大都取得不凡和标志性的成就，如《唐才子传校笺》卷1《孙逖》称其"善诗，古调今格，悉其所长"②，颜真卿则称孙逖"其序事也，则《伯乐川记》及诸碑志，皆卓立千古，传于域中。其为诗也，必有逸韵佳对，冠绝当时，布在人口。其词言也，则宰相张九龄欲掎摭疵瑕，沈吟久之，不能易一字"③。王夫之在《唐诗评选》中，对孙逖诗中的灵性给予高度赞誉，如在评价孙逖《江行有怀》诗中认为"合化无迹者谓之灵，通达得意者谓之灵。如逖五言，乃可以灵许之"④。其实，对于孙逖为文中的灵性，孙逖学生颜真卿在为孙逖文集所作的序中早给予如下评价：

> 古之为文者，所以导达心志，发挥性灵，本乎咏歌，终乎雅颂。帝庸作而君臣动色，王泽竭而风化不行。政之兴衰，实系于此。然而文胜质，则绣其鞶帨，而血流漂杵；质胜文，则野于礼乐，而木讷不华。历代相因，莫能适中。故诗人之赋丽以则，词人之赋丽以淫，此其效也。汉魏已还，雅道微缺；梁陈斯降，宫体聿兴。既驰骋于末流，遂受嗤于后学。是以沈隐侯之论谢康乐也，乃云灵均已来，此未及睹；卢黄门之序陈拾遗也，而云道丧五百岁，而得陈君。若激昂颓波，虽无害于过正；榷其中论，不亦伤于厚诬。何则？雅郑在人，理乱由俗。桑间濮上，胡为乎绵古之时？正始皇风，奚独乎凡今之代？盖不然矣。其或斌斌彪炳，郁郁相宣，膺期运以挺生，奄寰瀛而首出者，其惟仆射孙公乎？⑤

作为有唐一代典型的文学家族，乐安孙氏家族后代子孙大都以文章名

---

① 傅璇琮主编：《唐才子传校笺》卷1《张说》，中华书局1987年版，第137页。
② 傅璇琮主编：《唐才子传校笺》卷1《孙逖》，中华书局1987年版，第173页。
③ （唐）颜真卿：《尚书刑部侍郎赠尚书右仆射孙逖文公集序》，载（清）董诰《全唐文》卷337，中华书局1983年版，第3415—3416页；傅璇琮主编：《唐才子传校笺》卷1《孙逖》，中华书局1987年版，第173页。
④ （明）王夫之：《船山全书》第14册，岳麓书社1996年版，第1054页。
⑤ （唐）颜真卿：《尚书刑部侍郎赠尚书右仆射孙逖文公集序》，载（清）董诰《全唐文》卷337，中华书局1983年版，第3415页。

闻于世。孙逖之子孙宿、孙绛、孙成等，受家族影响，"夙奉过庭之训，咸以文章知名，同时台省"①。像"学贯群书，上下数千载"的孙成，"文道峻格，优游汉魏间。……百事闲练于朝典，万殊折中于笔端"②；孙宿则因"笃富刀翰，摛丽瑰藻，判入高等"③而被授予秘书省校书郎、中书舍人之职。孙成之孙孙方绍，"性聪敏而志高上，学该百氏，文擅周雅"④。孙宿之子孙公器，孙公器之子孙简，也是因杰出的文学才华而擢升进士第。孙公器"应书判超绝登第"，孙简则被判入殊等，授秘书省正字，并因文学才华突出而转任为负责拟草诏旨的中书舍人⑤。据载，"时宰执加官，例自翰林颁诏，执政者异笔直送阁下，冀驳其能否，自阁长已下皆叠手洽背，相顾不能下笔。太保公遂援翰立构，以副权命，当时瞻实于文学者，无不降欢捷，拜中书舍人"⑥。在中书舍人任上，孙简"以文学之称，守本官知制诰。……骋敏捷为诰令之能，职业具举，时论推服。所草词制勒成十卷，行下于代"。孙简杰出的文学才华亦为其后代子孙所承续，其子孙纾、孙徽、孙绣，也是"兼能以文嗣续，为时闻人"⑦。孙景商之子孙备、孙储、孙澥、孙优、孙倚、孙铎、孙埴，"皆修词立诚，能自强以进"。如"以文学德行名殷当时，入服大僚，出践方伯，其懿实茂美，彰灼闻听"的孙备，"为文率高深遒拔，意欲自健于一时。始举，袖出巨轴拜公卿，郁然有文人誉"⑧。孙景商之孙孙拙，也表现出良好的

①　（唐）颜真卿：《尚书刑部侍郎赠尚书右仆射孙逖文公集序》，载（清）董诰《全唐文》卷337，中华书局1983年版，第3416页。

②　（唐）孙绛：《唐故中大夫守桂州刺史兼御史中丞充桂州本营都防御经略招讨观察处置等使上柱国乐安县开国男赐紫金鱼袋孙府君（孙成）墓志铭并序》，载周绍良、赵超主编《唐代墓志汇编》，上海古籍出版社1992年版，第1856页。

③　（唐）孙徽：《唐故朝议郎前守蓬州刺史乐安府君墓志铭并序》，载周绍良、赵超主编《唐代墓志汇编》，上海古籍出版社1992年版，第2548页。

④　（唐）孙郱：《唐故承议郎使持节都督登州诸军事守登州刺史孙府君（方绍）墓志铭并序》，载周绍良、赵超主编《唐代墓志汇编》，上海古籍出版社1992年版，第2431页。

⑤　（唐）孙徽：《唐故朝议郎前守蓬州刺史乐安孙府君墓志铭并序》，载周绍良、赵超主编《唐代墓志汇编》，上海古籍出版社1992年版，第2548页。

⑥　同上。

⑦　（唐）令狐绹：《唐故银青光禄大夫检校司空兼太子少师分司东都上柱国乐安县开国侯食邑一千户赠太师孙公（孙简）墓志铭并序》，载周绍良、赵超主编《唐代墓志汇编续集》，上海古籍出版社2001年版，第1111、1112页。

⑧　（唐）孙瑝：《唐故河南府洛阳县尉孙府君（孙备）墓铭并序》，载周绍良、赵超主编《唐代墓志汇编》，上海古籍出版社1992年版，第2213页。

文学修养，其墓志铭称其"世济文行，织于简编，余烈遗风，辉图耀谍"①，其杰出的文学才华亦使其官至中书舍人一职。有点历史常识的人知道，隋唐时期作为在中书省掌管制诰的中书舍人，"掌侍进奏，参议表章。凡诏旨制敕、玺书册命，皆起草进画"②。由于负责拟草诏旨，所以此职大多由那些文学声望深厚者充当。有唐一代，乐安孙氏家族从孙逖至孙拙先后有六代六人（孙逖、孙宿、孙简、孙荣、孙揆、孙拙）充任过中书舍人一职，这也从一个侧面反映出乐安孙氏家族浓厚的文学资望，"代传文雅"的乐安孙氏家族可谓名不虚传。

（三）悉心为政，诚厚为国，力行忠道

乐安孙氏家族既是一个文化家族，又是一个仕宦家族。从前述乐安孙氏家族的发展不难看出，魏晋至隋唐，整个家族仕宦为官者代不乏人，仅就唐代而言，有官籍可考的达 90 余人。其中，既有宰相、尚书、中书舍人之类的朝中高官，又有手握一州军政大权的刺史、节度使之类的中级官员，还有县尉、县令之类的地方父母官，整个家族有仕籍的人数之多，官职的级别之广，在中国历史上无疑属于典型的仕宦之家。作为以儒学传家的仕宦家族，乐安孙氏为官者表现出良好的政治德行，他们为政以德，"乘积德之浚源，禀刚中之正性，端好恶为规范，秉礼法以周旋，言必可行"；"传儒门经术之业，居孔氏政事之科，根于惠慈，辅以才术，行存家范"③，在政治实践中积极践履着儒家所倡导的"居天下之广居，立天下之正位，行天下之大道"④ 和"仁以为己任"的为政风范，凸显出一种诚厚为国的大忠之道。

在中国传统社会，作为"至公无私"的忠被视为天地和人世间的至理至德，用《忠经·天地神明章第一》的话讲："昔在至理，上下一德，以征天休，忠之道也。天之所覆，地之所载，人之所覆，莫大乎忠。为国之本，何莫由忠。"它不仅"能固君臣，安社稷，感天地，动神明"，而

---

① （唐）王寯：《唐故朝散大夫守尚书工部侍郎柱国赐紫金鱼袋孙公（孙拙）墓铭并序》，载陈尚君编《全唐文补编》卷 97，中华书局 2005 年版，第 1203 页。

② （宋）欧阳修、宋祁：《新唐书》卷 47《百官志二》，中华书局 1975 年版，第 1211 页。

③ （唐）孙保衡：《唐故滑州白马县令乐安孙府君墓志铭并序》，载周绍良、赵超主编《唐代墓志汇编》，上海古籍出版社 1992 年版，第 1989 页。

④ 《孟子》卷 6 上《滕文公下》，中华经典藏书译注本，中华书局 2006 年版，第 125 页。

且能"兴于身，著于家，成于国"。在古人看来，"善莫大于作忠，恶莫大于不忠。忠则福禄至焉，不忠则刑罚加焉。君子守道，所以长守其休，小人不常，所以自陷其咎"①。总之，只要将忠道施之于身，各种福禄自然而至，反之，则会自陷其辱。故《忠经·辨忠章第十四》曰："大哉！忠之为用也，施之于迩，则可以保家邦，施之于远，则可以极天地。"

作为通晓儒学、世以儒学传家的乐安孙氏家族，对"夫惟孝者，必贵本于忠。忠苟不行，所率犹非其道。是以忠不及之，而失其守，匪惟危身，辱及亲也。故君子行其孝，必先以忠，竭其忠，则福禄至矣"②的忠道有深刻的体察，其家族子孙为政实践中践履着"为臣事君，忠之本也"③的行为规范，悉心为政，诚厚为国，力行忠道。具体地说，主要体现在以下三个方面。

（1）直言敢谏，不畏权豪。直言敢谏是儒家对从政者的基本要求，如《忠经·忠谏章第十五》有言："忠臣之事君也，莫先于谏，下能言之，上能听之，则王道光矣。谏于未形者，上也；谏于已彰者，次也；谏于既行者，下也。违而不谏，则非忠臣。夫谏，始于顺辞，中于抗义，终于死节，以成君休，以宁社稷。"将为臣者的直言敢谏视为社稷安宁的保障。故《颜氏家训》有言："谏诤之徒，以正人君之失尔，必在得言之地，当尽匡赞之规，不容苟免偷安，垂头塞耳。"从文献史料的记载不难看出，乐安孙氏家族中仕宦者大都体现出直言敢谏的为政风格。"所莅之职，必悉心为政，不以小而易之，人到于今遗爱矣"④的孙嘉之，为政期间，不顾个人得失，关心时政得失，积极上书言事，议政论政，如垂拱、载初之际，孙嘉之"始诣洛阳，献书阙下，极言时政，言多抵忤"⑤。孙嘉之之孙孙简，继承了直言从政的家族门风，"用忠悃奉诤臣之职，骋敏捷为诰令之能，职业具举，时论推服"。他深知为政者直言敢谏的职责，

---

① （东汉）马融：《忠经·证应章第十六》，见（元）陶宗仪《说郛》卷70下，文渊阁四库全书本。

② （东汉）马融：《忠经·保孝行章第十》，见（元）陶宗仪《说郛》卷70下，文渊阁四库全书本。

③ （东汉）马融：《忠经·冢臣章第三》，见（元）陶宗仪《说郛》卷70下，文渊阁四库全书本。

④ （唐）孙逖：《宋州司马先府君墓志铭》，载（清）董诰等《全唐文》卷313，中华书局1983年版，第3182页。

⑤ 同上。

故为政期间敢说敢言，对上司不当举措敢于"抗表论雪"，如任同州刺史兼御史中丞时，省司以长春营田耗折官米，将以极典处置本州纲史，孙简对此"抗表论雪，皆得赊死"，为时人所称誉①。"以政事见遇"的孙公乂，遇事亦是忠直敢言。据其墓志铭记载，孙公乂任京兆府户曹时，尤为京兆府前后两任府尹韩愈（长庆三年，即 823 年为京兆尹）、刘栖楚（825—827 年为京兆尹）所信重，韩愈"得畿官薄书不能决去疑滞者，必始质信于公（孙公乂），然后行下其事；河间当时威詟豪右，自以明疆为己任，每有情伪未分，关人性命者，亦常先议于公，诸曹已下但承命而行，假鼻而息耳。由是声闻彀下"②。此则史料无疑从一个侧面向我们透露出孙公乂忠直敢言的为政风范。孙景商亦是乐安孙氏家族直言敢谏的典范。据载，孙景商任谏议大夫时，曾"居数月，疏四五上，皆政之失而除授之乖忝者"。他秉公从政，不畏权势，直道行事，为京兆尹时，"一持正道，豪人望风敛束。视案牍靡昼夜，试问其官理要目，屈指历历如手持文。居二年，政以清，迁刑部侍郎，风望愈美。条上当司要事余十件，诏悉可之"。在担任温州刺史、滁州刺史期间，孙景商"以慈煦弱，以严御豪"而著称，至于"其它施设，皆可称纪"。宰相李德裕执掌国柄时，曾"忿公（孙景商）不依己"，将其黜为温州刺史③。其他如孙处约、孙备等乐安孙氏家族后代子孙，都继承了家族这种勇于直言敢谏的为政风范，敢说敢为。像孙处约于贞观年间为齐王李祐记室。李祐"既失德，处约数上书谏之。祐既诛，太宗亲检其家文疏，得处约谏书，甚嗟赏之"④。"重然诺，顾交谊，与君游者皆当时名人"的孙备，其为政则是"勇于必行，万夫不能夺"⑤，体现出勇于敢为的为政风范。

在忠的道德内涵中，除了要求直言敢谏外，还要求在王朝社稷遇到危

---

①　（唐）令狐绹：《唐故银青光禄大夫检校司空兼太子少师分司东都上柱国乐安县开国侯食邑一千户赠太师孙公墓志铭并序》，载周绍良、赵超主编《唐代墓志汇编续集》，上海古籍出版社 2001 年版，第 1111 页。

②　（唐）冯牟：《唐故银青光禄大夫工部尚书致仕上柱国乐安县开国男食邑五百户孙府君墓志铭》，载周绍良、赵超主编《唐代墓志汇编》，上海古籍出版社 1992 年版，第 2289 页。

③　（唐）蒋伸：《唐故天平军节度郓曹濮等州观察处置等使朝散大夫检校礼部尚书使持节郓州诸军事兼郓州刺史御史大夫上柱国赐紫金鱼袋赠兵部尚书孙府君墓志铭》，载周绍良、赵超主编《唐代墓志汇编》，上海古籍出版社 1992 年版，第 2345 页。

④　（后晋）刘昫等：《旧唐书》卷 81《孙处约传》，中华书局 2000 年版，第 1864 页。

⑤　（唐）孙瑝：《唐故河南府洛阳县尉孙府君墓铭并序》，载周绍良、赵超主编《唐代墓志汇编》，上海古籍出版社 1992 年版，第 2213 页。

难之时，能够不惜身家性命，挺身而出，"奉君忘身，徇国忘家"，乃至"临难死节"①。唐朝末年，出自沙陀部族的唐末将领李克用发动兵变，进犯长安。唐昭宗为讨伐李克用，以孙逖五世孙孙揆为兵马招讨制置宣慰副使，不久改授昭义军节度使，让其督率本道兵马会战，攻打李克用。唐昭宗大顺元年（890）八月，孙揆率军从晋州出发，李克用手下大将李存孝听闻后，在潞州长子县以西的山谷中以300骑兵设下埋伏。孙揆率军行至于此，被李存孝骑兵猝然袭击，孙揆及其牙兵500余人被擒，余众被追击至刁黄岭全部被杀。李存孝将被俘的孙揆献于李克用。李克用先是把他囚禁起来，不久又"厚礼而将用之"，以任用其为河东副使诱降之。孙揆不为利欲所动，对前来诱降的人说："吾天子大臣，兵败而死，分也，岂能伏事镇使邪！"李克用大怒，"命以锯锯之，锯不能入。孙揆骂曰：'死狗奴！锯人当用板夹，汝岂知邪！'"。于是行刑者按其所言，将孙揆用板子夹起来。面对酷刑，孙揆不为所惧，直到受刑至死，孙揆骂不绝声②。孙揆在生死存亡的紧要关头，能"奉君忘身，徇国忘家"，真正体现出儒家所倡扬的"临大节而不可夺"的君子气节。

（2）勤政爱民，为官清廉。在社会政治生活中，为人臣者除了要与君主发生联系外，日常生活中交往更多的则是庶民百姓。因此在儒家的政治伦理中，为臣为官者除了要求对上做到"事君以忠"③ 外，对下则要"视民如伤"④，爱民如子，并将其视为地方官的忠君之道，用《忠经·守宰章第五》的话讲，就是"视君之人，如观乎子；则人爱之，如爱其亲，盖守宰之忠也"。至于如何爱民，则有许多具体规定，其基本要求是要乐民之乐，忧民之忧；要从民之欲，不欺民心，做到"民之所好好之，民之所恶恶之"⑤；要养民富民，恤民保民；要廉洁清白，明晰是非曲直，不徇私情。概而言之，就是要勤政爱民，"仁以为己任"⑥，以天下为心。

乐安孙氏家族作为一个以儒学传家的仕宦家族，其家族仕宦成员深谙

① （东汉）马融：《忠经·冢臣章第三》，载陶宗仪《说郛》卷70下，文渊阁四库全书本。
② （宋）欧阳修、宋祁：《新唐书》卷193《忠义下·孙揆传》，中华书局1975年版，第5562页；（宋）司马光：《资治通鉴》卷258，岳麓书社1990年版，第466页。
③ 《论语·八佾第三》，中华经典藏书译注本，中华书局2006年版，第34页。
④ （周）左丘明传，（晋）杜预注，（唐）孔颖达疏：《春秋左传正义》卷57，载李学勤主编《十三经注疏》（标点本），北京大学出版社1999年版，第1613页。
⑤ 《礼记·大学第四十二》，载《周礼·仪礼·礼记》，岳麓书社1989年版，第533页。
⑥ 《论语·泰伯第八》，中华经典藏书译注本，中华书局2006年版，第109页。

儒家勤政爱民的为政之道，为政实践凸显出勤政爱民、关心民生的为政之德。具有孝悌之德的孙成，仕宦时"事举而能损益"，勤政爱民，积极有为，将孝亲之德扩展为爱民之举，做出了为民称颂的政绩。历史上桂州地处边界偏远地带，相对难以治理，但是孙成出任桂州刺史后，"临存未几，风政载扬，宁壹十连，清变远俗，福润零桂，声颂迎沓"。而在信州刺史任上，孙成顺俗施化，"务于修职，问以谣俗，因而行化……敦学尚儒，户晓而人劝"。① 有一年信州遇上大旱，他开仓以比较低的价格向灾民出售粮食，由于采取措施及时，所以饥荒之年也没有发生民户逃亡和死亡的情况，并且第二年还增户口五千，孙成因此得到皇帝"诏书褒美"②。当地百姓也因其"有惠政"而为其"立碑颂德"③。孙简也表现出勤政爱民的为政风格，且为政"以诚信临下"，致使百姓安乐，"万众恬然"，"臻于泰宁"。这方面的事例很多，如孙简出任河南尹期间，发生了飞虫侵害庄稼的自然灾害，孙简及时采取措施，"用诗之界火之义，遂令坑焚"，不仅"去其大患"，而且在灾害之年粮食"丰穰"。任同州刺史兼御史中丞时，由于连年凶荒，同州人民不时为疬病所困扰，在孙简的努力下，同州人民解除了疬病的困扰。为了使百姓安居乐业，孙简每到一地任职，都是积极地兴利除害，大力发展生产，增加国库收入。譬如河中镇原先沿袭"浑郭之制，供须节使，费踰他镇，有至十倍者"。孙简迁镇节制河中检校礼部尚书兼御史大夫时，对此一一"削减，以己率下，一毫不自私，由是大治"。再如孙简在节度宣武军任职满期时，当地"帑廪所留，多初万倍"；为东都留守期间，"节省浮费，府库充牣"。孙简为政一方始终体现出保护扶持使地方百姓得到安定的特点，所谓"保厘之治，先后如一"④。乐安孙氏族人孙景商、孙起、孙方绍仕宦期间也表现出与

①　（唐）孙绛：《唐故中大夫守桂州刺史兼御史中丞充桂州本营都防御经略招讨观察处置等使上柱国乐安县开国男赐紫金鱼袋孙府君墓志铭并序》，载周绍良、赵超主编《唐代墓志汇编》，上海古籍出版社1992年版，第1856页。

②　（宋）欧阳修、宋祁：《新唐书》卷202《孙逖传》附《孙成传》，中华书局1975年版，第5761页。

③　（后晋）刘昫等：《旧唐书》卷190中《文苑传·孙逖传》附《孙成传》，中华书局2000年版，第3433页。

④　（唐）令狐绹：《唐故银青光禄大夫检校司空兼太子少师分司东都上柱国乐安县开国侯食邑一千户赠太师孙公墓志铭并序》，载周绍良、赵超主编《唐代墓志汇编续集》，上海古籍出版社2001年版，第1111页。

孙成、孙简相同的为政风格，像孙景商出任郓曹濮观察使之前，郓州因"自七八年及发戍边士，军储寝阙，人业寝困"，而在孙景商出任郓曹濮观察使之后，"未旬岁，而廪溢帑丰，编人温饱"①；孙起任滑州白马县令时，"邑讼既理，戎事兼佐，铉歌有裕，樽俎其藏"②；孙方绍在东牟太守任上，则是"纲振六条，化洽千里，又思报国安人，切疚于心"③，做出了为民称颂的政绩。

在乐安孙氏家族仕宦成员中，孙公乂更是一个勤政爱民的典范。他一生主要在地方任职，作为地方父母官，每到一地，他都以百姓为念，关心民生，勤勉为政。会昌二年（842）五月，孙公乂出任睦州刺史。睦州虽有"有金陵之地而无金陵之实，水不通商，陆无异产"，加之"往岁征税不登，郡无良吏，刺史不究元本，但相尚以加征。至于伎术贩鬻之有营，本实草秀之有地，悉编次于公案而以税税之。故人不安居，流行外境，积数十年之逋欠而长吏无敢以闻者"。孙公乂到睦州任职后，为了安抚百姓，采取了一系列施政措施，首先"设法开垦，尽平荒芜，旬月之间，复离散之户万计"，然后"方以主田，籍其户口，推所产之物齐均一之"。虽然后来因孙公乂调任亳守，"事遂寝而不行，然睦之人怀他日抚爱之，毕公之政，无流亡他道者。间岁三赋，睦实先登"。孙公乂到亳州前，因"壶关阻兵，征发方困，亳实军郡，人多告劳"。当时"亳人以睦人之故，渴公（孙公乂）之政若枯苗之望膏雨焉"。孙公乂到亳州后，不负众望，以"视君之人，如观乎子"的"守宰之忠"，恪尽职守，于"就理之年，尽去其病"，一时"声振河洛"。在吉州刺史任上，孙公乂同样以"为官一任，造福一方"的为政理念，积极有为。因吉州地理上"居西山之上源，深入水乡，差接闽岭，故其人心阴狡，俗上争讼"，加之"前政杜师仁陷法之初，承房士彦新规之后，公局仅废，奸吏横行"。孙公乂上任吉州刺史后，决心以去害为本，他广泛搜求贤俊能吏，不畏土豪奸吏横行，不计个人安危得失，"密设捕罗，綦月之间，尽擒元恶"。而后他亲自讯

---

①（唐）蒋伸：《唐故天平军节度郓曹濮等州观察处置等使朝散大夫检校礼部尚书使持节郓州诸军事兼郓州刺史御史大夫上柱国赐紫金鱼袋赠兵部尚书孙府君墓志铭》，载周绍良、赵超主编《唐代墓志汇编》，上海古籍出版社 1992 年版，第 2345 页。

②（唐）孙保衡：《唐故滑州白马县令乐安孙府君墓志铭并序》，载周绍良、赵超主编《唐代墓志汇编》，上海古籍出版社 1992 年版，第 1989 页。

③（唐）孙郱：《唐故承议郎使持节都督登州诸军事守登州刺史孙府君（方绍）墓志铭并序》，载周绍良、赵超主编《唐代墓志汇编》，上海古籍出版社 1992 年版，第 2431 页。

问，根据审问获得的实情，对不法之徒严加惩处，从而使吉州"凶徒既绝，政道遂行"。当时"廉使敬公昕录其事，书为符牒，传于属郡"①。孙公乂为政真正做到了如元人张养浩所说的"士之仕也，有其任斯有其责，有其责斯有其忧。任一县之责者则忧一县，任一州之责者则忧一州，任一路之责者则忧一路，任天下之责者则以天下为忧"②的为政境界。

与勤政爱民的为政实践相联系，乐安孙氏家族仕宦者还体现出为政清廉的一面。像"以己率下，一毫不自私"③的孙简，"为人洁静自处，不事克饰，不驰名声，而全德令问，自然而至。……居大官，服物无华饰，率常以退休为念"④的孙景商，"节峻诚坚，无触利之交"⑤的孙瑝，"家素清贫，能甘闲寂"的孙公乂，其为政实践都非常注意个人的操守，律己以严，清心为官，简约清廉，不营私利。如孙公乂墓志铭有这样一则记载，吉州作为江左大郡有一不成文的惯例，"每太守更代，官辄供铜缗五百万资其行费，州使相沿，以为故事"。孙公乂在吉州刺史任上三年离职时，"先是主吏者具其事以闻。公（孙公乂）曰：'吾月有俸，季有粟，天子所以优吾理人之赐也。今违是州里，别是吏民，而反厚敛以赂我，是将竭公用困后来之政也。且私吾于不法，是何故事之为。'"⑥为此，孙公乂坚决拒绝了吉州属吏为他准备的行费资助，其所作所为凸显出古人所倡

---

①　（唐）冯牢：《唐故银青光禄大夫工部尚书致仕上柱国乐安县开国男食邑五百户孙府君墓志铭》，载周绍良、赵超主编《唐代墓志汇编》，上海古籍出版社 1992 年版，第 2289、2290 页。

②　（元）张养浩：《张养浩集》卷 25《经·进牧民忠告·居闲第十》，吉林文史出版社 2008 年版，第 224—225 页。

③　（唐）令狐绹：《唐故银青光禄大夫检校司空兼太子少师分司东都上柱国乐安县开国侯食邑一千户赠太师孙公墓志铭并序》，载周绍良、赵超主编《唐代墓志汇编续集》，上海古籍出版社 2001 年版，第 1111 页。

④　（唐）蒋伸：《唐故天平军节度郓曹濮等州观察处置等使朝散大夫检校礼部尚书使持节郓州诸军事兼郓州刺史御史大夫上柱国赐紫金鱼袋赠兵部尚书孙府君墓志铭》，载周绍良、赵超主编《唐代墓志汇编》，上海古籍出版社 1992 年版，第 2345 页。

⑤　（唐）李都：《唐故御史中丞汀州刺史孙公墓志铭并序》，载陈尚君辑校《全唐文补编》卷 83，中华书局 2005 年版，第 1035 页。

⑥　（唐）冯牢：《唐故银青光禄大夫工部尚书致仕上柱国乐安县开国男食邑五百户孙府君墓志铭》，载周绍良、赵超主编《唐代墓志汇编》，上海古籍出版社 1992 年版，第 2290 页。

导的"临财毋苟得"①"临大利而不易其义"②的廉洁之德。

（3）沉谋潜运，举荐贤才，仁以为己任。仕宦之人的忠道之举表现在许多层面，除了前述"奉君忘身，循国忘家，正色直辞，临难死节"以及勤政爱民、清正廉明的忠道之外，还要求"沉谋潜运，正国安人，任贤以为理"③，要求为国家举荐贤才，出谋划策，要建功立业，为民兴利，这是忠道也是"报国"的最好表现。要"入则献其谋，出则行其政，居则思其道，动则有仪。秉职不回，言事无惮，苟利社稷，则不顾其身"，因为"守位谨常，非忠之道"④。这种着眼于国家、人民利益上的忠道，才是真正的忠道。如前所述，乐安孙氏家族在为政实践中，大都体现出"所莅之职，必悉心为政，不以小而易之"的为政风范，在其位谋其政，尽职尽责。这种"仁以为己任"的儒者风范在孙逖举荐贤才上亦得以充分展现。孙逖为考功员外郎时，作为主持科举考试的官员，大力选拔贤能，不受请托，奖掖后进，故"选贡士二年，多得俊才"，经他选拔的一大批名士，有的官至宰相，如杜鸿渐；有的官至尚书，如颜真卿；而李华、萧颖士、赵骅皆登上第，孙逖曾谓人曰："此三人堪掌纶诰。"⑤ 李华、萧颖士后来成为唐代著名的散文大家，表现了他知人善任和用人唯才的胸怀。颜真卿对座师孙逖选拔贤良的做法深有体察，他在为孙逖文集所作序言中，从孙逖举荐贤才角度，称孙逖为"人文之宗师，国风之哲匠"："公（孙逖）又雅有清鉴，典考功时，精核进士，虽权要不能逼。所奖擢者二十七人，数年间宏词判等，入甲第者一十六人，授校书郎者九人，其余咸著名当世，已而多至显官。明年典举，亦如之，故言第者必称孙公而已。夫然，信可谓人文之宗师，国风之哲匠矣。"⑥ 李华在为杨骑曹文集所作的序中亦深有感触地说："刑部侍郎乐安孙公逖，以文章之冠

---

①　（汉）郑玄注，（唐）孔颖达疏：《礼记正义》卷1《曲礼上第一》，载李学勤主编《十三经注疏》本，北京大学出版社1999年版，第9页。

②　张双棣等译注：《吕氏春秋译注·仲冬纪第十一·忠廉》，北京大学出版社2000年版，第293页。

③　（东汉）马融：《忠经·冢臣章第三》，见（元）陶宗仪《说郛》卷70下，文渊阁四库全书本。

④　（东汉）马融：《忠经·百工章第四》，见（元）陶宗仪《说郛》卷70下，文渊阁四库全书本。

⑤　（宋）祝穆：《古今事文类聚·前集》卷25《仕进部·堪掌纶诰》，文渊阁四库全书本。

⑥　（唐）颜真卿：《尚书刑部侍郎赠尚书右仆射孙逖文公集序》，载（清）董诰等《全唐文》卷337，中华书局1983年版，第3416页。

为考功员外郎，精试群材，君以南阳张茂之、京兆杜鸿渐、琅邪颜真卿、兰陵萧颖士、河东柳芳、天水赵骅、顿丘李琚、赵郡李尊李颀、南阳张阶、常山阎防、范阳张南容、高平郗昂等连年高第，华亦与焉。"① 在选贤用人上，孙瑝亦表现出与孙逖相同的文化品性。据载，孙瑝任御史中丞时，精选贤良，"其选置僚佐，必搜贞良，不为势屈。一旦为飞语所中，谪去数千里，人莫得而名之"②。

　　更难能可贵的是，为了国家社稷利益，乐安孙氏家族仕宦者超越个人利害得失，积极出谋划策。唐朝末年，内迁至河陇及关中一带的党项族（属西羌族的一支）随着势力的发展和壮大，不断对河陇及关中地区骚扰、进犯。唐宣宗大中五年（851），负责都统诸军以讨伐党项的宰相白敏中奏请左谏议大夫孙景商为行军司马，知制诰蒋伸为招讨副使。孙景商临危受命，积极谋划招讨党项事宜。当年，忍无可忍的唐宣宗命宰相白敏中都统诸军出征，征讨"仍岁扰边"的党项，当时虽然"议者以士羸食窘，遽难收功，然其势峻严，不可争止"。孙景商在协助宰相治事之余，与蒋伸"从容讲画，掇取精理"。他们从当时"士羸食窘，遽难收功"的现实出发，反对贸然出兵征讨党项，而应当"以恩信抚驭"为主。在"其势峻严，不可争止"的情势下，孙景商站在社稷利益的角度，"恳贡其说"。宰相白敏中采纳了孙景商意见，上奏停止了对党项出征讨伐的计划，最后通过"恩信抚驭"的办法，使唐朝边境得以安宁，孙景商也因筹划有功而升任为给事中一职③。从文献资料的记载可以看出，上自国家大事、朝制建设，下至君臣冕服，都在他们的思索范围之内。如孙简为政多有建言，会昌初，迁任尚书左丞、中书舍人的孙简上书武宗："班位以品秩为等差，今官兼台省，位置迁误，不可为法。……今散官自将仕郎至开府、特进，每品正、从有上中下，名级各异，则正从上下不得谓之同品。京兆、河南司录及诸府州录事参军事皆操纪律，正诸曹，与尚书省左、右丞纪纲六曹略等，假使诸曹掾因功劳加台省官，安得位在司录、录

　　① （唐）李华：《杨骑曹集序》，载（清）董诰等《全唐文》卷315，中华书局1983年版，第3198页。

　　② （唐）李都：《唐故御史中丞汀州刺史孙公墓志铭并序》，载陈尚君辑校《全唐文补编》卷83，中华书局2005年版，第1035页。

　　③ 参见（唐）蒋伸《唐故天平军节度郓曹濮等州观察处置等使朝请大夫检校礼部尚书使持节郓州诸军事兼郓州刺史御史大夫上柱国赐金鱼袋赠兵部尚书孙府君墓志铭并序》，载周绍良、赵超主编《唐代墓志汇编》，上海古籍出版社1992年版，第2345页。

事参军上？且左丞纠射八坐，主省内禁令、宗庙祠祭事，御史不当，得弹奏之，良以台官所奏，拘牵成例，不揣事之轻重。使理可循，虽无往比，自宜行之。否者，号曰旧章，正可改也。"① 再如唐高宗龙朔二年（662），司礼少常伯孙茂道曾就诸臣九章服、君臣冕服事宜奏称朝廷②。

　　《忠经·报国章第十七》在谈到为政者的报国之道时说过："为人臣者，官于君，先后光庆，皆君之德，不思报国，岂忠也哉？君子有无禄，而益君，无有禄，而已者也。报国之道有四：一曰贡贤，二曰献猷，三曰立功，四曰兴利。贤者国之干，猷者国之规，功者国之将，利者国之用，是皆报国之道，惟其能而行之。《诗》云：'无言不酬，无德不报，况忠臣之于国乎。'" 从以上论述中不难看出，唐代乐安孙氏家族族人在贡贤、献猷、立功、兴利方面皆有所建树，可谓"无言不酬，无德不报"，体现出良好的政治德行和治绩。这种诚厚为国、力行忠道的为政风格，也是维系乐安孙氏家族政治地位长久不衰的主要因素。

　　前已论及，家族文化是家族子孙在特定的历史文化土壤中代代传承的结果，家族文化一旦形成，不但能长期积淀于家族子孙的心理意识中，使家族文化的影响如水之波纹一样逐渐放大，而且世代传承的家族文化，又在很大程度上维持和提高了家族的政治地位与社会声望，二者互为因果，相辅相成，相互影响和促进。乐安孙氏家族正是在世代传承的家族文化中，不仅孕育了以儒学传家、以孝悌仁爱为本的家风，而且形成了勤奋力学、好为文雅的家学，并且其子孙在仕宦生涯中养育了诚厚为国、力行忠道的为政风格。正是这种优良的家族文化，使唐代乐安孙氏家族"文儒德业，连环如粲星"③。孙逖之孙孙保衡在为乐安孙氏族人孙婴所作墓志铭中，曾称乐安孙氏家族"当开元天宝间，策茂异，征贤良，一门必擅于高科，四海共推于济美。儒家继盛，当代无俦"④，此话虽不乏溢美之词，但从很大程度上说，乐安孙氏家族能作为一个名门望族长期兴盛于唐代，与其优良的家族文化是密不可分的。

---

　　① （宋）欧阳修、宋祁：《新唐书》卷 202《孙逖传》，中华书局 1975 年版，第 5761—5762 页。

　　② 参见（宋）王钦若等《册府元龟》卷 586《掌礼部·奏议第十四》，文渊阁四库全书本。

　　③ （唐）李都：《唐故御史中丞汀州刺史孙公（孙瑝）墓志铭并序》，载陈尚君辑校《全唐文补编》卷 83，中华书局 2005 年版，第 1034 页。

　　④ （唐）孙保衡：《唐故宣义郎京兆府蓝田县尉乐安孙府君（孙婴）墓志铭并序》，载周绍良、赵超主编《唐代墓志汇编》，上海古籍出版社 1992 年版，第 1920 页。

第三章　宋代大名莘三槐王氏家族

宋代三槐王氏家族望出大名府莘（今山东聊城市莘县），因王祐①曾在自家宅院手植槐树三棵以期待后代子孙位登三公而得名，由此"天下谓之三槐王氏"②。

三槐王氏家族是宋代历史上影响深远的名门望族，大名莘三槐王氏家族的始迁祖为王言，有学者考证，唐朝初期，姬姓王氏后裔王练出任莘县尉，携家眷自太原迁至大名莘。唐朝末年，王练六世孙王言出任黎阳令时才正式定居大名莘③。自唐代至五代，姬姓王氏虽然在朝中不乏为官者，但其家族影响不大。其家族的崛起以王言之孙、北宋王祐因其才学出众入仕、官至兵部侍郎为开端，至其子王旦以科举入仕官至宰相，将三槐王氏家族推向了辉煌的顶峰。自宋代王旦之后，三槐王氏家族仕宦不断，名人辈出，以至于时人有所谓"三槐之王，族系繁昌，衣冠鼎盛，名德相望"④，或谓"道德忠义，勋在王室，为本朝第一故家"⑤。

一　三槐王氏祖源及先世考略

"张王李赵遍地刘。"作为中华民族第二大姓，王姓起源的历史源远流长。早在上古时代，就有王姓出现。南宋史学家郑樵在《通志二十略·氏族略第四》、明人凌迪知在《氏族博考·王氏》中皆认为王氏为

---

① 王祐，亦作王祜，史籍和研究资料中称"王祐""王祜"皆有。

② （宋）邵伯温：《邵氏闻见录》卷6，中华书局1983年版，第54页。

③ 参见莘县政协、莘城镇《莘县文史资料第十八辑·槐荫千秋》，山东省聊城市新闻出版局2004年版，第37页。

④ （宋）楼钥：《签书枢密院事赠资政殿大学士谥节愍王公（王伦）神道碑》，载（宋）楼钥《攻媿集》卷95，文渊阁四库全书本。

⑤ （宋）晁补之：《鸡肋集》67《朝请郎王君墓志铭》，文渊阁四库全书本。

"天子之裔"，但其源头"所出不一"；又因为王姓所出源头甚多，"故王氏之族最为蕃盛"①。对于王氏"所出不一"的祖源，郑樵在《通志二十略》中是作如下概括性表述的：

> 王氏，天子之裔也。所出不一，有姬姓之王，有妫姓之王，有子姓之王，有虏姓之王。若琅邪、太原之王，则曰，周灵王太子晋，以直谏废为庶人，其子宗恭为司徒，时人号曰王家。若京兆、河间之王，则曰，周文王第十五子毕公高之后毕万，封魏，后分晋为诸侯，至王假为秦所灭，子孙分散，时人号曰王家。或言魏至昭王彤生无忌，封信陵君。信陵生间忧，间忧生卑子。秦灭魏，卑子逃于泰山，汉高帝召为中涓，封兰陵侯，时人以其王族也，谓之王家。此皆姬姓之王也。出于北海、陈留者，则曰舜之后也。其先齐诸田为秦所灭，齐人号为王家。此妫姓之王也。出于汲郡者，则曰王子比干之后。此子姓之王也。出于河南者，则为可类氏，出于冯翊者，则为钳耳族；出于营州者，本高丽；出于安东者，本阿布思；此皆虏姓之王也。以其所出既多，故王氏之族最为蕃盛云。②

按照上述郑樵的说法，王姓主要有姬姓之王、妫姓之王、子姓之王和虏姓之王四大源头。其中，姬姓之王望族较多，琅邪王、太原王始祖皆为周灵王太子晋；京兆王、河间王始祖为周文王之子毕公高，或曰为战国时期魏公子无忌。妫姓之王望族有北海王和陈留王，其始祖为虞舜。子姓之王望族汲郡王，始祖为殷王比干；虏姓之王则是一些少数民族因受汉化影响而改为王姓的少数民族支系，望族则有河南王、冯翊王。有学者认为，自汉至宋，知名度较高的王姓望族主要有元城王、东海王、太原王、琅邪王、京兆王、开闽王、九院王、三槐王、临川王9个。

三槐王出自哪一个分支，说法不一。有的族谱和一些有关三槐王氏族人墓志铭中将三槐王氏写成为太原王氏之后，如明洪武十七年（1384）

---

① （宋）郑樵撰，王树民点校：《通志二十略·氏族略第四·以爵为氏》，中华书局1995年版，第157页；（明）凌迪知：《氏族博考》卷6《王氏》，载《中华族谱集成·万姓统谱》第2册，巴蜀书社1995年版，第889页。

② （宋）郑樵撰，王树民点校：《通志二十略·氏族略第四》，中华书局1995年版，第157页。

常熟《太原王氏家乘》在记载海虞王氏家乘时说:"海虞王氏,其先发源于青州,宋相国文正公(三槐王氏王旦)之后也。"① 宋代文人士大夫范仲淹在为三槐王氏族人王质所作墓志铭中也称王质"其先太原人……皇考讳彻,以文行显。……王考讳祐,雄文直道"②。有的族谱则将三槐王氏写成琅邪王氏之后,如清代学者王国栋在乾隆四十四年(1779)撰写的《琅邪王氏宗谱》说:"吾王氏自琅邪流派至于渭南,自……黎阳令由渭南而入于大名之莘亭,为三槐第一世";《三槐王氏宗谱》也说"三槐王氏自太原流派,系出琅邪"③。

　　虽然对三槐王氏来源及出自哪一个分支说法不一,但自宋至明清,所有学者皆认为三槐王氏是周灵王太子晋之后。如宋代史学家司马光在为王氏宗谱所作序中开宗明义指出:

　　　　闻世之政事,以人闻问;人之宗裔,必以世考。予观王氏之源,自周灵王太子晋传世,时人号为"王家",因以为氏。子孙继任秦、汉、晋、唐,衣冠文武显著,可谓盛矣。洎至晋国公祐,尝手植三槐于庭曰……④

　　渔溪公在《太原王氏宗谱》亦谓:"王氏系出周灵王太子,传至隋为文中子,至宋为文正公(王旦)。"⑤ 明嘉靖二十二年(1543),王友谧在为王氏家谱所作序中,则历数自太子晋至其族人三槐王氏王祐一线名人的传承情况:

　　　　尊祖敬宗者,孝弟之所由生也。大宗小宗之法不立,而尊尊亲亲

---

　　① 明洪武十七年常熟《太原王氏家乘》,载莘县政协、莘城镇《莘县文史资料第十八辑·槐荫千秋》,山东省聊城市新闻出版局 2004 年版,第 281 页。

　　② (宋)范仲淹:《范文正公文集》卷 14《尚书度支郎中充天章阁待制知陕州军府事王公墓志铭》,载(宋)范仲淹撰、李勇先、王蓉贵校点《范仲淹全集》,四川大学出版社 2007 年版,第 335 页。

　　③ 莘县政协、莘城镇:《莘县文史资料第十八辑·槐荫千秋》,山东省聊城市新闻出版局 2004 年版,第 281 页。

　　④ (宋)司马光:《王氏宗谱序》,载莘县政协、莘城镇《莘县文史资料第十八辑·槐荫千秋》,山东省聊城市新闻出版局 2004 年版,第 271 页。

　　⑤ 渔溪公:《太原王氏宗谱》,载莘县政协、莘城镇《莘县文史资料第十八辑·槐荫千秋》,山东省聊城市新闻出版局 2004 年版,第 281 页。

之谊日衰，贤士大夫于是有谱牒之作。……而后人犹能识其先于百世之下者，以有谱牒存焉耳。《王氏二十一望急就篇》注载：太原、琅琊郡，周灵王太子晋之后……太子晋生有成德，以谏废，年十八。而宝子宗敬为周司徒，居洛阳，称王于氏。历十余业至周末，有蒯公、贲公、离公三世仕秦。汉初，元公避难迁琅琊，是为琅琊王氏之始。厥弟威公后征士霸居太原，为太原王氏。由琅琊而迁临沂皋虞者，在两汉有吉公、骏公、遵公，晋初有衍公、祥公、览公最著。至东渡，览公孙导公、彬公群从彪之、羲之、胡之公随晋渡江，居丹阳会稽，以至宏公、僧达公、征公、僧虔公、俭公、融公均显于宋、齐、梁代，名德文章，炳然史册。俭公数传至褒公，后周光禄大夫，石泉康侯，自丹阳徙咸阳，生鼐，随安都通守，石泉明威侯。子弘让，中书舍人；弘直，魏州刺史。弘直子綝，字方庆，封石泉男；弘让子方则，光禄卿，再传至练，为莘县尉，历数传至言公，令黎阳；彻公，官拾遗；晋公祜（祐），显于汉、周，入宋官兵部侍郎，多阴德，手植三槐于庭。子昶公、旦公、旭公。……①

　　清代道光年间举人范铭在为尚儒王氏宗谱所作的序中指出，尚儒王氏的受姓始祖系出于周灵王太子晋，传至北宋三槐王氏王祐一代时，已历经六十四世②。

　　翻检其他一些传世的王氏族谱以及王氏宗谱序，皆将宋代三槐王氏视为周灵王太子晋之后，这里不再一一列举。

　　三槐王家族先祖为周灵王太子晋，这是毋容置疑的。由此，我们可以按照自太子晋至三槐王一线名人的传承情况，对三槐王家族先世名人行状作一扼要考略。

　　自太子晋至五代，太子晋后人名人辈出。对于其中名人，我们不妨先按照《新唐书·宰相世系表》中的记述进行追踪。

------

① （明）王友谧：《初纂王氏家乘受姓源流序》，载莘县政协、莘城镇《莘县文史资料第十八辑·槐荫千秋》，山东省聊城市新闻出版局 2004 年版，第 262—263 页。

② 参见（清）范铭撰，杨巨源校点《尚儒王氏宗谱序》。文中谓："尚儒王氏，系出于周灵王太子晋，因谏忤旨，谪居并州太原，实为受姓之始。约六世，亢为周大司马，封琅邪王。……历传至六十四世祐，字景叔，宋太祖朝为尚书、兵部侍郎，封晋国公。"载莘县政协、莘城镇《莘县文史资料第十八辑·槐荫千秋》，山东省聊城市新闻出版局 2004 年版，第 266 页。

《新唐书·宰相世系表》记载道：

王氏出自姬姓。周灵王太子晋以直谏废为庶人，其子宗敬为司徒，时人号曰"王家"，因以为氏。八世孙错，为魏将军。生贲，为中大夫。贲生渝，为上将军。渝生息，为司寇。息生恢，封伊阳君。生元，元生颐，皆以中大夫召，不就。生翦，秦大将军。生贲，字典，武陵侯。生离，字明，武城侯。二子：元、威。元避秦乱，迁于琅邪，后徙临沂。四世孙吉，字子阳，汉谏大夫，始家皋虞，后徙临沂都乡南仁里。生骏，字伟山，御史大夫。二子：崇、游。崇字德礼，大司空、扶平侯。生遵，字伯业，后汉中大夫、义乡侯。生二子：皆、音。音字少玄，大将军掾。四子：谊、叡、典、融。融字巨伟。二子：祥、览。览字玄通，晋宗正卿、即丘贞子。六子：栽、基、会、正、彦、琛。栽字士初，抚军长史，袭即丘子。三子：导、颖、敞。导字茂弘，丞相始兴文献公。六子：悦、恬、劭、洽、协、荟。洽字敬和，散骑侍郎。二子：珣、珉。珣字元琳，尚书令、前将军，谥曰献穆。五子：弘、虞、柳、孺、昙首。昙首，宋侍中、太子詹事、豫宁文侯。二子：僧绰、僧虔。僧绰，中书侍郎，袭豫宁愍侯。生俭，字仲宝，齐侍中、尚书令、南昌文宪公。生骞，字思寂，梁给事中、南昌安侯。生规，字威明，左户尚书、南昌章侯。生褒，褒字子渊，后周光禄大夫、石泉康侯。生鼒，字玉铉，隋安都通守、石泉明威侯。子弘让、弘直。①

太子晋，东周灵王的太子，名晋，字子乔，亦名乔，字子晋。在众多文献史料和传说中，太子晋常常被记述成"好吹笙作凤凰鸣"的神异之人，如汉人刘向《列仙传·王子乔》谓："王子乔者，周灵王太子晋也。好吹笙作凤凰鸣。游伊、洛之间，道士浮邱公接以上嵩高山。三十余年后，求之于山上，见桓良，曰：'告我家，七月七日待我于缑氏山巅。'至时。果乘白鹤驻山头，望之不得到，举手谢时人，数日而去。亦立祠于

---

① （宋）欧阳修、宋祁：《新唐书》卷72 中《宰相世系表二中》，中华书局1975 年版，第2601—2602 页。

缑氏山下，及嵩山首焉。"① 元代道士赵道一所撰《历世真仙体道通鉴》中亦有类似的记述：

> 王君名晋，字子乔。亦名乔，字子晋。周灵王有子三十八人，子晋，太子也。生而神异，幼而好道。虽燕居宫掖，往往不食。端默之际，累有神仙降之，虽左右之人弗知也。常好吹笙，作鸾凤之音，声贯行云，响满宫掖。白鸾朱凤，延颈鼓翼，集而听之，奇禽异鸟，率舞庭砌，以为常也。一日，天台山浮丘公降授道要，使修石精金光藏景录神之法。是时灵王二十二年，谷洛斗将毁王宫，太子晋累谏不听，以其忤旨，遂退居别宫，斋戒思道。浮丘公密降其室，赐以灵药，接以登高山。后数年，友人林良遇子晋于缑山之上，谓良曰：七月七日我当升天，可与故人会别也。至是，良与故人群官登山，见子晋弃所乘马于涧下，饮龁如初。子晋乘白鹤，挥手谢时人，升天而去。远近观之，咸曰：王子登仙。遂言曰：王即吾姓也。因以为王氏。是时群官拜别，回拜所乘马焉，亦飞空而去。今有拜马涧在焉。子晋升天为右弼，主领五岳司侍帝晨，号桐柏真人，理金庭洞天。楚辞《离骚》《天问》篇云：白蜺婴茀，胡为此堂？安得夫良药，不能固藏。天式从横，阳离爰死，大鸟何鸣夫，焉丧厥体？注引《仙传》云：崔文子学道于王子乔，子乔化为白蜺，而婴茀持药与之。文子惊怪，引戈击蜺，因堕其药。俯而视之，子乔之尸也。须臾化为大鸟，飞鸣而去。《方舆记》云：西山中峰最高。顶即王子乔之遗坛。在岭侧，今隶隆兴府。②

不难看出，在上述记载中，太子晋被描述成一个生而神异、能预知未来的仙人、神人。魏晋名士阮籍，也曾在《咏怀八十二首》诗中，以上述文献资料为背景，对太子晋得道成仙过程进行了形象化的概述："王子十五年，游衍伊洛滨。朱颜茂春华，辩慧怀清真。焉见浮丘公，举手谢时

---

① 王叔岷：《列仙传校笺》卷上《王子乔》，中华书局 2007 年版，第 65 页。
② （元）赵道一撰，卢国龙整理：《历世真仙体道通鉴·王子乔》，海南国际新闻出版中心 1996 年版，第 968 页。

人。轻荡易恍惚，飘飘弃其身。飞飞鸣且翔，挥翼且酸辛。"①

其实，历史上太子晋既是一个聪慧而又有德行且关心民生的历史人物。关于他的聪慧和德行，如汉人王符所著《潜夫论》中说他"幼有成德，聪明博达，温恭敦敏"。又说"晋平公使叔誉聘于周，见太子，与之言，五称而三穷，逡巡而退，归告平公曰：'太子晋行年十五，而誉弗能与言，君请事之。'平公遣师旷见太子晋。太子晋与言，师旷服德，深相结也"②。而关于太子晋对民生的关心，主要体现在太子晋力谏灵王壅谷水一事上。对此，王符所著《潜夫论》中亦有记载："榖、洛水鬭，将毁王宫，王欲壅之。太子晋谏，以为不顺天心，不若修政。"③ 对于太子晋如何谏灵王壅谷水一事，《国语·周语下·太子晋谏灵王壅谷水》记述较为详细，不妨摘录如下，以此窥见太子晋以民生为重的仁爱之心：

> 灵王二十二年，谷、洛斗，将毁王宫。王欲壅之，太子晋谏曰："不可。晋闻古之长民者，不堕山，不崇薮，不防川，不窦泽。夫山，土之聚也；薮，物之归也；川，气之导也；泽，水之钟也。夫天地成而聚于高，归物于下。疏为川谷，以导其气；陂塘污庳，以钟其美。是故聚不阤崩，而物有所归；气不沈滞，而亦不散越。是以民生有财用，而死有所葬。然则无夭、昏、札、瘥之忧，而无饥、寒、乏、匮之患，故上下能相固，以待不虞，古之圣王唯此之慎。
>
> 昔共工弃此道也，虞于湛乐，淫失其身，欲壅防百川，堕高湮庳，以害天下。皇天弗福，庶民弗助，祸乱并兴，共工用灭。其在有虞，有崇伯鲧，播其淫心，称遂共工之过，尧用殛之于羽山。其后伯禹念前之非度，厘改制量，象物天地，比类百则，仪之于民，而度之于群生，共之从孙四岳佐之，高高下下，疏川导滞，钟水丰物，封崇九山，决汩九川，陂鄣九泽，丰殖九薮，汩越九原，宅居九隩，合通四海。故天无伏阴，地无散阳，水无沉气，火无灾燀，神无间行，民无淫心，时无逆数，物无害生。帅象禹之功，度之于轨仪，莫非嘉

---

① （魏）阮籍：《咏怀八十二首》，载（明）冯惟讷《古诗纪》卷29《魏第九》，文渊阁四库全书本。

② （汉）王符著，（清）汪继培笺，彭铎校正：《潜夫论笺校正》卷9《志氏姓第三十五》，中华书局1985年版，第435页。

③ 同上。

绩，克厌帝心。皇天嘉之，祚以天下，赐姓曰'姒'，氏曰'有夏'，谓其能以嘉祉殷富生物也。祚四岳国，命以侯伯，赐姓曰'姜'，氏曰'有吕'，谓其能为禹股肱心膂，以养物丰民人也。

……唯有嘉功，以命姓受祀，迄于大下。及其失之也，必有悯淫之心间之。故亡其氏姓，踣弊不振，绝后无主，堙替隶圉。夫亡孝岂繄无宠？皆黄、炎之后也。唯不帅天地之度，不顺四时之序，不度民神之义，不仪生物之则，以珍灭无胤，至于今不祀。及其得之也，必有忠信之心间之。度于天地而顺于时动，和于民神而仪于物则，故高朗令终，显融昭明，命姓受氏，而附之以令名。若启先王之遗训，省其典图刑法，而观其废兴者，皆可知也。其兴者，必有夏、吕之功焉；其废者，必有共、鲧之败焉。"①

周灵王二十二年（前550），在周首都洛邑城以南的谷水和洛邑城以北的洛水因水位暴涨而威胁到王宫洛邑城。为了避免洛阳城被淹毁，周灵王打算堵塞谷水和洛水。而太子晋以此举不顺天心、民心为由力谏。从上述记载不难看出，太子晋是从民生的角度出发，力谏壅水对民生不利。他还以历史上共工"壅防百川，堕高湮庳，以害天下"的教训，告诫周灵王要上合天道，下合地利，中合民众愿望，顺应自然法则，从群生的利益出发，行仁义于天下，以福泽于后代。

太子晋因力谏周灵王壅谷水而触犯周灵王，被贬为庶人，虽然太子晋最终没能登上王位，但他却深得百姓拥戴，人们仍尊称其为"王子晋"，称其家族为"王家"。后来，晋的后人便以王为姓。太子晋之子王宗敬，曾出任周王室司徒一职，主管全国的行政事务。王宗敬所处的时代，各诸侯列国纷争，周王室衰微，天下大乱，王宗敬为避乱告老致仕，避居太原，遂成为太原王氏始祖②。对此，王符所著《潜夫论》中亦记述太子晋仙世之后，"其嗣避周难于晋，家于平阳，因氏王氏"③。

---

① 《国语》卷3《周语下·太子晋谏灵王壅谷水》，上海古籍出版社1978年版，第101—104、107—108页。

② 参见杨巨源、杜言青《三槐王氏一线传承情况概述》，载莘县政协、莘城镇《莘县文史资料第十八辑·槐荫千秋》，山东省聊城市新闻出版局2004年版，第15页。

③ （汉）王符著，（清）汪继培笺，彭铎校正：《潜夫论笺校正》卷9《志氏姓第三十五》，中华书局1985年版，第435页。

在周代太子晋后代子孙中，王宗敬之子王仕蠲、五世孙王昱、六世孙王颖终生未仕，而三世孙王知瑜、四世孙王恙、七世孙王荣皆官至高位，任周王室司徒一职。

从太子晋之后的第九世开始，《新唐书》卷72中《宰相世系表二》记载得比较清晰。战国至秦朝，为列国争雄称霸时代，尚武之风盛行，这一时期太子晋后世子孙大多为武官。如八世孙王错，为魏将军，官至上军大夫；王渝，为上将军。王亢，为秦中军大夫。而仕于秦的王翦、王贲、王离祖孙三代，皆为大将军。其中的王翦、王贲父子，在秦统一六国战争中更是立下了赫赫战功。

王翦自少便喜好兵法，因善于用兵，而升为秦将。秦始皇十一年（前236），王翦率兵攻破赵国阏与，连续攻破九城。秦始皇十八年（前229），王翦又率兵攻打赵国，用一年多的时间，即攻破赵国，赵王投降，从而平定赵地，将赵国土地全部并入秦国，改为由秦管辖的一个郡。此年，燕王派荆轲到秦行刺秦王，秦王乘机派王翦领兵攻打燕国。燕王喜败逃于辽东，王翦于是平定燕蓟返回秦国。之后，秦王嬴政又派遣王翦之子王贲统兵攻打楚国，大败楚军，而后王贲率军进攻魏国，迫使魏王投降，平定了魏国。秦始皇二十三年（前224），在秦将李信率军攻打楚国战败的情况下，秦王嬴政不得已重新起用王翦，请其领兵60万伐楚。在楚国"悉国中兵以拒秦"的情势下，王翦采用屯军养兵、以逸待劳的战略战术，大败楚军，不仅斩杀楚将项燕，而且俘获楚王负刍，而后把平定的荆地改为郡县。随后又率军南征百越，其子王贲与李信则通力合作，平定了燕、齐等地。对此司马迁于《史记·王翦列传》中记载说：

> 王翦果代李信击荆。荆闻王翦益军而来，乃悉国中兵以拒秦。王翦至，坚壁而守之，不肯战。荆兵数出挑战，终不出。王翦日休士洗沐，而善饮食抚循之，亲与士卒同食。久之，王翦使人问军中戏乎？对曰："方投石超距。"于是王翦曰："士卒可用矣。"荆数挑战而秦不出，乃引而东。翦因举兵追之，令壮士击，大破荆军。至蕲南，杀其将军项燕，荆兵遂败走。秦因乘胜略定荆地城邑。岁余，虏荆王负刍，竟平荆地为郡县。因南征百越之君。而王翦子王贲，与李信破定

燕、齐地。①

秦始皇统一六国具有划时代的历史意义，它结束了春秋战国以来长达500多年分裂割据局面，建立了中国历史上第一个统一的多民族中央集权国家，不仅有利于国家稳定，而且有利于经济文化发展。作为历史上善于用兵的名将、杰出的军事家，王翦受到后人高度称誉。如杜牧在《注孙子序》中，将王翦与历史上许多名将相提并论，称"周有齐太公，秦有王翦，两汉有韩信、赵充国、耿恭、虞诩、段颎，魏有司马懿，吴有周瑜，蜀有诸葛武侯，晋有羊祜、杜公元凯，梁有韦睿，元魏有崔浩，周有韦孝宽，隋有杨素，国朝有李靖、李绩、裴行俭、郭元振。如此人者，当此一时，其所出计画，皆考古校今，奇秘长远，策先定于内，功后成于外"②。而在司马迁看来，秦始皇能在公元前221年"尽并天下"，统一六国，以"王氏、蒙氏（蒙恬）功为多，名施于后世"③。从以上论述中不难看出，在秦始皇统一六国战争中，王翦父子率兵参与了赵、燕、魏、楚、齐五国战争，并且在灭此五国战争中起了决定性的作用，由此而论，司马迁说秦始皇尽并天下、以王氏之功为多绝不为过。

汉代是王氏家族发展的重要时期，众多的王氏族人先后在朝中仕宦为官，其中自王吉至王崇祖孙三代，"世名清廉，然材器名称稍不能及父，而禄位弥隆"④。

王吉，字子阳，琅邪皋虞人也。《汉书·王吉传》载其自少年时"好学明经"，初"兼通《五经》，能为驺氏《春秋》，以《诗》、《论语》教授"⑤。王吉是以郡吏举孝廉为郎，补若卢右丞，后调为云阳令，后因举贤良出任昌邑中尉。王吉为政敢于直言上谏。昌邑王刘贺喜好游猎，以至于"驱驰国中，动作亡节"，疏于政事，王吉上疏劝谏，他直言不讳批评昌邑王刘贺"不好书术而乐逸游，驰骋不止……非所以全寿命之宗也，又非所以进仁义之隆也"。他希冀昌邑王刘贺效法历史上的明王圣君，

---

① （汉）司马迁：《史记》卷73《王翦列传》，中州古籍出版社1994年版，第695页。
② （宋）李昉等：《文苑英华》卷738，中华书局1966年版，第3847页。
③ （汉）司马迁：《史记》卷73《王翦列传》，中州古籍出版社1994年版，第696页。
④ （汉）班固撰，（唐）颜师古注：《汉书》卷72《王吉传》，中华书局1999年版，第2300页。
⑤ 以下所引史料皆出自《汉书》卷72《王吉传》，中华书局1999年版。

"上论唐、虞之际，下及殷、周之盛，考仁圣之风，习治国之道焉。发愤忘食，日新厥德"。对于王吉的劝谏，昌邑王刘贺其后依然"放从自若"，而王吉依旧"辄谏争，甚得辅弼之义，虽不治民，国中莫不敬重焉"。汉昭帝驾崩后，大将军霍光秉政，遣大鸿胪、宗正迎立昌邑王刘贺为帝。王吉即刻奏书劝诫刘贺要以国事为重，对忠信仁厚的社稷之臣"事之敬之"。然而刘贺即位仅20余日即因行淫乱被废，而昌邑群臣大多因刘贺为昌邑王时"不举奏王罪过，令汉朝不闻知，又不能辅道，陷王大恶，皆下狱诛"，唯有王吉与郎中令龚遂"以忠直数谏正"得以免去死罪，只是获得"髡为城旦"的处罚。汉宣帝即位后，王吉被重新征拜为博士、谏大夫。针对宣帝即位后"宫室车服盛于昭帝""外戚许、史、王氏贵宠"的弊端，王吉又数次上疏论时政得失。他从"圣王宣德流化，必自近始。朝廷不备，难以言治；左右不正，难以化远。民者，弱而不可胜，愚而不可欺也。圣主独行于深宫，得则天下称诵之，失则天下咸言之。行发于近，必见于远"的认识出发，要求帝王"谨选左右，审择所使"。在他看来，"左右所以正身也，所使所以宣德也。《诗》云：'济济多士，文王以宁'"，君主正是靠这样一批官员来治国安邦的。从这个角度上说，这是安邦的根本。为此，他希望汉宣帝"承天心，发大业，与公卿大臣延及儒生，述旧礼，明王制，驱一世之民济之仁寿之域"，从而成就淳厚的民俗民风。他不顾皇帝颜面，直言要求汉宣帝改变唯亲用人和不讲才学能力的任子制度，"明选求贤，除任子之令。外家及故人可厚以财，不宜居位"，并要求宫室"去角抵，减乐府，省尚方，明视天下以俭"。他认为"古者工不造雕，商不通侈靡，非工商之独贤"，而是"政教使之然也"。因此，要杜绝浪费，使天下归于俭朴，必须抓住政事教化这个根本。王吉的直言上疏体现了一个仁者以天下为心的情怀，但汉宣帝却认为"其言迂阔，不甚宠异"。王吉遂以有病为由，辞官回到家乡琅邪。元帝即位之初，曾派遣使者前往征召王吉。不料王吉因年老病卒于路途，汉元帝悼念之余，又派遣使者前往王吉家乡吊唁。

王吉之子王骏，自幼由父亲教授《五经》，系统地接受了儒家经学教育。同其父一样，王骏也是以孝廉为郎而步入仕途的。王骏入仕后，因其才学能力突出而受到多人推荐。如左曹陈咸"荐骏贤父子，经明行修，宜显以厉俗"。光禄勋匡衡亦举荐王骏"有专对材"。王骏先后出任谏议大夫、幽州刺史、司隶校尉、少府等官职。在少府任职8年后，王骏在汉成帝的重用下，又出任为京兆尹。王骏在京兆尹任职期间，因政事突出而广为京城人称颂。在王骏之前，已有赵广汉、张敞、王尊、王章出任过京兆尹，"至骏（王骏）皆有能名，故京师称曰：'前有赵、张，后有三王。'"① 任职京兆尹之后，王骏又升任为御史大夫，与当时声望甚高的薛宣同居三公高位。

与王吉、王骏不同，王骏之子王崇则是"以父任"做了郎官，历任刺史、郡守。王崇虽是因父为官而入仕，但他"治有能名"。西汉哀帝建平三年（前4），王崇便以河南太守身份入朝做了御史大夫。不久，王崇因替"坐祝诅下狱"的成帝舅安成恭侯夫人刘放求情，被哀帝降为大司农，后又迁任为卫尉、左将军。汉平帝即位后，王莽秉政，大司空彭宣乞求退职，王崇由此取代彭宣官至大司空，封扶平侯。②

魏晋南北朝时代，是王氏家族迅速发展时期。这一时期，在汉代发展的基础上，琅邪王氏家族已发展成为一个簪缨相继的典型门阀世家大族。正如宋人邓名世所说："自（王）吉以下，更魏晋南朝，一家正传六十三人，三公令仆五十余人，侍中八十人，吏部尚书二十五人。"③ 与汉代相比，这一时期王氏家族成员不仅大多仕宦为官，而且多任要职、显职。有专家学者这样指出："东晋南朝时期，琅邪王氏家族不仅社会地位崇高，为世所公认的清华门第，而且其代表人物长期居于历代显位，把持朝政，无疑是当时最具影响力的权势门第。与当时众多的世家大族相比，琅邪王氏实现了政治地位与社会地位的高度统一。……综观琅邪王氏家族在东晋南朝时期政治与社会地位的演变过程，其中有两个关键时段和环节：一是两晋之际，一是晋宋之际。前者由于王导、王敦等人活动，奠定了其家族特殊的政治与社会地位……后者由于一批王氏人物的活动，对于其家族在南朝新格局中的延续至为关键。"④

魏晋南北朝时期，正是由于琅邪王氏家族发展、兴盛，家族成员多见

① （汉）班固撰，（唐）颜师古注：《汉书》卷72《王吉传》附《王骏传》，中华书局1999年版，第2299页。

② 参见（汉）班固撰，（唐）颜师古注《汉书》卷72《王吉传》附《王崇传》，中华书局1999年版，第2299、2300页。

③ （宋）邓名世撰，王力平点校：《古今姓氏书辩证》卷14，江西人民出版社2006年版，第202页。

④ 王永平：《略论晋宋之际琅邪王氏家族代表人物的政治倾向》，《南京理工大学学报》2009年第1期。

于史书记载，所以这一时期，不仅世系清晰明了，而且其族人的活动及事迹多见于史书记载。王音之孙、琅邪临沂人王祥和王览这对同父异母兄弟以孝悌而著称于世，王祥"性至孝。……父母有疾，衣不解带，汤药必亲尝。母常欲生鱼，时天寒冰冻，祥解衣将剖冰求之，冰忽自解，双鲤跃出，持之而归。母又思黄雀灸，复有黄雀数十飞入其幕，复以供母。……其笃孝纯至如此"①；王览"孝友恭恪，名亚于祥"②。王祥于汉末遭乱之际，曾"扶母携弟览避地庐江，隐居三十余年，不应州郡之命"。母终，在弟弟王览劝说下，王祥应召入仕，而后举秀才，除授温令，累迁大司农。高贵乡公即位，王祥因参与定策有功，被拜为光禄勋，不久转任司隶校尉，迁太常，封万岁亭侯。天子幸临太学时，王祥被任命为三老，在此期间，王祥多次向帝王"陈明王圣帝君臣政化之要以训之，闻者莫不砥砺"③。不久，被拜为司空，转任太尉，加侍中，封睢陵侯。晋武帝即位后，又进拜王祥为太保，进爵位为公，加置七官之职。王览在王祥入仕后，亦应本郡之召入仕为官，先后出任司徒西曹掾、清河太守。西晋泰始末年，除弘训少府，而后转任太中大夫。西晋武帝咸宁初年，朝廷以王览"少笃至行，服仁履义，贞素之操，长而弥固"④的诏文任命王览为宗正卿，之后转为光禄大夫。王览有六子，皆有官位，长子王裁，字士初，官至抚军长史。次子王基，字士先，官至治书御史。三子王会，字士和，官至侍御史。四子王正，字士则，官至尚书郎。五子王彦，字士治，官至中护军。六子王琛，字士玮，官至国子祭酒⑤。在王氏家族发展史上，王览后代子孙有着不可磨灭的功绩。

与王祥后代子孙相比，王览"后奕世多贤才，兴于江左矣"⑥。《晋书·王览传》有一记载，"初，吕虔有佩刀，工相之，以为必登三公，可服此刀。虔谓祥（王祥）曰：'苟非其人，刀或为害。卿有公辅之量，故以相与。'祥固辞，强之乃受。祥临薨，以刀授览（王览），曰：'汝后必兴，足称此刀'。"⑦事实果真如此，王祥对其弟王览所说"汝后必兴"

---

① （唐）房玄龄等：《晋书》卷33《王祥传》，中华书局1974年版，第987页
② （唐）房玄龄等：《晋书》卷33《王览传》，中华书局1974年版，第990页。
③ （唐）房玄龄等：《晋书》卷33《王祥传》，中华书局1974年版，第987、988页。
④ （唐）房玄龄等：《晋书》卷33《王览传》，中华书局1974年版，第991页。
⑤ 同上。
⑥ 同上。
⑦ 同上。

的预言正是在王览之孙王导身上得以实现。

王导，字茂弘，其父王裁，曾任镇军司马。王导自少"有风鉴，识量清远"，14 岁时，陈留高士张公"见而奇之"，称其有"将相之器"。王导初入仕是由司空刘寔荐引为东阁祭酒，官微权轻，但凭着个人的才能与他的审时度势，王导很快进入权力中心机构。据《晋书》王导本传记载，晋元帝司马睿为琅邪王时，与王导素来相互亲善，王导"知天下已乱，遂倾心推奉，潜有兴复之志。帝亦雅相器重，契同友执。帝之在洛阳也，导（王导）每劝令之国。会帝出镇下邳，请导为安东司马，军谋密策，知无不为"。在司马睿建立东晋政权过程中，王导竭尽才能和心智，忠心不渝。司马睿镇守健康之初，吴人没有依附于他的，士庶也没有主动前来投奔他的。为此，王导劝说司马睿效法古之君王"宾礼故老，存问风俗，虚己倾心，以招俊乂"的做法，积极延纳贺循、顾荣等江南名流"以结人心"。在王导躬身造访下，江南名流贺循、顾荣"皆应命而至，由是吴会风靡，百姓归心焉。自此之后，渐相崇奉，君臣之礼始定"。而后，王导又劝说司马睿收揽其中的贤人君子，与他们一起图谋大事，并时常劝导元帝"克己励节，匡主宁邦"。王导的忠心和才华，得到朝野人士的认可和仰慕，称王导为"仲父"，司马睿则将王导视为自己身边的谋士"萧何"①，对其极为信任和器重。永嘉末年，王导迁任丹阳太守，加辅国将军。不久，拜为宁远将军，加振威将军。东晋建立后，又以王导为丞相军谘祭酒，不久拜右将军、扬州刺史、监江南诸军事，迁骠骑将军，加散骑常侍、都督中外诸军、领中书监、录尚书事、假节、刺史等职位，"及帝登尊号，百官陪列，命导升御床共坐"②。司马睿在正式称帝时命王导与其共坐御床接受百官朝贺，这在历史上绝无仅有。这里既反映了王导在当时非同一般的社会声望和显赫的政治地位，同时也反映了王导在帮助司马睿建立东晋政权过程中所起到的不可替代的作用。应该说，司马睿能够建立东晋王朝，并登上帝王宝座，与王导的谋划是分不开的。东晋政权之所以会出现"王与马，共天下"的政治格局，绝非偶然，它是以上两方面结合的产物。

明帝即位后，王导接受先皇遗诏辅助朝政，解除扬州刺史，迁任司

---

① （唐）房玄龄等：《晋书》卷 65《王导传》，中华书局 1974 年版，第 1745、1746 页。
② 同上书，第 1749 页。

徒。当王敦再次举兵进攻朝廷时，明帝又将符节授予王导，让其都督诸
军，兼任扬州刺史。王敦叛乱平定后，王导以司徒之任被晋封为始兴郡
公，食邑三千户，进位为太保，并允许其佩剑上殿，上疏进言可以不呈报
姓名。明帝去世后，年幼的成帝即位，王导又与庾亮等大臣一起接受遗
诏，共同辅助幼主。成帝在位期间，曾诏令加封王导为大司马、统领中外
诸军事，后转任王导为中外大都督，进位太傅，又拜为丞相，按照汉制免
去司徒官将其并入丞相职位。成帝在颁布的册书中对王导给予极高赞誉，
赞其"文贯九功，武经七德，外缉四海，内齐八政，天地以平，人神以
和，业同伊尹，道隆姬旦"①。

　　王导生前风光无限，去世后亦荣耀无比。据《晋书·王导传》记载，
成帝咸康五年（339）王导去世后，成帝"举哀于朝堂三日，遣大鸿胪持
节监护丧事，赙襚之礼，一依汉博陆侯及安平献王故事。及葬，给九游辒
辌车、黄屋左纛、前后羽葆鼓吹、武贲班剑百人，中兴名臣莫与为比"，
并在册书上给予王导以盖棺性的评价：

> 　　惟公（王导）迈达冲虚，玄鉴劲邈；夷淡以约其心，体仁以流
> 其惠；栖迟务外，则名隽中夏，应期濯缨，则潜算独运。昔我中宗、
> 肃祖之基中兴也，下帷委诚而策定江左，拱己宅心而庶绩咸熙。故能
> 威之所振，寇虐改心，化之所鼓，桴杌易质；调阴阳之和，通彝伦之
> 纪，辽陇承风，丹穴景附。隆高世之功，复宣武之绩，旧物不失，公
> 协其猷。若乃荷负顾命，保朕冲人，遭遇艰圮，夷险委顺；拯其沦坠
> 而济之以道，扶其颠倾而弘之以仁，经纬三朝而蕴道弥旷。②

　　在晋代历史上，王导辅助了三代君王，是元帝、明帝和成帝三朝政权
中的核心人物，对晋王朝的中兴发挥着举足轻重的作用，所以时人有
"王与马，共天下"③之语。有学者指出，东晋前朝是琅邪王氏宗族势力
发展的极盛时期，王导、王敦协助司马睿团结南北世家大族，共建江东政

---

① （唐）房玄龄等：《晋书》卷65《王导传》，中华书局1974年版，第1752页。
② 同上书，第1753—1754页。
③ （唐）房玄龄等：《晋书》卷98《王敦传》，中华书局1974年版，第2554页。

权，从而形成了"王与马，共天下"的格局①。

王导有六子，皆出仕为官，许多人位列朝中显官。长子王悦，字长豫，"弱冠有高名，事亲色养"，深受王导喜爱。王悦少年时曾在东宫侍讲，后出任中书侍郎。次子王恬，字敬豫，"性傲诞，不拘礼法。……晚节更好士，多技艺，善弈棋，为中兴第一"②，先后出任中书郎、后将军、魏郡太守、给事中，后转任吴国、会稽内史，加散骑常侍。去世后，赠中军将军。在王导诸子中，三子王洽最为知名。王洽，字敬和，弱冠之年便在皇帝身边任职，出任散骑，后历任中书郎、中军长史、司徒左长史、建武将军、吴郡内史、领军。晋穆帝授其为中书令，王洽"表疏十上"辞让不接受。四子王协，字敬祖，简文帝抚军参军，袭爵武冈侯，早卒。五子王劭，字敬伦，"美姿容，有风操，虽家人近习，未尝见其坠替之容。桓温甚器之"，历任东阳太守、吏部郎、司徒左长史、丹阳尹、吏部尚书、尚书仆射，领中领军，出为建威将军、吴国内史。去世后，赠车骑将军，谥曰简。六子王荟，字敬文，"恬虚守靖，不竞荣利，少历清官"，后历任吏部郎、侍中、建威将军、吴国内史、尚书、中护军、征虏将军、吴国内史。桓冲曾上表请其为江州刺史，王荟执意辞让不接受任命。后转任督浙江东五郡、左将军、会稽内史，又进号镇军将军，加散骑常侍。去世后赠卫将军。王荟之子王廞，历任太子中庶子、司徒左长史。

在王导的后代子孙中，王洽一支发展较好。

王洽有二子：王珣、王珉。长子王珣，字元琳，小字护法。东晋权臣桓玄在写给会稽王道子的书信中称誉王珣"神情朗悟，经史明彻，风流之美，公私所寄"③。据《晋书》卷65王珣本传记载，王珣弱冠之年与谢玄一同为桓温属掾，二人皆为桓温所敬重，被桓温认为是难得的人才。王珣转为主簿时，桓温正经略中原地区，他把军中机务一并委托给王珣经办。随从桓温讨伐袁真期间，王珣又被封为东亭侯，转任大司马参军、中军长史、给事黄门侍郎等职。东晋孝武帝在位时，对王珣十分信任，转其

---

① 参见王永平《论东晋南朝时期琅邪王氏之家风与家学》，《许昌师专学报》2002年第1期。

② （唐）房玄龄等：《晋书》卷65《王导传》，中华书局1974年版，第1754、1755页。下引资料皆出自《晋书》卷65《王导传》。

③ （唐）房玄龄等：《晋书》卷65《王导传》附《王珣传》，中华书局1974年版，第1757页。

为辅国将军、吴国内史，而后又征辟其为尚书右仆射，兼领吏部，转左仆射，加征虏将军，复领太子詹事。东晋安帝隆安二年（398），进卫将军、都督琅邪水陆军事，加散骑常侍。王珣去世后，追赠车骑将军。相较于其兄王珣，王珉名声更大。王珉，字季琰，小字僧弥。《晋书》本传说他"少有才艺，善行书，名出珣（王珣）右"。王珉刚入仕为州主簿，后历任著作、散骑郎、国子博士、黄门侍郎、侍中，曾代王献之为长兼中书令。王珉和王献之二人"素齐名，世谓献之为'大令'，珉为'小令'"①。王珉去世时年仅38岁，被追赠为太常。王珉有二子：王朗、王练，东晋安帝义熙年间，兄弟二人皆出任侍中一职。

王珣有五子：王弘、王虞、王柳、王孺、王昙首，"宋世并有高名"②。其中比较突出的是王弘和王昙首。

王昙首，南朝宋人，自幼好学，喜欢读书，故《宋书》卷63《王昙首传》称其"幼有业尚……兄弟分财，昙首唯取图书而已"。后被征辟为琅邪王大司马属。太祖为冠军、徐州刺史，留镇彭城，以王昙首为府功曹。太祖镇守江陵时，王昙首又自功曹转任为长史，随府转镇西长史。高祖（武帝）对王昙首甚为赏识器重，曾当着太祖（文帝）面赞其"沈毅有器度，宰相才也"，并要求太祖"每事咨之"③。太祖即位后，任命王昙首为侍中，寻领右卫将军，领骁骑将军。元嘉年间，又以侍中身份迁任为太子詹事。谢晦叛乱平定后，王昙首因为皇帝赏识兼任两宫职务。王昙首去世后，被追赠为左光禄大夫，加散骑常侍。后又被追封为豫宁县侯，邑千户，谥号文侯。世祖即位，配飨太祖庙庭。

王弘，字休元，"少好学，以清恬知名"④。弱冠之年，便出任会稽王司马道子骠骑参军主簿。高祖为镇军时，召补王弘为咨议参军，并以功封其为华容县五等侯，迁任琅邪王大司马从事中郎，先后出任宁远将军、琅邪内史、尚书吏部郎中、豫章相。卢循侵犯南康诸郡时，高祖又任命王弘为中军咨议参军、大司马右长史、吴国内史。东晋安帝义熙十一年（415），征召王弘为太尉长史、左长史。从高祖北征回到彭城后，出任彭城太守。宋国建立后，王弘以太守之职迁任尚书仆射领选。安帝义熙十四

① （唐）房玄龄等：《晋书》卷65《王导传》附《王珉传》，中华书局1974年版，第1758页。
② （唐）房玄龄等：《晋书》卷65《王导传》附《王珣传》，中华书局1974年版，第1165页。
③ （南朝梁）沈约：《宋书》卷63《王昙首传》，中华书局1974年版，第1757页。
④ （南朝梁）沈约：《宋书》卷42《王弘传》，中华书局2000年版，第860页。

年（418），迁任监江州豫州之西阳新蔡二郡诸军事、抚军将军、江州刺
史。宋武帝（高祖武皇帝）永初元年（420），加散骑常侍。以佐命功，
封华容县公，食邑二千户。永初三年（422），王弘入朝，进职卫将军、
开府仪同三司。太祖即位后，王弘"以定策安社稷"有功，进位司空，
封建安郡公，食邑千户。王弘上表固辞，加使持节、侍中，改监为都督，
进号车骑大将军。之后，又加征王弘为侍中、司徒、扬州刺史，录尚书。
元嘉九年（432），进位太保，领中书监。王弘去世后，即赠太保、中书
监，给节，加羽葆、鼓吹，增班剑为 60 人，谥号为文昭公。王弘为政
"明敏有思致，既以民望所宗，造次必存礼法，凡动止施为……虽历任藩
辅，不营财利"，以至于去世时"家无余业"。① 太祖在为其所下的诏文中
称其"抱义怀忠，乃情同至，筹谋庙堂，竭尽智力，经纶夷险"②，可谓
对王弘一生的中肯褒扬。

　　王昙首之子王僧绰，南朝宋著名官员，因其"幼有大成之度，弱年
众以国器许之。好学有理思，练悉朝典"，13 岁时便得到宋太祖文帝引
见。他袭封父爵豫章县侯，并娶了太祖长女东阳献公主，先后出任江夏王
义恭司徒参军、秘书丞、司徒左长史、太子中庶子。元嘉二十六年
（449），年仅 27 岁的王僧绰迁任尚书吏部郎，参与掌管吏部选任官吏事
宜。在此任职期间，他"究识流品，谙悉人物，拔才举能，咸得其分"。
元嘉二十八年（451），"沈深有局度，不以才能高人"的王僧绰又迁任侍
中一职，任以机密。元嘉末，"太祖颇以后事为念，以其年少，方欲大相
付托，朝政小大，皆与参焉"。③ 弑君篡位的太子刘劭当了皇帝后，反对
太子谋位的王僧绰被杀，时年 31 岁。世祖即位，追赠王僧绰为散骑常侍、
金紫光禄大夫，谥号愍侯。王僧绰之弟王僧虔，弱冠之年因"雅善隶书"
而深受宋文帝和朝中大臣赞叹，先后出任过太子舍人和司徒左西属。宋孝
武初年，出任武陵太守一职，后任中书郎，再迁太子中庶子、御史中丞、
骁骑将军。泰始年间，出任吴兴太守、会稽太守。元徽年间，升任为吏部
尚书，寻加散骑常侍，转右仆射。昇明二年（478），迁任为尚书令。齐
高帝即位后，王僧虔又先后转任侍中、丹阳尹、湘州刺史。齐武帝即位，

① （南朝梁）沈约：《宋书》卷 42《王弘传》，中华书局 2000 年版，第 868 页。
② 同上书，第 867 页。
③ （南朝梁）沈约：《宋书》卷 71《王僧绰传》，中华书局 2000 年版，第 1221、1222 页。

王僧虔迁任侍中、左光禄大夫、开府仪同三司，去世后追赠司空，谥号简穆。王僧虔为官清廉，"清简不营财产"，同时还体现出刚正不阿和傲视权贵的为官特点。据《南史》本传记载，王僧虔出任会稽太守时，中书舍人阮佃夫回家乡会稽省亲，当时阮佃夫在朝中颇受宠幸，对此有人劝说王僧虔对回家乡省亲的阮佃夫"宜加礼接"，王僧虔却回答说："我立身有素，岂能曲意此辈？彼若见恶，当拂衣去耳"①，表现出对权贵的蔑视。

　　王僧绰之子王俭，字仲宝，王俭出生时其父王僧绰遇害，自幼由叔父王僧虔收养，很小便袭爵豫宁侯。《南齐书》卷23《王俭传》称其"幼有神彩，专心笃学，手不释卷"。丹阳尹袁粲闻其声名，将其介绍于明帝，后娶阳羡公主，被拜为驸马都尉。王俭入仕时初为秘书郎、太子舍人、秘书丞，后又出任司徒右长史、义兴太守、黄门郎、吏部郎。太祖为太尉时，王俭受到礼遇，先后被任用为右长史、左长史。王俭自少年时期就有"宰相之志，物议咸相推许。时大典将行，俭为佐命，礼仪诏策，皆出于俭，褚渊唯为禅诏文，使俭参治之"②。齐王设置台阁建制时，28岁的王俭被任用为右仆射，领吏部。建元元年（479），改封为南昌县公，食邑二千户。建元二年（480），转左仆射。皇上驾崩后，遗诏中以王俭为侍中、尚书令、镇军将军。世祖即位，配给王俭班剑仪仗20人。永明元年（483），王俭进号卫军将军。永明二年（484），领国子祭酒、丹阳尹。永明三年（485），领国子祭酒、太子少傅、本州中正。永明四年（486），以本官领吏部。王俭"长礼学，谙究朝仪，每博议，证引先儒，罕有其例。八座丞郎，无能异者。令史咨事，宾客满席，俭应接铨序，傍无留滞"。由于王俭有才学，加之为官尽职尽责，所以深得世祖器重和信任，以至于"士流选用，奏无不可"③。永明五年（487），世祖准备加封王俭为开府仪同三司，但数次被王俭上表辞让，世祖只好改任王俭为中书监，并让其参与吏部一些工作。王俭去世后，追赠太尉，侍中、中书监、公等职爵仍旧，赐给符节，加羽葆鼓吹，增加班剑仪仗为60人，谥号"文宪公"，又下诏对王俭进行褒奖，说他"体道秉哲，风宇渊旷。肇自弱龄，清猷自远。登朝应务，民望斯属。草昧皇基，协隆鼎祚；宏谟盛

---

① （唐）李延寿：《南史》卷22《王僧虔传》，中华书局2000年版，第396、397页。
② （南朝梁）萧子显：《南齐书》卷23《王俭传》，中华书局2000年版，第288、289页。
③ 同上书，第290页。

烈，载铭彝篆。及赞朕躬，徽绩光茂。忠图令范，造次必彰。四门允穆，百揆时序。宗臣之重，情寄兼常。方正位论道，永厘衮职，弼兹景化，以赞隆平"①。王俭为政"寡嗜欲，唯以经国为务，车服尘素，家无遗财。手笔典裁，为当时所重"②，仕宦期间多有上谏。

　　王俭有二子：王骞、王暕。长子王骞（474—522），字思寂，南朝齐、梁官员，《南史》本传称其"性凝简，慕乐广为人，未尝言人之短"③。历任黄门郎、司徒右长史。永元年间，召为侍中，不拜。梁武霸府建，引为大司马咨议参军，迁侍中。及帝受禅，降封为侯。历位度支尚书、中书令，出为吴兴太守，后加给事中，领射声校尉。王骞去世后，赠侍中、金紫光禄大夫，谥号安。论才能，王骞不如其弟王暕。王暕，字思晦，《南史》本传称其"年数岁而风神警拔，有成人之度"。其父王俭做宰相时，家里宾客盈门，有宾客见王暕说："公才公望，复在此矣。"④ 王暕弱冠之年娶淮南长公主，拜为驸马都尉，任秘书丞。齐明帝在位时诏求选士，王暕被荐举为骑从事中郎。天监年间，王暕历任侍中、吏部尚书，领国子祭酒，后为尚书左仆射，领国子祭酒。

　　王暕之子王承、王训，"并通显"⑤。王承，字安期，《南史》本传称其"性简贵，有风格"。王承所生活的时代，"膏腴贵游，咸以文学相尚，罕以经术为业"，而王承却"独好儒业"⑥。王承入仕后初为秘书郎，累迁中书黄门侍郎，兼国子博士，之后迁任长史兼侍中，不久转任国子祭酒。王承祖父王俭、父亲王暕皆出任过国子祭酒一职，"三世为国师"，可谓"前代未之有"⑦。除了上述官职外，王承还出任过东阳太守一职。王承仕宦期间"政存宽惠"，多为"吏人悦之"⑧。王训，字怀范，小字文殊。"幼聪警，有识量"，当时僧正惠超"见而奇之，谓门人罗智国曰：'四郎眉目疏朗，举动和韵，此是兴门户者。'智国以白暕，暕亦曰：'不坠基业，其在文殊。'"王训16岁时被召见于文德殿，"应对爽彻，上目送久

---

① （南朝梁）萧子显：《南齐书》卷23《王俭传》，中华书局2000年版，第291页。
② 同上。
③ （唐）李延寿：《南史》卷22《王骞传》，中华书局2000年版，第393页。
④ （唐）李延寿：《南史》卷22《王暕传》，中华书局2000年版，第395页。
⑤ 同上。
⑥ （唐）李延寿：《南史》卷22《王承传》，中华书局2000年版，第395页。
⑦ 同上。
⑧ 同上。

之，谓朱异曰：'可谓相门有相。'"王训初补国子生，出任秘书郎，累迁秘书丞，后拜侍中。王训不仅仕途一路升迁，文章亦"为后进领袖"①。可惜王训壮志未酬，26岁时便去世，谥号温子。

王规，字威明，王骞之子。自幼聪慧，而且以孝出名，被誉为"孝童"。叔父王暕非常器重他，将其称作王家的"千里驹"。12岁时，王规已"略通《五经》大义。及长，遂博涉有口辩"②。王规举秀才后，为本州主簿，先后出任秘书郎、太子洗马、麾咨议参军、新安太守等职。其父去世后，袭封父亲爵位为南昌县侯，出任中书黄门侍郎，并与陈郡人殷芸、琅邪人王锡、范阳人张缅一起被诏命服侍东宫昭明太子。普通六年（525），梁武帝于文德殿诏群臣赋诗，同用五十韵字，王规因"援笔立奏，其文又美"而得到梁武帝大加赞美，当日即把侍中职务授予他。之后出任晋安王长史。晋安王萧纲被立为太子后，王规先后出任吴郡太守、左户尚书。王规去世后，赠光禄大夫，谥号文。王规文学才华出众，曾向皇帝献《新殿赋》，因"其辞甚工"而受到皇帝嘉奖。他还"集《后汉》众家异同，注《续汉书》二百卷"，有文集二十卷行于世③。

王褒，字子渊，王规之子，《梁书》称其"七岁能属文。外祖司空袁昂爱之，谓宾客曰：'此儿当成吾宅相。'"王褒与其父王规仕宦经历颇为相似，弱冠之年举秀才，而后出任秘书郎、太子舍人等职。其父去世后，袭封父亲爵位南昌侯，出任武昌王文学、太子洗马，兼任东宫管记，之后又迁任司徒属、秘书丞、安成内史。大宝二年（551），王褒受世祖之命前往江陵，出任忠武将军、南平内史，不久又迁任吏部尚书、侍中。承圣二年（553），迁任尚书右仆射，同时兼任侍中。同年，迁任左仆射。王褒注重对家庭子孙的教育，并著有《幼训》，告诫诸子要读书好学，要"崇周、孔之教，兼循老、释之谈"。王褒是南朝梁室中兴的重要功臣，在梁室中兴过程中，他与当时的沛国刘毅、南阳宗懔"同参帷幄"④，为梁室中兴作出了重要贡献。

魏晋南北朝时期王氏家族不仅仕宦为官，而且其家族成员在文学上多

---

① 引文见（唐）李延寿《南史》卷22《王训传》，中华书局2000年版，第395、396页。

② （唐）李延寿：《南史》卷22《王规传》，中华书局2000年版，第394页。

③ 同上书，第394、395页。

④ （唐）姚思廉：《梁书》卷41《王规传》附《王褒传》，中华书局2000年版，第406、407页。

有成就，属于一个典型的文学世家。其中的杰出代表俯拾即是，举不胜举。像王弘之子王僧达，"少好学，善属文"，"文辞抑扬顿挫"①。"雅好文史，解音律"的王僧虔，其好友袁淑赞其"文情鸿丽，学解深拔，而韬光潜实，物莫之窥，虽魏阳元之射，王汝南之骑，无以加焉"②。"幼而警悟，七岁能属文"的王筠，年轻时就取得了极高的文学成就，"年十六，为《芍药赋》，其辞甚美"。他还"自撰其文章，以一官为一集，自《洗马》《中书》《中庶》《吏部》《左佐》《临海》《太府》各十卷，《尚书》三十卷，凡一百卷，行于世"。南朝著名文学家沈约称其"文章之美，可谓后来独步。谢朓常见语云，'好诗圆美流转如弹丸'。近见其数首，方知此言为实"③。王彬、王寂兄弟，也是王氏家族好文墨的杰出代表，特别是王彬，"好文章，习篆隶，与志齐名。时人为之语曰：'三真六草，为天下宝。'"齐武帝建造旧宫时，王彬曾为之献赋，因"文辞典丽"而为时人大加称赞④。而王珣与王恭则"以才学文章见昵于帝"，东晋孝武帝去世后，当时的"哀册谥议，皆珣（王珣）所草"⑤。东晋宰相王导的六世孙王融，作为南朝齐杰出的文学家，其所取得的文学成就更是受到时人广泛称誉。王融，字元长，祖父王僧达，官至中书令。《南齐书·王融传》记载王融自少"神明警惠，博涉有文才"，年少时即举秀才。王融刚入仕时为晋安王南中郎板行参军，后出任竟陵王萧子良司徒板法曹行参军，不久迁任太子舍人。王融"好功名"，志向远大，建功立业之志表现得尤为强烈，甚至立下"三十内望为公辅"的人生目标。因其父王道琰官运不通，王融"弱年便欲绍兴家业"，于是奏请齐世祖求得进一步任用，结果迁任秘书丞，不久迁任丹阳丞、中书郎。王融文才极为突出，永明九年（491），齐世祖曾"幸芳林园禊宴朝臣，使融为曲水诗序，文藻富丽，当世称之"。⑥ 也正是因为王融有才辩，齐世祖于永明十一年（493），又使其兼任主客之职，以接待来访的北魏使臣。王融尤其善工诗文，《南齐书》王融本传称其"文辞辩捷，尤善仓卒属缀，有所造作，援

---

① （南朝梁）沈约：《宋书》卷75《王僧达传》，中华书局2000年版，第1289、1293页。
② （唐）李延寿：《南史》卷22《王僧虔传》，中华书局2000年版，第397、396页。
③ （唐）李延寿：《南史》卷22《王筠传》，中华书局2000年版，第401、403、402页。
④ （唐）李延寿：《南史》卷22《王彬传》，中华书局2000年版，第403页。
⑤ （唐）房玄龄等：《晋书》卷65，中华书局1974年版，第1756、1757页。
⑥ （南朝梁）萧子显：《南齐书》卷47《王融传》，中华书局2000年版，第553、556页。

笔可待"①。南朝著名文学批评家钟嵘在《诗品》中则称王融与同代人刘绘"并有盛才，词美英净"②。王融所作的"文藻富丽，当世称之"的《曲水诗序》，虽"词涉比偶，而壮气不没，焜燿一时"③，广为时人称誉。永明年间，王融与沈约等人还发明了强调声韵格律的"永明体"诗，亦即"新体诗"，为此，《通志》有云："王融、谢朓、沈约等文章，始用四声，以为新变，至是转拘声韵，弥尚丽靡"④，"永明体"诗一改晋宋以来语言晦涩呆板的诗风，语言风格清新圆美、畅达易懂，王融、沈约等人由此亦成为"永明体"诗人的杰出代表。其他如"识量渊通，志怀沉静。美风仪，善谈笑，博览史传，尤工属文"⑤的王褒，"幼笃学，手不释卷。宾客或相称美"⑥的王俭，"高祖大会戏马台，豫坐者皆赋诗……文先成"⑦的王昙首，"文章为后进领袖"的王训，以及文辞甚工的王规，皆是魏晋南北朝时期王氏家族中有文学才华的代表。

二　宋代大名莘三槐王氏家族的崛起与发展

宋代三槐王氏家族的崛起以北宋王祐因其才学出众入仕、官至兵部侍郎为开端，至其子王旦以科举入仕官至宰相，将三槐王氏家族推向了辉煌的顶峰。整个两宋时代，三槐王氏家族子孙相继登朝入仕，不仅仕宦人数众多，而且不乏朝中高官显宦，其中许多人又是亦官亦文，成为誉满朝野的仕宦家族。

（一）宋代三槐王氏家族的肇兴

宋代三槐王氏家族，肇端于北宋王祐。

王祐（924—987），字景叔，北宋大名莘（今山东莘县）人。王祐所生活的时代，历经五代中的后唐、后晋、后汉、后周四朝和继后周而立的北宋。

① （南朝梁）萧子显：《南齐书》卷47《王融传》，中华书局2000年版，第557页。
② （梁）钟嵘著，曹旭集注：《诗品集注·诗品下》，上海古籍出版社1994年版，第454页。
③ （明）张溥辑：《汉魏六朝百三家集》卷76《王融集题词》，文渊阁四库全书本。
④ （宋）郑樵：《通志》卷141，中华书局1987年版，第2229页。
⑤ （唐）令狐德棻等：《周书》卷41《王褒传》，中华书局2000年版，第495页。
⑥ （唐）李延寿：《南史》卷22《王俭传》，中华书局2000年版，第389页。
⑦ （南朝梁）沈约：《宋书》卷63《王昙首传》，中华书局2000年版，第1109页。

据史料记载，王祐祖父王言，曾任唐朝的黎阳（今河南浚县）县令。父亲王彻，大名莘（今山东省莘县）人，为五代后唐同光三年（925）状元①。王彻无传记，文献史料中亦少有记载，从清人徐松《登科记考》中说王彻"体物叵嘉，属辞甚妙，细披制作，最异侪流"②的话语中，可知王彻处事得体，有文采。《宋史·王祐传》记载王彻官至左拾遗。

同其父王彻一样，王祐亦有着出众的文采。《宋史·王祐传》记载，王祐生性洒脱有俊气，笃志好学，少年时期尤其专心于词学③。后晋天福年间（936—944），王祐以书信求见中书令桑维翰，因其辞藻华丽、文采出众得到了桑维翰的称扬，由此名闻京师。不久，王祐成为后晋河北节度使杜重威的幕僚，任观察支使，由此步入仕途。

虽然王祐才华横溢，文采出众，但他进入仕途后却历经坎坷。后汉初，杜重威镇守睢阳（今河南商丘），欲起兵谋反，王祐进行规劝无果，结果受杜重威谋反牵连而被贬为沁州（今山西沁源）司户参军，成了地方上一名低级官员。后周建立后，王祐先后担任魏县和南乐县县令。

公元 960 年，后周禁军将帅赵匡胤陈桥兵变，黄袍加身，代周而立，建立北宋政权。宋太祖赵匡胤受禅后，王祐先被任命为监察御史，由魏县迁为光州知州，后迁任殿中侍御史。宋太祖乾德三年（965），转任知制诰；乾德六年（968），改任集贤院修撰，转户部员外郎。随着职位的升迁，王祐的政治才干也逐渐显露出来。宋太祖开宝二年（969），赵匡胤出征太原，征伐北汉。赵匡胤率军已经渡过了黄河，但是从诸州征调的兵马粮草都集中在潞州上党城，由于车马拥堵，难以行进。赵匡胤听闻以后，打算以稽留罪惩办转运使，宰相赵普却认为"六师方至，而转运使

---

① 参见（清）徐松《登科记考》卷 25，中华书局 1984 年版，第 950 页。同光三年（925）三月，"勑礼部贡院：'今年新及第进士符蒙（正）、成僚、王彻、桑维翰四人，国家岁命春官，首司贡籍，高悬科级，明列等差，广进善之门，为取士之本。所重者艺行兼著，乡里有称，定才实之浅深，振声名于夷夏，必当得隽，允副旁求。爰自近年，寖成浇俗，多闻滥进，全爽旧章。朕自兴复丕图，削平伪纪，方作事以谋始，尽革故以鼎新。盖欲窒弊正讹，去华务实，诚为要道，无切于斯。今据礼部奏，所放进士符蒙（正）等四人，既慊舆情，颇干浮论，须令覆试，俾塞群言。又遣考详，贵从精核。及再览符蒙（正）、成僚等呈试诗赋，果有瑕疵。今若便有去留，虑乖激劝，傥无升降，即昧甄明。况王彻体物叵嘉，属辞甚妙，细披制作，最异侪流。但应试以效成，或求对而不切。桑维翰若无纰缪，稍有功夫，止当属对之间，累失求妍之美。须推事艺，各定否臧，贵叶允平，庶谐公共。其王彻改为第一，桑维翰第二，符蒙正第三，成僚第四。'"

② （清）徐松《登科记考》卷 25，中华书局 1984 年版，第 950 页。

③ （元）脱脱等《宋史》卷 269《王祐传》中称王祐"少笃志词学，性倜傥，有俊气"。

以获罪闻，敌必谓储峙不充，有以窥我矣，非威远之道"，他建议宋太祖任命一个有才干的人知潞州，坐镇潞州治理有关问题。赵匡胤采纳了赵普的意见，经过甄选，任命王祐为潞州知州。王祐到任后，不辱使命，很快解决了问题，不仅征调的粮饷充裕，而且运送粮饷的道路畅通无壅①。

北宋政权建立后，赵宋统治集团吸取了唐末五代时期地方藩镇分裂割据、武人专横跋扈的经验教训，对武人尤其是武将采取了抑制的政策，经常派一些精明干练的文官到地方州郡任职，以此达到抑制和牵制地方节度使的目的。王祐自潞州知州任上回朝后，不久又以户部员外郎、知制诰的身份知大名府。王祐的故乡莘县归属大名府，当时镇守大名府的是天雄军节度使符彦卿。此人出身于武将世家，镇守大名10余年，在当地的根基颇深。这次委派王祐前往大名府接替符彦卿，是有人告发符彦卿玩忽职守、治军不力、图谋不轨。其实宋太祖的真实意图是想借机将这个握有兵权的实力派人物除掉。所以，当王祐前往大名府任职前，宋太祖特意召见王祐，要他到大名府后注意观察符彦卿行为，并准许其见机行事，还许诺等事情调查清楚后，回朝升其为宰相一职。王祐到大名府后，经过调查，仅是得知符彦卿家僮二人挟势恣横而已，而符彦卿本人并无反叛不轨之心。回朝后，王祐据实向宋太祖作了汇报。当宋太祖问他能否保证符彦卿无反叛之意时，王祐表示愿以全家百口性命保符彦卿无谋反之意，并直谏宋太祖要以五代君主因猜忌滥杀无辜而使王朝短命的历史教训为戒。王祐的回答令宋太祖深为不满，他自己也因此招致宋太祖的疏远。不久，王祐便被贬到地方任职。对此，宋人邵伯温《邵氏闻见录》这样记载说：

王晋公祐（王祐），事太祖为知制诰。太祖遣使魏州，以便宜付之，告之曰："使还，与卿王溥官职。"时溥为相也。盖魏州节度使符彦卿，太宗之妇翁夫人之父，有飞语闻于上。祐往别太宗于晋邸，太宗却左右，欲与之言。祐径趋出。祐至魏，得彦卿家僮二人挟势恣横，以便宜决配而已。及还朝，太祖问曰："汝敢保符彦卿无异意乎？"祐曰："臣与符彦卿家各百口，愿以臣之家保符彦卿家。"又曰："五代之君，多因猜忌杀无辜，故享国不长。愿陛下以为戒。"

① 参见（元）脱脱等《宋史》卷269《王祐传》，中华书局1977年版，第9242页。

帝怒其语，直贬护国军行军司马，华州安置，七年不召。①

由于王祐的仗义直言，使处于危境中的符彦卿获免。王祐这种不顾个人利益之举，一时在朝野传为美谈，被世人誉为一种"有阴德"②的行为，连后来的士林领袖苏轼、范仲淹、欧阳修、司马光等人也对其深表赞许，纷纷与王氏子孙结为莫逆之交，并为王氏撰文书铭，广为宣传。应该说，三槐王氏的影响迅速扩大，与此有密切的关系③。

王祐的一生，以刚直方正见称于世。也正是因为这样的一种品行，让他的仕途布满了荆棘，历尽了坎坷。符彦卿事件后，王祐先是被贬知襄州，而后又转任潭州知州。宋太祖平定南汉后，王祐又被朝廷召回，代理吏部铨职务。王祐上任不久，左司员外郎侯陟从扬州返回，恢复吏部铨一职，王祐于是转任到门下省任职。在门下省任职期间，王祐因多次对侯陟所拟公文不合理的地方进行修正，引起了侯陟的不满，并诉告到与他平生相善的宰相卢多逊那里。当年，王祐担任制诰的时候，卢多逊打算取代赵普担任宰相，于是多方拉拢朋党。当时王祐不为所动，并对其不正当的手段进行劝导，这引起了卢多逊对王祐的忌恨。卢多逊在侯陟的搬弄下，不久便将王祐贬为护国军行军司马，迁至华州（今陕西华县）安置。

宋太宗赵光义即位后，王祐境遇有所改变，先是改任河中府知府，后又调入京城，出任左司员外郎、中书舍人，兼任史馆修撰，不久迁任开封府知府。雍熙四年（987），宋太宗因其"文章清节兼著"④，又将已经64岁的王祐升迁为兵部侍郎。可惜还没来得及施展他的聪明才华，王祐便于上任后的一个多月去世。

---

① （宋）邵伯温：《邵氏闻见录》卷6，中华书局1983年版，第54页。宋人叶梦得《石林燕语》亦有记载："太祖与符彦卿有旧，常推其善用兵，知大名十余年。有告谋叛者，亟徙之凤翔，而以王晋公祐（王祐）为代，且委以密访其事。戒曰：'得实，吾当以赵普所居命汝。'面授旨，径使上道。祐到，察知其妄，数月无所闻。驿召面问，因力为辩曰：'臣请以百口保之。'太祖不乐，徙祐知襄州，彦卿竟亦无他。"见叶梦得《石林燕语》卷7，中华书局1984年版，第102页。

② （元）脱脱等：《宋史》卷269《王祐传》，中华书局1977年版，第9242页。

③ 参见杨巨源、朱文生《三槐人物》，载莘县政协、莘城镇《莘县文史资料第十八辑：槐荫千秋》，山东省聊城新闻出版局2004年版，第188页。

④ （元）脱脱等：《宋史》卷269《王祐传》，中华书局1977年版，第9243页。邵伯温《邵氏闻见录》卷6称"太宗即位，谓辅臣曰：'王祐文章之外，别有清节，朕所自知。'以兵部侍郎召，不及见而薨"。

王祐一生，以德、才闻名于世，早在后汉、后周之际就已显名于世，后来历事宋太祖、宋太宗二帝，更是以文武忠孝著称于世，当时天下人都期望他能做宰相，然而因其直道刚正的性格为时势所不容，仕途屡屡受挫，最终也未能登上相位。对此苏轼在《三槐堂铭》中这样指出：王祐"显于汉、后周之际，历事太祖、太宗，文武忠孝，天下望以为相，而公卒以直道不容于时"。① 王祐壮志未酬，只好将希望寄托于后代子孙身上。宋人叶梦得《石林燕语》记载，王祐赴任襄州之前，亲自在家中宅院内，手植槐树三棵，称"吾虽不为赵普，后世子孙必有登三公者"②。宋人邵伯温在《邵氏闻见录》中则这样记载说：

初，祐（王祐）赴贬时，亲宾送于都门外，谓祐曰："意公作王溥官职矣。"祐笑曰："某不做，儿子二郎必做。"二郎者，文正公旦也。祐素知其必贵，手植三槐于庭曰："吾子孙必有为三公者。"已而果然。天下谓之三槐王氏。③

正如王祐所预言的那样，正是王祐的次子王旦，将三槐王氏家族推向了辉煌的顶峰，奠定了三槐王氏家族发展的基础。

（二）王旦与三槐王氏家族的兴盛

据《宋史·王祐传》记载，王祐有三子，长子王懿，字文德，《宋史·王祐传》称王懿"励志为学，举进士，尝知袁州，有政绩"，可惜年仅49岁去世。由于早逝，因此王懿虽然进士出身，并且进士及第后不乏政绩，但官职不高。王祐三子王旭，字仲明，《宋史》称其以"严于治内，恕以接物，尤笃友义"而著称。他以荫补太祝而走上仕途，先后出任缑氏县知县、雍丘县知县。宋真宗还在担任京兆尹时，便时常听闻王旭有才能，等到宋真宗即皇帝位之后，便连续三次升迁王旭为殿中丞。王旭有才华，并且有处理复杂政务的为政才能，但自从其兄王旦在宰府居相位之后，王旭为避嫌而没有出任过任何官职。宋真宗曾召见王旦说："前代弟兄同居

① （宋）苏轼：《苏轼文集》卷19《三槐堂铭（并叙）》，中华书局1986年版，第571页。
② （宋）叶梦得：《石林燕语》卷7，中华书局1984年版，第102页。
③ （宋）邵伯温：《邵氏闻见录》卷6，中华书局1983年版，第54页。

要地者多矣，朝廷任才，岂以卿故屈之邪？"并下令任命王旭为京府推官，但被王旭坚决予以推辞，于是改任王旭判南曹，而后由判国子监出知颖州。王旭知颖州期间，在他的努力下，颖州"荒政修举"。大中祥符年间，其兄王旦去世后，王旭因"扬历中外，卓有政绩"，而由兵部郎中出任为应天府知府。①

如前所述，在王祐的三子中，次子王旦最为王祐器重，并将振兴三槐王氏的重任寄托于王旦身上。

王旦，字子明，生于五代后周显德四年（957），卒于北宋天禧元年（1017）。王旦自幼性格沉默，聪慧好学且有文才。在王祐的三个儿子中，王旦因其聪慧贤能超群而深得父亲王祐的器重和偏爱。北宋太平兴国五年（980），23 岁的王旦进士及第，由此步入仕途。

与其父王祐坎坷的仕宦经历不同，王旦自进士及第后仕宦生涯颇为通畅。王旦进士及第后，先被授为大理评事，后出任平江县（今属湖南）知县、将作监丞。在平江县，由于王旦表现出了非凡的政治才华和施政方略，以至于得到了素来威望极高、让下属畏惧的两湖转运使赵昌言的认可。当赵昌言到达平江县，亲眼目睹了这个治理有方的地方官王旦后，称其善政，并将女儿许配给了他。平江知县任满三年后，王旦于雍熙元年（984）转任监潭州（今湖南长沙）银场。时任潭州知州的何承矩对其关爱有加，举荐他为著作佐郎，当年又迁任为殿中丞。之后，王旦出任郑州通判、濠州（今安徽凤阳）通判等职务。宋太宗淳化元年（990），经宋初著名政治家王禹偁的推荐，王旦被召至京城直史馆任职，淳化二年（991），又被拜为右正言、知制诰。这样王旦用了不到 10 年的时间做到了父亲知制诰的职位，在当时传为美谈②。淳化三年（992），王旦出任知贡举，加虞部员外郎、同判吏部流内铨、知考课院。当时其岳父赵昌言正担任朝廷要职，参与机要，王旦为避嫌，改任礼部郎中、集贤殿修撰。第二年赵昌言出任凤翔知府，朝廷又改任王旦为知制诰，兼集贤殿修撰。宋太宗至道元年（995），王旦知理检院。次年，39 岁的王旦又升任为兵部郎中。至道三年（997），宋太宗去世，其子赵恒继位，是为宋真宗。在

---

① （元）脱脱等：《宋史》卷 269《王祐传》附《王旭传》，中华书局 1977 年版，第 9243 页。
② 《宋史·王旦传》谓："初，祐以宿名久掌书命，旦不十年继其任，时论美之。"见（元）脱脱等《宋史》卷 282《王旦传》，中华书局 1977 年版，第 9543 页。

宋真宗继位后短短的 5 年之中，王旦先后晋升为中书舍人、翰林学士兼知审官院、银台封驳司、知贡举、给事中、同知枢密院事、工部侍郎、参知政事（副宰相）、尚书左丞。宋真宗景德三年（1006），在寇准罢相的当天，年仅 49 岁的王旦被任命为同中书门下平章事，成为国君之下辅助皇帝处理政务的最高行政长官。其父生前"后世子孙必有登三公者"的预言在王旦身上得以实现。

王旦仕途一帆风顺，固然与其父王祐生前仕途生涯中编织的关系网及其岳父赵昌言不无关系，但主要因素是与他个人的才华和品行密不可分的。据《宋史·宰辅表》统计，真宗在位 26 年，担任宰相与执政的共 12 人，其中吕端、毕士安任相为 1 年，李迪任相仅半年，张齐贤、吕蒙正、王钦若、丁谓任相 2 年，冯拯任相近 3 年，李沆任相 6 年，寇准、向敏中是前后二度任相，分别合计为 3 年、8 年。在这 12 人中，王旦任相最久，长达 12 年。从真宗时代的全部历史看，在新君即位的调整适应期之后，王旦担任宰相期间，几乎贯穿了真宗作为皇帝的正常执务的全过程，而且其中有将近 6 年多是独自为相[1]。可以说，如果王旦本人没有出众的才华和品行，他的仕途生涯不可能这么一帆风顺。

王旦的才华和品行，在宋代是有口皆碑的。早在太宗时，为人有器识的大臣钱若水就评鉴王旦"真宰相器也"，并经常对同僚说"王君凌霄耸壑，栋梁之材，贵不可涯，非吾所及"。早于王旦任相的李沆对王旦也是推崇备至，"推重（王旦）为远大之器"[2]。宋真宗作为北宋初期比较有作为的帝王，即位后励精图治，任用贤能，他一向认为王旦贤能、有才华。一次在目送奏事退朝的王旦时，宋真宗对身边的大臣说："为朕致太平者，必斯人也。"而钱若水在向宋真宗推荐王旦时则称赞王旦"有德望，堪任大事"。[3] 应该说，正是由于王旦的能力与德望，才使他平步青云，一步步登上宰相高位。

王旦的才能与品行，时时体现在他的日常生活和为政实践中。具体地说，主要体现在以下几个方面。

其一，王旦为人宽宏大量。宋人彭乘《墨客挥犀》卷 1 有这样一则

---

[1]　参见王瑞来《"平世之良相"：王旦论——君臣关系个案研究之二》，载台湾大学历史学系《转变与定型：宋代社会文化史学研讨会论文集》2000 年。

[2]　（元）脱脱等：《宋史》卷 282《王旦传》，中华书局 1977 年版，第 9543 页。

[3]　同上书，第 9544 页。

记载：

> 王文正太尉，局量宽厚，未尝见其怒。饮食有不精洁者，但不食而已。家人欲试其量，以少埃墨投羹中，公但啖饭而已。问其何以不食羹，曰："我偶不喜肉。"一日，又墨其饭，公视之，曰："吾今日不喜饭，可具粥。"其子弟诉于公，曰："庖肉为饔人所私，食肉不饱，乞治之。"公曰："汝辈人料肉几何？"曰："一斤。今但得半斤，其半为饔人所廋。"公曰："尽一斤，可得饱乎？"曰："尽一斤，固当饱。"曰："此后人料一斤半，可也。"其不发人过，皆类此。尝宅门坏，主者撤屋新之，暂于廊庑下启一门以出入。公至侧门，门低，据鞍俯伏而过，都不问。门毕，复行正门，亦不问。有控马卒，岁满辞公，公问："汝控马几时？"曰："五年矣。"公曰："吾不省汝。"既去，复呼回。曰："汝乃某人乎？"于是厚赠之。乃是逐日控马，但见其背，未尝视其面，因去见其背，方知也。①

上述虽然是对王旦居家烦琐小事的记载，但从中却反映出王旦宽宏大量的文化品格，它凸显的是儒家严于律己、宽以待人的君子人格特征。这种"局量宽厚，未尝见其怒"的人格特质，亦不时体现在王旦为政实践过程中。先看下面一段史料记载：

> 寇准数短旦，旦专称准。帝谓旦曰："卿虽称其美，彼专谈卿恶。"旦曰："理固当然。臣在相位久，政事阙失必多。准对陛下无所隐，益见其忠直，此臣所以重准也。"帝以是愈贤旦。中书有事送密院，违诏格，准在密院，以事上闻。旦被责，第拜谢，堂吏皆见罚。不逾月，密院有事送中书，亦违诏格，堂吏欣然呈旦，旦令送还密院。准大惭，见旦曰："同年，甚得许大度量？"旦不答。寇准罢枢密使，托人私求为使相，旦惊曰："将相之任，岂可求耶！吾不受私请。"准深憾之。已而除准武胜军节度使、同中书门下平章事。准入见，谢曰："非陛下知臣，安能至此？"帝具道旦所以荐者。准愧

---

① （宋）彭乘：《墨客挥犀》卷1，载《全宋笔记》第三编第一册，大象出版社2008年版，第6—7页。

叹，以为不可及。准在藩镇，生辰，造山棚大宴，又服用僭侈，为人
所奏。帝怒，谓旦曰："寇准每事欲效朕，可乎？"旦徐对曰："准诚
贤能，无如骄何。"真宗意遂解，曰："然，此正是骄尔。"遂不问。①

　　王旦任宰相时，寇准屡次在皇上面前数说王旦的短处，而王旦却专门
称赞寇准的长处。当寇准任枢密院直学士时，王旦在中书有事送枢密院，
偶尔不合诏令格式，寇准便上奏皇帝，王旦因而受到责问，但是王旦并不
介意，只是再拜谢过而已；而当枢密院有事送中书，也不合诏令格式时，
王旦却命送回枢密院更正，并没有上奏。当寇准免去枢密职位后，曾私下
求王旦提拔他为相，王旦当面拒绝寇准私请，但在皇帝面前一再推荐寇准
为相。

　　王旦受朝廷重用，在宋真宗一朝中居相位最久，深受皇上宠信，"事
无大小，非旦（王旦）言不决"②。但就是这样一个在朝中身居要职和帝
王宠信的王旦，凡事不固执、不偏激，受人非议甚至遭受诋毁也从不与人
计较，为人处世时时体现出宽宏大量的文化品格。所以欧阳修在为王旦所
撰写的墓志铭中称王旦"公任事久，人有谤公于上者，公辄引咎，未尝
自辨；至人有过失，虽人主盛怒，可辨者辨之，必得而后已"③。应当说，
这是符合历史实情的公允之论。

　　其二，王旦为官清正廉洁。为官之人，必先尚廉洁；欲求廉洁，必先
崇俭朴。这便是古人所谓"俭以养廉""廉以俭生"之理。深受传统文化
熏染的王旦，一生以俭约清廉为美德，清心做官，不营私利。他虽然位居

---

　　①　（元）脱脱等：《宋史》卷282《王旦传》，中华书局1977年版，第9547—9548页。文
中所述王旦推荐寇准为相一事，其子王素在《文正王公遗事》中有具体详细记载："寇莱公准在
枢府，上欲罢之。莱公已知，乃使人告公（王旦）曰：'遭逢最久，今出，欲一使相，幸同年主
之。'公大惊曰：'将相之任，极人臣之贵。苟朝廷有所授，亦当恳辞。岂得以此私有干于人
耶？'亟往白之，莱公不乐。后上议：寇准令出，与一甚官？公曰：'寇准未三十岁，已登枢府，
太宗甚器之。准有才望，与之使相，令当方面，其风采足以为朝廷之光。'上然之。翌日降制。
莱公捧使相告，谢于上前，感激流涕曰：'苟非陛下主张，臣安得有此命？'上曰：'王某知卿。'
具道公之言。莱公出谓人曰：'王同器识，非准所可测。'……公在相府，抑私远嫌，类如
此。"见《全宋笔记》第一编第五册，大象出版社2008年版，第181页。
　　②　（宋）李焘：《续资治通鉴长编》卷90，真宗天禧元年秋七月丁巳，中华书局2004年
版，第2073页。
　　③　（宋）欧阳修：《欧阳修集·居士集》卷22《太尉文正王公神道碑铭（并序）》，载《传
世藏书·集库·别集3》，海南国际新闻出版中心1996年版，第92—94页。

高位，但家中衣服被褥等日常用品，始终朴实无华。家里人想用丝织面料将铺床、坐席装饰起来，他坚决反对。他告诫子弟要保持家族"清德""俭素"的门风，"不得事于泰侈"，并嘱咐家人，说自己死后亦需节俭办理①。真宗皇帝曾将白金5000两赐予王旦，王旦坚持不予接受，并"作奏辞之，藁末自益四句云：'益惧多藏，况无所用，见欲散施，以息咎殃。'"② 皇帝每有赐予，王旦总是发出这样的感叹："生民膏血，安用许多！"③ 王旦平生不喜欢购置田宅，为政清正廉洁。《宋史·王旦传》载：

> 旦不置田宅，曰："子孙当各念自立，何必田宅，徒使争财为不义尔。"真宗以其所居陋，欲治之，旦辞以先人旧庐，乃止。宅门坏，主者彻新之，暂于庑下启侧门出入。旦至侧门，据鞍俯过，门成复由之，皆不问焉。④

王旦不置田宅，认为子孙应当自强自立，不能依赖上辈积累下的家业生活，田宅只能让子孙因争夺财产而做出不义之举；真宗因为王旦的居室过于简陋，多次提出帮助他营建居室，都被王旦以"先人旧庐"为由加以推辞；住所大门坏了，他让家人重新修整，暂时在大门一侧开个小门进出，王旦每次出入小门，只能俯首而过。王旦这种清正廉洁之德，更是体现他为官不谋私利。所以即使在他位居宰相高位之后，家人仍旧不识富贵之乐。他的侄子王睦曾向他提出想举进士的请求，王旦告知侄子不要与寒士相争；他的儿子王素，直到王旦去世，仍没能入仕为官；他的弟弟王旭，虽然做地方官时多有善政，并且得到真宗帝的赏识，但因王旦在朝中任职的缘故，长久没有得到升迁。王旦的两个女婿韩亿和苏耆，同样没有因为岳父在朝中做高官而为自己谋得利益。其子王素在《文正王公遗事》有如下一段记载：

> 公（王旦）之婿韩公（韩亿），例当远。公私以语其女曰："尔勿忧，此一小事也。"一日，召女曰："韩郎知洋州。"女曰："何往

---

① （元）脱脱等：《宋史》卷282《王旦传》，中华书局1977年版，第9552页。
② 同上。
③ （宋）江小虞：《宋朝事实类苑》卷12，上海古籍出版社1981年版，第140页。
④ （元）脱脱等：《宋史》卷282《王旦传》，中华书局1977年版，第9552页。

入川?"公曰:"尔归吾家,且不失所。吾若有所求,他日使人指韩郎妇翁,奏免远适,累其远大也。"……公之婿苏耆,应进士举,唱第之日,格在诸科。故枢相陈文惠尧叟奏上,曰:"苏耆是故苏易简男,王某女婿。"上顾公曰:"卿女婿也?"公不对。乃敛身少却,愿且修学。及出,陈公语公曰:"相公何不一言,则耆及第矣。"公笑曰:"上亲临轩试天下士,至公也。某为冢宰,自荐亲属于冕旒之前,士子盈庭,得不失体?"陈公愧谢之。①

韩亿为王旦大女婿,《宋史·韩亿传》记载,韩亿"举进士,为大理评事、知永城县,有治声。他邑讼不决者,郡守皇甫选辄属亿治之。通判陈州,会河决,治堤费万计,亿不赋民而营筑之。真宗尝欲召试,而与王旦有亲嫌,特召见,改一官知洋州"②。由此可知,韩亿进士及第后,由于为官有政绩,真宗欲召试其委以重任,但因与王旦有亲戚之嫌,特地召见他,最后改派韩亿到边远的洋州(今陕西西乡县)任知州。从《文正王公遗事》记载中不难看出,在韩亿到洋州任职一事上,王旦因韩亿是自己女婿,而没有向皇上"有所求",以奏免韩亿"远适"。王旦的二女婿苏耆,虽然通过了科举考试,但在宣唱及第进士时,面对如果王旦"一言,则耆(苏耆)及第矣"的结果,王旦却缄默不答,结果苏耆落选。王旦缄默不答的原因,是基于"上亲临轩试天下士,至公也。某为冢宰,自荐亲属于冕旒之前,士子盈庭,得不失体"的考虑。王旦这种廉洁为官、不谋私利之行为,在封建时代的官场上是难能可贵的。其实,这种文化品格是王旦一生的追求。《文正王公遗事》记载,王旦临终前,曾请求与他平生相善的杨亿为其撰写遗表,并请求杨亿在他的遗表中"但叙述遭逢,望保圣躬,日亲庶政,进贤用士,不可以将尽之意,更以宗亲为托"。王旦去世后,真宗曾深有感触地说:"王某(王旦)在位最久,未尝有毫发事干朕。"正是因为王旦为政廉洁,所以王旦去世时,"诸子白衣者尚数人"③。

---

① (宋)王素:《文正王公遗事》,载《全宋笔记》第一编第五册,大象出版社 2008 年版,第 195—196 页。

② (元)脱脱等:《宋史》卷 315,载《韩亿传》,中华书局 1977 年版,第 10297 页。

③ (宋)王素:《文正王公遗事》,载《全宋笔记》第一编第五册,大象出版社 2008 年版,第 199、200 页。

其三，王旦用人尊贤使能，不可干以私。有无好的人才，是关系国家治乱安危的根本问题，因此中国历代的政治家、思想家特别注重人才的选拔和使用。同所有贤能士大夫一样，王旦为相期间，知人善任，尊贤使能，绝不以权谋私。对此史书称其"当官莅事，庄严不可犯。其为宰相，务遵守法度……自守直道，不为曲辩所迁。……其于用人，不以名誉，必求其实。苟贤且材矣，必久其官而以为宜某职，然后迁。士虽拂于己者，亦不以私废"①。这是公允之论。有关这方面的例子可谓俯拾即是，举不胜举。据《宋史·王旦传》记载，王旦为相期间，"宾客满堂，无敢以私请"②。谏议大夫张师德为了个人官位，曾两次造访王旦府门求见，但都被王旦拒之门外。张师德"意为人所毁，以告向敏中，为从容明之。及议知制诰，旦（王旦）曰：'可惜张师德。'敏中问之，旦曰：'累于上前言师德名家子，有士行，不意两及吾门。状元及第，荣进素定，但当静以待之尔。若复奔竞，使无阶而入者当如何也。'敏中启以师德之意，旦曰：'旦处安得有人敢轻毁人，但师德后进，待我薄尔。'敏中固称：'适有阙，望公弗遗。'旦曰：'第缓之，使师德知，聊以戒贪进、激薄俗也。'"③王旦用人，一向注重考察被任用者的实际才能，其具体做法是"察可与言及素知名者，数月后，召与语，询访四方利病，或使疏其言而献之。观才之所长，密籍其名，其人复来，不见也。每有差除，先密疏四三人姓名以请，所用者帝以笔点之。同列不知，争有所用，惟旦所用，奏入无不可"④。

其四，王旦为政有识略，处事有智慧。王旦是一个出色的政治家，其为政中处处表现出超人的智慧和谋略。欧阳修在《太尉文正王公（王旦）神道碑铭（并序）》中称王旦"与人寡言笑，其语虽简，而能以理屈人，默然终日，莫能窥其际。及奏事上前，群臣异同，公（王旦）徐一言以定"。对此欧阳修用具体事例列举道：

　　① （宋）李焘：《续资治通鉴长编》卷 90，真宗天禧元年秋七月丁巳，中华书局 2004 年版，第 2073 页。王素《文正王公遗事》中亦讲：王旦"当国，每进用朝士，必先贵实。或曰：若人才。公则曰：'诚知此人。然历官尚浅，人望未著，且俾养望。'岁久不渝而擢任，则荣途坦然，中外允惬。故王沂公执政之日，常行是言，而人皆心服"。见《全宋笔记》第一编第五册，大象出版社 2008 年版，第 193 页。

　　② （元）脱脱等：《宋史》卷 282《王旦传》，中华书局 1977 年版，第 9549 页。

　　③ 同上书，第 9550 页。

　　④ 同上书，第 9549 页。

今上为皇太子，太子谕德见公，称太子学书有法。公（王旦）曰："谕德之职，止于是邪？"赵德明言民饥，求粮百万斛。大臣皆曰德明新纳誓而敢违，请以诏书责之。真宗以问公，公请敕有司具粟百万于京师，诏德明来取。真宗大喜，德明得诏书惭且拜曰："朝廷有人！"大中祥符中，天下大蝗，真宗使人于野得死蝗以示大臣。明日，他宰幸相有袖死蝗以进者，曰："蝗实死矣，请示于朝，率百官贺。"公独以为不可。后数日，方奏事，飞蝗蔽天，真宗顾公曰："使百官方贺而蝗如此，岂不为天下笑邪？"宦者刘承规以忠谨得幸，病且死，求为节度使。真宗以语公曰："承规待此以瞑目。"公执以为不可，曰："他日将有求为枢密使者，奈何？"至今内臣官不过留后。①

宋人李焘《续资治通鉴长编》记载王旦为相期间，"妙于启奏，言简理顺。每与同列论事上前，或枉正相戾，虽未尝廷争，然自守直道，不为曲辩所迁。有识略，善镇定大事"②。应该说，这是对王旦执政才能的中肯评价，符合历史实情。文献资料有关王旦为政的智慧和谋略多有记述。如张耆任马军都帅时，领旨选兵，因下令过于严厉苛刻，兵士欲谋兵变。有人秘密上奏朝廷，皇上诏二府商议如何处理此事。王旦指出，如果将张耆治罪，今后帅臣如何统率兵士；如果逮捕兵变的士兵，则会惊扰其他兵士，不如擢用张耆为枢密副使，使其解除兵权，这样谋变的兵士自然安定。朝廷采纳了王旦的意见，兵士谋变事件得以平息。真宗为此深有感触地对辅臣说："王某（王旦）善镇大事，真宰相也。"③ 在对外事的处理上，王旦更显示出考虑问题的深谋远虑。按照宋辽"澶渊之盟"，宋朝每年向辽交纳一定数量的"岁币"。大中祥符元年（1008），在真宗东封泰山之际，辽朝奏请宋朝在每年"岁币"数量之外，另借一些钱币。当真宗问以如何应对时，王旦指出：契丹此举，是想以此来试探我们，我们不

① （宋）欧阳修：《欧阳修集·居士集》卷22《太尉文正王公神道碑铭（并序）》，载《传世藏书·集库·别集3》，海南国际新闻出版中心1996年版，第93页。

② （宋）李焘：《续资治通鉴长编》卷90，真宗天禧元年秋七月丁巳，中华书局2004年版，第2073页。

③ （宋）王素：《文正王公遗事》，载《全宋笔记》第一编第五册，大象出版社2003年版，第183页。

若以轻微之物满足辽的要求。于是宋代在 30 万岁币之外，另借 3 万，并通报契丹在第二年应给岁币数额内扣除。第二年王旦又吩咐有关部门：契丹所借钱币，是微不足道的，今年仍按原定岁币数目拨付契丹，以后永不为例。此举体现了王旦处事超人的智慧和谋略，不仅使契丹失去了在东封泰山之际借端生事的借口，而且向契丹显示了大宋帝国雄厚的经济实力。对此《宋史》这样评论说："宋至真宗之世，号为盛治，而得人亦多。……王旦当国最久，事至不胶，有谤不校，荐贤而不市恩，救罪辄宥而不费辞。澶渊之役，请于真宗曰：'十日不捷，何以处之？'真宗答之曰：'立太子。'契丹踰岁给而借币，西夏告民饥而假粮，皆一语定之，伟哉宰相才也。"① 翻检史料不难发现，当时朝中大臣对于王旦为政期间的谋略大多给予了高度评价，如尚书张咏认为"深沉有德望，镇服天下，无如王公（王旦）"②。欧阳修甚至称王旦"在相位十余年，外无夷狄之虞，兵革不用，海内富实，群工百司各得其职，故天下至今称为贤宰相"③。也正是因为王旦为政"有识略，善镇定大事"，所以真宗皇帝对其极为信任和倚重，"当国岁久，上益倚信，所言无不听，虽他宰相大臣有所议，必曰王某以为何如，事无大小，非旦言不决"④。

真宗天禧元年（1017），王旦因病去世。王旦病重期间，宋真宗"遣内侍问者日或三四"，"手自和药，并薯蓣粥赐之"⑤，还曾"面赐药酒一鲱，令空腹饮之，可以和气血，辟外邪。文正饮之，大觉安健"⑥。王旦去世后，真宗异常悲痛，亲临王旦住所痛哭，并罢朝三日，悼念王旦。不久，追赠王旦为太师、尚书令、魏国公，谥号文正。几天后，朝中高级将领张旻前赴河阳镇守，依照以往惯例应该设宴为其饮酒钱行，然而朝廷"以旦（王旦）故，不举乐"⑦。宋仁宗时，王旦被朝廷赠书"全德元

① （元）脱脱等：《宋史》卷 282《王旦传》，中华书局 1977 年版，第 9557—9558 页。

② （宋）王素：《文正王公遗事》，载《全宋笔记》第一编第五册，大象出版社 2008 年版，第 194 页。

③ （宋）欧阳修：《欧阳修集·居士集》卷 22《太尉文正王公神道碑铭（并序）》，载《传世藏书·集库·别集 3》，海南国际新闻出版中心 1996 年版，第 92 页。

④ （宋）李焘：《续资治通鉴长编》卷 90，真宗天禧元年秋七月丁巳，中华书局 2004 年版，第 2073 页。

⑤ （元）脱脱等：《宋史》卷 282《王旦传》，中华书局 1977 年版，第 9551 页。

⑥ （宋）彭乘：《墨客挥犀》卷 8，载《全宋笔记》第三编第一册，大象出版社 2008 年版，第 53 页。

⑦ （元）脱脱等：《宋史》卷 282《王旦传》，中华书局 1977 年版，第 9552 页。

老"。仁宗至和二年（1055），王旦之子王素上书仁宗，请求为父王旦立碑。为此宋仁宗亲篆"全德元老之碑"碑额，并命史馆修撰欧阳修撰写神道碑铭，为其歌功颂德。宋神宗元丰二年（1079），王旦之孙王巩请托时任湖州知府的苏轼，为自家厅堂作《三槐堂铭》一文，并将其悬挂于中堂。其文曰：

天可必乎？贤者不必贵，仁者不必寿。天不可必乎？仁者必有后。二者将安取衷哉！吾闻之申包胥曰："人众者胜天，天定亦能胜人。"世之论天者，皆不待其定而求之，故以天为茫茫。善者以怠，恶者以肆，盗跖之寿，孔颜之厄，此皆天之未定者也。松柏生于山林，其始也困于蓬蒿，厄于牛羊，而其终也，贯四时阅千岁而不改者，其天定也。善恶之报，至于子孙，而其定也久矣。吾以所见所闻所传闻考之，而其可必也审矣。国之将兴，必有世德之臣，厚施而不食其报，然后其子孙能与守文太平之主共天下之福。故兵部侍郎晋国王公显于汉、周之际，历事太祖、太宗，文武忠孝，天下望以为相，而公卒以直道不容于时。盖尝手植三槐于庭曰："吾子孙必有为三公者。"已而其子魏国文正公相真宗皇帝于景德、祥符之间朝廷清明天下无事之时，享其福禄荣名者十有八年。今夫寓物于人，明日而取之，有得有否。而晋公修德于身，责报于天，取必于数十年之后，如持左券，交手相付。吾是以知天之果可必也。吾不及见魏公，而见其子懿敏公，以直谏事仁宗皇帝，出入侍从将帅三十余年，位不满其德。天将复兴王氏也欤？何其子孙之多贤也。世有以晋公比李栖筠者，其雄才直气，真不相上下。而栖筠之子吉甫，其孙德裕，功名富贵，略与王氏等，而忠恕仁厚，不及魏公父子。由此观之，王氏之福盖未艾也。懿敏公之子巩与吾游，好德而文，以世其家。吾以是录之。铭曰：

呜呼休哉！魏公之业，与槐俱萌。封植之勤，必世乃成。既相真宗，四方砥平。归视其家，槐阴满庭。吾侪小人，朝不及夕。相时射利，皇恤厥德。庶几侥幸，不种而获。不有君子，其何能国。王城之东，晋公所庐。郁郁三槐，惟德之符。呜呼休哉！①

---

① （宋）苏轼：《苏轼文集》卷19《三槐堂铭（并叙）》，中华书局1986年版，第570—571页。

作为封建时代的文学家，苏轼在《三槐堂铭》一文中，以传统的善恶因果相报的理论思维，对晋国公王祐、魏国公王旦、懿敏公王素三槐王氏族人忠恕仁厚的道德修养和忠孝传家的家族文化进行了歌颂，突出了三槐王氏家族文化内涵和文化意蕴，从而揭示了"魏公之业，与槐俱萌"的内在文化成因。

元祐六年（1091），王旦之孙王巩、曾孙王震率族众于京都开封东门外创建王氏宗祠，因有王祐手植三槐之事，遂将宗祠定名为"三槐堂"①，由苏轼撰写的《三槐堂铭》被刻于石碑，立于显要位置。北宋末年，王旦之墓迁葬故里山东莘县群贤堡村，在建墓的同时建起了新的宗祠，仍以"三槐堂"命名②。借助苏轼脍炙人口的《三槐堂铭》，加以三槐王氏"忠恕仁厚""惟德之符"的家族文化，"三槐堂"及"三槐王氏"逐渐名闻于世人。

王旦入相，使三槐王氏家族走向了兴盛和辉煌，这不仅表现在真宗朝王旦任相时间最长，而且在王旦去世后，真宗又赠其为太师、尚书令、魏国公，同时又"录其子、弟、侄、外孙、门客、常从，授官者十数人。诸子服除，又各进一官"③。可以说，王旦入相，不仅将三槐王氏家族推向了辉煌的顶峰，而且奠定了宋代三槐王氏家族发展的基础。

（三）簪缨相继，世有显人

王旦而后，三槐王氏家族英才辈出。有宋一代三槐王氏子孙族人相继入朝为官，仕宦人数众多，其中爵高位显者不乏其人。正如欧阳修在为王旦之孙王质所作墓志铭中所说：

公讳质，字子野，其先大名莘人。自唐同光初，公之皇曾祖鲁公举进士第一，显名当时，官至右拾遗，历晋、汉、周。而皇祖晋公，

---

① 明人彭大翼在《山堂肆考》卷173《宫室》中记载说："开封府城仁和门外有三槐堂。宋兵部侍郎王祐搆居第时手植三槐于庭曰：'吾子孙必有为三公者。'后子旦果为相，人遂号三槐王氏，子孙因建三槐堂，苏轼为记。"

② 莘县政协、莘城镇：《莘县文史资料第十八辑：槐荫千秋》，山东省聊城新闻出版局2004年版，第245页。

③ （元）脱脱等：《宋史》卷282《王旦传》，中华书局1977年版，第9552页。

益以文章有大名，逮事太祖、太宗，官至兵部侍郎。当真宗时，伯父
文正公居中书二十余年，天下称为贤宰相。今天子庆历三年，公与其
弟素皆待制天章阁。自同光至庆历，盖百有二十余年，王氏更四世，
或以文章，或以功德。①

检索三槐王氏族人仕宦为官者不难发现，有宋一代特别是北宋时期，
官至监察御史、给事中、各部尚书、龙图阁直学士之类的执政大臣不乏其
人，"或以文章，或以功德"而显名于当时的三槐王氏族人亦俯拾即是。
知名者如：

王雍，字子肃，王旦长子，"幼而惇懿，不妄言笑"，因父荫入仕为
秘书省校书郎，到30多岁时改为大理评事。虽然因文正公王旦"以清慎
训诸子，而公（王雍）亦恬于进取也"，"每改秩，必抗章辞避，若不胜
任"，但在父亲王旦光环的荫照下，王雍仕途一路畅通无阻。王旦去世
后，王雍恩荫光禄寺丞，服除，特授大理寺丞，不久迁任太子中允、同判
太府寺。之后累迁殿中丞、通判郑州、群牧判官，累更主客金部司勋员
外，充开封府界提点。宋仁宗宝元初年，升任祠部郎中、京西转运使。庆
历三年（1043），出任淮南转运按察使、判户部勾院。庆历四年（1044），
又迁任司封。庆历五年（1045），迁任两浙路转运按察使，直至去世。虽
然王雍对官位"恬于进取"，但仕宦期间尽职尽责，关爱民生，所谓"生
平仕宦，所为必罄风力，未尝有一毫过差"②。这方面的事例很多，如明
道年间，他在充任开封府界提点时，"岁旱虫蝥，近甸艰食，中出缣帛五
十万，科卖民间，取赀以市粟。公（王雍）曰：'岁凶当发而敛，民将不
堪。'建议封帛中帑，易缯钱，坐仓以籴，众以为便。明年，陨雹杀桑，
缕蚕弗孳。公又上白，用所封之缣，以充常赋，俾民纳镪以代焉，许西之
顿圈，岁诛旁民出薪木五万余，以缮斗门，公命伐官堤之树以足用，民是
以休。又时有余税不能输者，吏甚急之，公请对，具述京师天下根本，当
休养丰息之，今不蠲贷，是趣其流亡也"。对于王雍这些关爱民生之建
议，"上悉从之"。再如王雍任职计省时，"以都下府藏主吏，岁辄一易，

---

① （宋）欧阳修：《欧阳修集·居士集》卷21《尚书度支郎中、天章阁待制王公神道碑铭
（并序）》，载《传世藏书·集库·别集3》，海南国际新闻出版中心1996年版，第87页。
② （宋）苏舜钦：《两浙路转运使司封郎中王公墓表》，载（宋）苏舜钦《苏舜钦集》卷
15，中华书局1981年版，第193页。

往往匿其簿领，用赂更他局，新至者视物之浩繁，弗能究知，因循积十数任，败没欺攘，不可胜纪"。王雍到任后，"奏择他官按籍，以察其交承，以故物之耗登，吏之奸廉，尽可明，不复如故时，迄今以为通制"。像王雍这种"区理事务，穷奸恤隐"的事例"甚众，不可具道"①。

王素，王旦季子，字仲仪。《东都事略》称其"以父遗恩授太常寺太祝、御史中丞。孔道辅荐其材，拜侍御史"②。孔道辅被贬后，王素出任知鄂州。宋仁宗思其贤能，不久将其擢知谏院。史称王素"为吏敢击断，时称其材"③。尤其是出任检察官期间，王素刚直不阿，遇事敢言，苏舜钦称其"刚峭善议论，才敏过人，临事敢决无所屈"④。宋人江少虞《宋朝事实类苑》记载他"自筮仕，所至称为能吏。既升台宪，风力愈劲，尝与同列奏事上前，事有不合，众皆引去，公（王素）方论列是非，俟得旨乃退"，以至仁宗帝称其为"真御史"，议者视其为"独击鹘"⑤。为了兴利除弊，王素任谏官期间不断上疏言事，"尝言'今中外无名之费，倍蓰于前，请省其非急者。'适皇子生，将进百僚以官，惠诸军以赏。素（王素）争曰：'今西夏畔涣，契丹要求，县官之须，且日急矣。宜留爵秩以赏战功，储金缯以佐边费。'议遂已"。王德用向仁宗进纳二女子，王素不顾帝面，上书进行非议。在王素的反对下，"帝动容，立命遣二女出"⑥。受王素"论事无所避"精神的感召，宋仁宗尝召谏官欧阳修及王素等四人，悉赐章服，擢天章阁待制、淮南都转运使、徙知渭州宣抚使⑦。后受转运使刘京市木扰民一事的牵连，王素被降知华州，又落职知汝州。不久又恢复天章阁待制、知渭州，并除龙图阁直学士。之后，迁枢密直学士、知开封府。因求补外，王素又先后除龙图阁学士、知定州、翰

---

①　（宋）苏舜钦：《两浙路转运使司封郎中王公墓表》，载（宋）苏舜钦《苏舜钦集》卷15，中华书局1981年版，第194、195页。

②　（宋）王称撰，孙言诚、崔国光点校：《东都事略》卷40《王素传》，齐鲁书社2000年版，第320页。《宋史》本传称其"赐进士出身，至屯田员外郎"。

③　（宋）王称撰，孙言诚、崔国光点校：《东都事略》卷40《王素传》，齐鲁书社2000年版，第321页。

④　（宋）苏舜钦：《两浙路转运使司封郎中王公墓表》，载（宋）苏舜钦《苏舜钦集》卷15，中华书局1981年版，第195页。

⑤　（宋）江少虞：《宋朝事实类苑》卷46，上海古籍出版社1981年版，第609页。

⑥　（元）脱脱等：《宋史》卷320《王素传》，中华书局1977年版，第10402、10403页。

⑦　（宋）王称撰，孙言诚、崔国光点校：《东都事略》卷40《王素传》，齐鲁书社2000年版，第320页。

林侍读学士、知成都府、知开封府、知许州。英宗治平初年，夏人寇静边砦，王素被召拜为端明殿学士，再次出任渭州知州。"于是三镇、泾原蕃夷故老皆欢贺，比至，敌解去"①。边境安定之后，王素改任澶州观察使、知成德军，不久移青州观察使，迁尚书左丞。宋神宗熙宁初年，王素以端明殿学士知太原府，以工部尚书致仕。

王质，字子野，王旭之子，以荫补入仕，任太常寺奉礼郎、监都进奏院，后因献其文章召试，赐进士及第，先后出任馆阁校勘、集贤校理、尚书祠部员外郎、通判苏州、判尚书刑部、吏部南曹、知蔡州、开封府推官、知泰州、荆湖北路转运使、权知荆南府、史馆修撰、天章阁待制、同判吏部流内铨、度支郎中、知陕州等职。王质所任职之州，虽"率大而难治"，但"必常有善政"②。王质仕宦凸显出为政以仁、刚柔兼济的特点。范仲淹在为其所做墓志铭中说他"为数郡，皆清心以思治，行己以率下，必首崇学校而风化之。人有犯法，非害于物者，必缓其狱，未始深文焉。求民之疾，虽处幽不遗；去民之梗，虽负势不避。此仁人之政，不亦平乎"③。王质这种为政以仁、刚柔兼济的特点在其为政实践中多有体现，如陕州"当四达之会，又用兵而来，吏民疲苦"。而王质知陕州时，"则缓征赋，薄迎劳，屏凶寇，拯孤弱，人乃息肩"④。权知荆南府时，"民有讼婚者，诉曰：'贫无资，故后期。'问其用几何？以俸钱与之，使婚。获盗窃人衣者，曰：'迫于饥寒而为之。'公（王质）为之哀怜，取衣衣之，遣去。荆人比公为子产"。判尚书刑部、吏部南曹、知蔡州时，"始至，发大奸吏一人，去之。绳诸豪猾以法。与转运使争曲直，事有下而不便者，皆格不用。既去其害政者，然后崇学校，一以仁恕临下。其政知宽猛，必使吏畏而民爱"。欧阳修称其"及临事介然，有仁者之勇，君子之刚，乐人之善，如自己出"⑤，正是对王质为政以仁、刚柔兼济仕宦风格的精到概括。王质的为政以仁是与他的孝亲之德紧密相连的，范仲淹

①　（元）脱脱等：《宋史》卷 320《王素传》，中华书局 1977 年版，第 10404 页。

②　（宋）欧阳修：《欧阳修集·居士集》卷 21《尚书度支郎中、天章阁待制王公神道碑铭（并序）》，载《传世藏书·集库·别集 3》，海南国际新闻出版中心 1996 年版，第 88 页。

③　（宋）范仲淹：《尚书度支郎中充天章阁待制知陕州军府事王公墓志铭》，载（宋）范仲淹著，李勇先、王蓉贵校点《范仲淹全集》卷 14，四川大学出版社 2007 年版，第 338 页。

④　同上书，第 337 页。

⑤　（宋）欧阳修：《欧阳修集·居士集》卷 21《尚书度支郎中、天章阁待制王公神道碑铭（并序）》，载《传世藏书·集库·别集 3》，海南国际新闻出版中心 1996 年版，第 87—88 页。

在为王质所作墓志铭有这样一段记述：

> 公（王质）性纯孝，与家人道先君事，必感激泣下。故厚于宗族，每拳拳焉，忧乐同之。弟素（王素），文正（王旦）之子也，自淮南外计改泾原经略使。公食不甘，寝不安，曰："弟有母，老且疾，吾无亲忧。"因入对，请代行。既而弗许。命其爱子规（王规）曰："彼穷塞也，得无危事？汝可侍行而左右之，以均吾忧。"又少弟端（王端），尝不利于春官，处徒劳者久之。公为郎，以岁课当迁，愿移厥恩，召端一试。朝廷许之，赐端进士出身。其友爱之心有如此者。①

儒家学派创始人孔子说过："弟子入则孝，出则悌，谨而信，泛爱众，而亲仁。"② 应该说，王质的为政以仁是他这种孝亲之德的自然延伸。也正是由于他的为政以仁，所以王质每到一地便深得百姓爱戴和欢迎，甚至有王质"每去一州，则百姓号恸，如赤子之慕慈母也"③ 的记载。

王巩，字定国，王素之子。王巩以恩荫入仕，累官大理评事、秘书省正字、太常博士、宾州盐酒税、宗正寺丞、扬州通判、知密州、管勾太平观、知宿州、朝奉郎管勾鸿庆宫、荣州签判等职。王巩为官"志节甚坚，练达世务，强力敢言"，且"上书言事，多切事病"④。因党争，王巩仕途坎坷，入仕后多次被贬，加之其本人"跌荡傲世，好藏否人物，其口可畏，以是颇不容于人，每除官，辄为言者所论，故终不显"⑤。王巩亦是北宋历史上著名的文学家，一生与苏轼交游密切，其起伏荣辱与苏轼密切相连。对此《宋史翼》卷26《王巩传》曾称其"有隽才，长于诗，从苏轼游。轼守徐州，巩往访之，与客游泗水，登魋山，吹笛饮酒，乘月而归。……轼（苏轼）得罪，巩（王巩）亦窜宾州"。

---

① （宋）范仲淹：《尚书度支郎中充天章阁待制知陕州军府事王公墓志铭》，载（宋）范仲淹著，李勇先、王蓉贵校点《范仲淹全集》卷14，四川大学出版社2007年版，第338—339页。

② 《论语·学而》，中华经典藏书本，张燕婴译注，中华书局2006年版，第4页。

③ （宋）范仲淹：《尚书度支郎中充天章阁待制知陕州军府事王公墓志铭》，载（宋）范仲淹著，李勇先、王蓉贵校点《范仲淹全集》卷14，四川大学出版社2007年版，第338页。

④ （清）陆心源：《宋史翼》卷26《王巩传》，中华书局1991年版，第282页。

⑤ 同上书，第283页。《宋史》卷320《王巩传》中亦称王巩"以跌荡傲世，每除官，辄为言者所议，故终不显"。

王靖，字詹叔，王旦之孙。王靖虽然自幼成为孤儿，但其志向远大，《宋史·王靖传》称其"好讲切天下利害"。凭借其祖父王旦的荫庇，王靖由祖荫入仕，历任通判阆州、滁州知州，主管北京御史台。王靖入仕后便呈现出其"好讲切天下利害"的特点，"契丹数遣横使来，靖疏言：'彼利中国赐遗，挟虚声以济其欲，渐不可长，宜有以折之。'又请复明经科，加试贡士以策，观其所学，稍变声律之习"①。之后，王靖先后出任利州路转运判官、提点陕西刑狱、河东长子县知县、开封府推官、广南转运使。熙宁初年，深为宋神宗信任②的王靖又被授任为太常少卿、直昭文馆、知广州。在知广州任上两年，入朝为度支副使，直至去世。

王古，王靖之子，字敏仲，进士及第后为司农主簿，湖南转运判官，提点淮东刑狱，历任工部、吏部、右司员外郎、太府少卿。绍圣初年，迁任户部侍郎，不久以集贤殿修撰出任江、淮发运使，进宝文阁待制、知广州。宋徽宗即位之后，王古再次出任户部侍郎，之后升任户部和刑部尚书，后以宝文阁直学士身份知成都。受崇宁党籍影响，王古被纳入崇宁党籍碑，贬职为衡州别驾，后安置温州任闲职。王古为政忠于职守，勤政爱民，为司农主簿时，"使行淮、浙振旱荒，究张若济狱，劾转运使王廷老、张靓失职，皆罢之"；"奉使契丹，异时北使所过，凡供张悉贷于民，古（王古）请出公钱为之，民得不扰"③。

王震，字子发，王懿曾孙、王克之子，"以父任试铨优等，赐及第。上诸路学制，神宗称其才"④。之后先后出任检正、馆阁校勘、检正孔目吏房等职。元丰官制实行后，王震被授予尚书右司员外郎、起居舍人。在出使巡行西部边疆返朝后，王震又被升任为中书舍人一职。元祐初年，王震先后迁任给事中、以龙图阁待制知蔡州，历五郡。哲宗绍圣初年，再次出任给事中，权吏部尚书，拜龙图阁直学士、知开封府。知开封府时，王震因与章惇"素不相能"⑤而被迁徙为枢密都承旨，后被夺职知岳州，直至去世。

从文献史料的检索中不难看出，北宋一代，是三槐王氏家族成长、发展、

---

① （元）脱脱等：《宋史》卷 320《王靖传》，中华书局 1977 年版，第 10405 页。
② 《宋史》记载："熙宁初，广人讹言交址且至，老幼入保。事闻，中外以为忧。神宗曰：'王靖在彼，可无念'。"见（元）脱脱等《宋史》卷 320《王靖传》，中华书局 1977 年版，第 10405 页。
③ （元）脱脱等：《宋史》卷 320《王古传》，中华书局 1977 年版，第 10405、10406 页。
④ （元）脱脱等：《宋史》卷 320《王震传》，中华书局 1977 年版，第 10406 页。
⑤ 同上书，第 10407 页。

兴盛时期，其时家族不仅人丁壮大，而且众多三槐王氏族人入朝仕宦为官，其中不乏官宦显要，而王旦入相，则将三槐王氏家族推向了辉煌的顶峰。

（四）王伦与南宋三槐王氏家族的振兴

北宋后期，在徽宗和钦宗的统治下，政治黑暗、朝政腐败，堵塞了大量正直人士的为官之路。而北宋后期愈演愈烈的党派之争，更是使广大文人士大夫的政治生涯起落无常、仕途不畅。当时处于党派之争的文人士大夫仕途上大都屡屡受挫，"流贬镌废，略无虚日"①，常常是"志未伸，行未果，谋未定，而位已离矣"②，承受了大起大落的坎坷波折。

受北宋后期政局黑暗特别是北宋后期激烈党争的影响，三槐王氏家族在激烈的党争中受到打击。如崇宁元年（1102），宋徽宗、蔡京集团在对元祐大臣"或削夺官职，或旋行惩戒"的贬责、打击活动中，三槐王氏族人王巩与朝奉郎知太平州黄庭坚、朝散郎知密州晁补之等 10 余人"并送吏部与合入差遣"。而后又诏令将包括王巩、苏辙、黄庭坚在内的 57 名元祐党人入党籍，"并令三省籍记，不得与在京差遣"③。王巩的从侄王古亦未能幸免。在"检会元祐责降人，除今来见行遣外，有漏落及轻重失当之人""仍令御史、谏职弹劾以闻，余依诏旨施行"进行贬职、惩创活动中，王古与曾肇、陆佃、王朝、丰稷等 17 人又被追列为"三省籍记姓名，不得与在京差遣"④。从《宋史·王古传》记载中可以看出，王古被贬责、列入元祐党籍完全是因为与蔡京意见不合而致。如王古"绍圣初，迁户部侍郎，详定役法，与尚书蔡京多不合。京（蔡京）言：'臣欲用元丰人额雇直，而古乃用司马光法'"，由此王古"堕崇宁党籍，责衡州别驾，安置温州"⑤。何止王巩、王古，在北宋后期党同伐异的党争中，有许多三槐王氏族人受到牵连而贬职。像王震"与章惇皆吕惠卿所荐，

---

① （元）脱脱等：《宋史》卷 471《曾布传》，中华书局 1977 年版，第 13715 页。

② （清）王夫之：《宋论》卷 2，中华书局 1964 年版，第 46 页。

③ （宋）杨仲良撰，李之亮校点：《皇宋通鉴长编纪事本末》卷 121《禁元祐党人》，黑龙江人民出版社 2006 年版，第 2023、1024、1026 页。《宋史翼·王巩传》对此亦有记载：王巩"崇宁元年，送吏部与合入差遣。入党籍"。见（清）陆心源《宋史翼》卷 26《王巩传》，中华书局 1991 年版，第 283 页。

④ （宋）杨仲良撰，李之亮校点：《皇宋通鉴长编纪事本末》卷 121《禁元祐党人》，黑龙江人民出版社 2006 年版，第 1027 页。

⑤ （元）脱脱等：《宋史》卷 320《王古传》，中华书局 1977 年版，第 10406 页。

而素不相能。府奏狱空，哲宗疑不实。震（王震）谓惇抑己，于是颍昌盖渐有讼，许赂惇子弟，震捕渐掠治，颇得踪迹。惇惧，以狱付大理，而徙震为枢密都承旨，遂坐折狱滋蔓、倾摇大臣夺职知岳州"①。再如王旭曾孙王毅，也曾因在政和年间"上书得罪"蔡京而被贬斥，如果不是因为其子王伦"奉使金国，有请于朝"而使朝廷特下诏追复王毅原有官职承议郎一职②，王毅很可能被终身贬斥。

北宋后期的崇宁党禁对元祐党人打击是非常大的，当时凡名列党籍碑的官员，"皆锢其子孙，不得官京师及近甸"③。正是由于受北宋后期激烈党争影响，三槐王氏家族至北宋末期表现出明显的衰微趋势。有专家学者的研究表明，"王古之后，至金军入侵开封的一段时期内，现存资料已极少发现王氏家族子弟在中上层政治舞台上的活动情况"，"到北宋末期，王氏家族的冠冕世家地位已难以维持"④。这是符合历史实情的公允之论。检索北宋后期三槐王氏家族仕宦情况不难看出，至北宋末年，三槐王氏族人在朝中任高官者已寥寥无几。

进入南宋，三槐王氏家族又逐渐走上复振之路。这一时期，在朝中出任高官者明显增多。其中较有名者如：王祐五世孙、王端之子王悦，南宋建炎年间进士及第、殿试二甲第一名，先后出任翰林院编修、侍讲学士、兵部侍郎、礼部尚书、观文殿大学士，拜丞相，兼理枢密院，赠太师、龙图阁直学士；王巩之子王皋，生活于北宋南宋之交，官至太尉；王震次子王仲，官至尚书、金部员外郎；王仲之子王从，南宋乾道年间官至信州知府；王从长子王淹，南宋嘉泰年间官至筠州知府；王皋长子王易，袭授殿帅府太尉；王皋季子王诗，官至礼部尚书、集贤殿大学士⑤。而王毅之子王伦，则是进入南宋以后振兴三槐王氏家族的关键人物。

王伦（1084—1144），生活在北宋和南宋之交，字正道，大名莘（今山东莘县）人，南宋著名使臣。

王伦是北宋名相王旦弟弟王旭的玄孙，其"祖端，父毅，俱以材

---

①　（元）脱脱等：《宋史》卷 320《王震传》，中华书局 1977 年版，第 10407 页。

②　（清）徐松辑：《宋会要辑稿》职官 76 之 66，中华书局 1957 年版，第 4128 页。

③　（元）脱脱等：《宋史》卷 472《蔡京传》，中华书局 1977 年版，第 13724 页。

④　王善军：《宋代世家大族：个案与综合之研究》，博士后学位论文，四川大学，2003 年。

⑤　参见杨巨源、朱文生《三槐人物》，见《莘县文史资料第十八辑：槐荫千秋》，山东省聊城新闻出版局 2004 年版，第 201—202 页。

显"①。到了他这一代，因其父弹劾蔡京被罢官，家道中衰。王伦少年时期放荡不羁，往来于汴京和洛阳之间，多次犯法而幸免②，直到 40 岁，尚无成就，整日和市井无赖游于汴京城中③。对于仕宦之前的王伦，宋人王明清在《挥麈录·后录》有这样一段记述：

> 王伦，字正道，三槐王氏之裔。……家贫无行，不能治生，为商贾，好椎牛酤酒，往来京、洛，放意自恣，浮沉俗间，亦以侠自任，周人之急，数犯法，幸免。闻士大夫之贤者，倾心事之。先人在京师，正道间亦款门。先人以其倜傥，待颇加礼。一日，从先人乞诗送行，云天下将乱，欲入庐山为道士。宣和末，先人去国，不复相闻。正道少与孙仲益有布衣旧，仲益官中都，每周旋之。靖康末，李士美罢相就第，正道忽直造拜于堂下，士美问其所以，自言："愿随相公一一至禁中，有欲白于上。"士美曰："方退闲，荐士非所预也。"正道自此日扫其门。会有旨，令前宰执赴殿廷议事。正道又拜而恳曰："此伦效鸣之时也。"士美不得已，因携之而入，伦自陈于殿下曰："臣真宗故相王旦之孙也。有致君泽民之术，无路而不得进。宣和中尝上书，言大辽不可灭，女真不可盟。果如臣言。今围城既急，它无计策。臣谨当募死士数万，愿陛下侍上皇，挟诸王，夺万胜门，决围南幸。"④

从上述这段文字的记载可以看出，少年时期的王伦虽放荡不羁，浮沉于世俗之间，但具有一股"周人之急"的侠气，并且胸有大志，汲汲于仕进之途以求建功立业。正是凭着这股侠气和建功立业的大志，王伦才敢于"自陈于殿下"，称自己"有致君泽民之术，无路而不得进"，并能在金军即将攻陷都城汴京之时，自告奋勇称要招募敢于献身的兵士数万，帮助上皇和皇亲"夺万胜门，决围南幸"；才能在"敌（金军）入中原，朝廷议割四镇，不决，敌骑奄至，钦宗亟引从臣入内问计"之时，"窜名缀

---

① （宋）王明清：《挥麈录·后录》卷 8，上海书店出版社 2001 年版，第 142 页。
② 参见（元）脱脱等《宋史》卷 371《王伦传》，中华书局 1977 年版，第 11522 页。
③ 参见（元）脱脱《金史》卷 79《王伦传》称其"侠邪无赖，年四十余尚与市井恶少群游汴中"。
④ （宋）王明清：《挥麈录·后录》卷 8，上海书店出版社 2001 年版，第 142—143 页。

从臣，直前乞上早戒严"①。

王伦汲汲于仕进以求建功立业的愿望终于借助于他放荡不羁的秉性得以实现。北宋靖康元年（1126），京城汴京失守，钦宗皇帝到了宣德门，京城的人喧闹不止，几成乱局。就在此时，王伦径直来到钦宗面前，毛遂自荐说自己能控制局面，并要求得到官职。这样通过自荐其才，王伦被钦宗以手写纸书的形式授为兵部侍郎。王伦乃率恶少数人，安抚平定了喧闹的人群。京城乱局平息之后，宰相何㮚以王伦"小人无功"为由，只是上奏朝廷增补王伦为修职郎一职。

靖康二年（1127），金灭北宋，金太宗下诏废宋徽宗、宋钦宗二帝为庶人，随后俘虏徽宗、钦宗二帝和后妃、皇子、宗室、贵戚等数千人北撤。宋高宗继位后，为了维持南宋王朝的统治，决定与金议和。为此朝廷广招胆识之士，出任赴金议和使者。当时金人刚刚灭掉北宋，宋朝许多人心有余悸，无人敢充当和谈使臣，而王伦慨然报名应召。于是朝廷授以王伦朝奉郎和刑部侍郎的官职，让他出使金国。对于王伦慨然应召出使金国的举动，时人汪藻曾给予高度评价，说王伦"胄出公侯，资兼勇智，言念主忧，而臣辱何有于生，如皆已佚，而人劳孰当其责？虽淹回之未试，独慷慨以请行"②。指出王伦作为贵族子孙，关键时刻慷慨请行，替君担忧，实为难能可贵。

高宗建炎元年（1127），王伦与副使朱弁奉命出使金国。可是刚到金国，就被金左副元帅宗翰扣留在云中（今山西大同）软禁起来，过了很久，金朝才派乌陵思谋去面见王伦。在和谈中，王伦不卑不亢，要求金人遵守两国签订的海上盟约，放弃侵宋战争，使南北人民免遭战争蹂躏和摧残，并要求放归徽宗、钦宗二帝，退回侵占的大宋疆土。当时金人意欲一举灭宋，并没有议和的打算，所以一直将王伦扣留在云中。直到绍兴二年（1132），在南宋军队给予南下金军重创的情况下，金人才有了议和的意向，这才把软禁5年之久的王伦放归南宋。

绍兴二年（1132）秋，王伦回到临安，将在金国了解的详细情况向高宗进行了面奏。高宗对王伦备加优奖，升其为右文殿修撰，主管万寿

---

① （宋）叶绍翁：《四朝闻见录》甲集卷1《请斩秦桧》，文渊阁四库全书本。

② （宋）汪藻：《浮溪文粹》卷2《修职郎王伦改朝奉郎充大金通问使制》，文渊阁四库全书本。

观，还把王伦两个弟弟和一个侄子录用为官。当时南宋正忙于讨伐伪齐刘豫政权，所以议和之事只好暂时中断。王伦第一次出使金朝虽然没有达到目的，但他在金朝所表现出的凛然气节却受到人们的称赞。如时人王洋称其"以气节自信，将命出疆，去国五年，斯亦勤矣。今其来归，不失使指，庶几平国以靖吾民，官爵利禄，非所爱者"①。

绍兴七年（1137）春，徽宗及宁德皇后在金国去世。十二月，高宗以王伦为徽猷阁待制，假直学士，充迎奉梓宫使，让他第二次出使金国。临行前，高宗嘱咐王伦见到金左副元帅挞懒时，向其晓以利害，把伪齐刘豫政权所占的河南之地归还宋朝。王伦奉诏而行，当王伦一行到达睢阳时，刘豫派人接待他们。刘豫怀疑王伦赴金另有图谋，便想强取国书看，被王伦予以回绝。在被刘豫伪齐政权多次威胁的情况下，适逢金国迎接使者到来，王伦一行渡过黄河，在涿州见到金左副元帅挞懒。为了引起金人对刘豫伪齐政权的不满，王伦将刘豫无礼索取国书的情状向挞懒作了详细描述，并用"豫（刘豫）忍背本朝（宋朝），他日安保其不背大国"之语顺势进行离间②。当年冬天，金人即废掉了刘豫。在完成了交涉徽宗灵柩等事宜后，王伦一行于次年春天便返回南宋，将金人许诺归还徽宗梓宫以及河南地事宜向高宗作了奏报。

绍兴八年（1138）秋，王伦以端明殿学士身份第三次出使金国，向金国皇帝申问归还徽宗梓宫的日期。王伦辞行前，宰相赵鼎就议和事宜向王伦作了具体交代。王伦一行到达金国后，金国皇帝完颜亶设宴三日，而后签书宣徽院事萧哲、左司郎中张通古为江南诏谕使，随同王伦一起南下临安。金国使臣到达南宋临安后，行为放肆傲慢，这引起了朝野舆论的强烈不满，并将其归罪于王伦。当时御史中丞勾龙如渊召见王伦责怪说："公为使通两国好，凡事当与彼中反覆论定，安有同使至而后议者?"③甚至还有朝臣上书高宗，请求斩杀王伦以谢国人。王伦忍辱负重，说服金国使臣遵从宋朝的礼节进行和谈。最终金方答应归还徽宗梓宫、太后及河南地。

绍兴九年（1139）春，宋高宗赐王伦同进士出身、端明殿学士、签

---

① （宋）王洋：《东牟集》卷7《王伦特转朝奉大夫除右文殿修撰主管万寿观诰》，文渊阁四库全书本。

② （元）脱脱等：《宋史》卷371《王伦传》，中华书局1977年版，第11524页。

③ 同上。

书枢密院事，充迎梓宫、奉还两宫、交割地界使。王伦到达东京后，与金右副元帅兀术完成了地界交割，金人退地而去，王伦则受命为东京留守兼知开封府，节制兵马。

在宋金关系问题上，兀术一直是金国主战派的代表。因此当兀术在完成地界交割返回燕都后，即密奏金主，认为挞懒、宗盘把黄河以南地区割给宋，二人一定会与宋朝秘密勾结，现在宋朝使臣已到达汴京，不能让他们出境。王伦在得知这一消息后，即刻派随行人员返回报告朝廷，请求做好准备，并建议张俊守东京，韩世宗守南京，岳飞守河南，吴璘守陕西，以防不测。

绍兴九年（1139）五月，王伦在明知金国主战派势力占据上风的情况下，不顾个人安危，毅然自汴京赴金国议事，第五次出使金国。当他北上达到会宁府时，主张与宋讲和的挞懒已被主战的兀术诛杀，王伦随即被金人扣留。直到十月，王伦才在上京见到金熙宗，将出使议和事宜向金熙宗作了转达。金熙宗对此毫无关心，而是令翰林待制耶律绍文为宣勘官，向王伦传谕："卿留云中已无还期，及贷之还，曾无以报，反间贰我君臣耶？"① 以此为由，金人先将出使金国的副使蓝公佐遣回南宋，而后拘留王伦为人质，不久，将王伦转到河间软禁起来。

绍兴十年（1140），金人撕毁盟约，渡过淮河向南宋发动了大规模进攻，金军再次夺取河南。在此期间，金人对软禁在河间的王伦多次进行诱降，但都被王伦严词拒绝。绍兴十四年（1144），金国又以官爵为诱惑，劝说王伦投降。对此王伦以"奉命而来，非降也"之语给予回绝。金人用各种办法威逼利诱，还遣使来催逼王伦投降，但王伦毫不动摇。金人无奈，只好下令缢杀王伦。行刑前，王伦冠带南向而拜，恸哭道："先臣文正公（王旦）以直道辅相两朝，天下所知。臣今将命被留，欲污以伪职，臣敢爱一死以辱命！"② 说完慷然就死，终年61岁。王伦死后，南宋朝廷诏赠其为通议大夫，赐其家金千两、帛千匹，谥号愍节。

王伦后半生，为了迎回徽宗、钦宗二帝，收回被金占领的大宋疆土，前后五次出使金国，历尽艰辛，最终因拒绝金人的诱降而被杀害。对于这样一个以身殉国的南宋世臣，却因其出使金国而达成和议一事而受到许多

---

① （元）脱脱等：《宋史》卷 371《王伦传》，中华书局 1977 年版，第 11525 页。
② 同上书，第 11526 页。

同代人的诋毁。如"胡铨疏斥其狷邪小人，市井无赖，张焘疏斥其虚诞，许忻疏斥其卖国"，以至于"众口一词，以为非善类"①。

对王伦出使金国、临难死节的精神和行为，也有许多赞誉之词。如绍兴九年（1139），在王伦同签书枢密院事的制词中曰："具官王伦，宇量坦夷，机神敏悟，出先正名贤之后，有流风遗范之存，事不辞难，行不择利，奉万里之使，无以家为；道二国之言，各如意出。卓尔倾河之辩，毅然叱驭之忠。郦生凭轼，以下齐城；毛遂定盟，而重赵国。揆其成效，有溢前闻。"② 宋人楼钥在《王节愍公忠肃庙碑》中则称王伦"上承三槐之盛，以忠义自奋，风烈昭灼"③。清代史学家赵翼在《廿二史札记》中更是对王伦出使金国、临难死节行为给予高度评价。以下不妨转述如下，借以窥其大意：

> 王伦使金，间关百死，遂成和议。世徒以胡铨疏斥其狷邪小人，市井无赖，张焘疏斥其虚诞，许忻疏斥其卖国，遂众口一词，以为非善类；甚至史传亦有家贫无行，数犯法幸免之语。不知此特出于一时儒生不主和议者之诋諆，而论世者则当谅其心，记其功，而悯其节也。伦本王旦弟勖之后，初非市侩里魁。其奉使在建炎元年，是时金人方掳二帝北去，凶焰正炽，谁敢身入虎口，伦独慷慨请行，其胆勇已绝出流辈。及至金，被留。久之，粘罕使乌陵思谋至，伦即以和议动之，欲使其还两宫，归故地。粘罕虽不答，然和议实肇端于此，即洪皓之以"畏天、保天"语悟室，犹在后也。已而粘罕有许和意，绍兴二年，先遣伦归，次年即遣李永寿、王翊来，值刘豫内犯，议遂中格。七年，徽宗、郑后讣至，复遣伦充使奉迎，并乞河南、陕西地。是冬，豫既废，伦入见金主，金遂以乌陵思谋、石庆偕伦来议。八年，再使金，金即遣张通古等来，许归梓宫、母后及河南、陕西地。九年，伦充使再往，金竟以河南、陕西地先付之，设使金不渝盟，则存殁俱归，境土得复，伦之功岂南渡文武诸臣所可及哉！只以

---

①　（清）赵翼著，王树民校证：《廿二史札记校证》卷24《王伦》，中华书局1984年版，第518页。许忻甚至称王伦"虽闾巷之人，亦知其取笑外夷，为国生事。今无故诱狂敌悖慢如此，若犹倚信其说而不寝，诚可恸哭"。见（元）脱脱等《宋史》卷422《许忻传》。

②　（宋）徐梦莘：《三朝北盟会编》卷191，上海古籍出版社1987年版，第1376页。

③　（宋）楼钥：《攻媿集》卷60《王节愍公忠肃庙碑》，文渊阁四库全书本。

金人自悔失策，旋毁前议，伦遂被拘于河间。其后和议再成，遂不得身预其事。然创议于敌势方张之时，与收功于两国将平之日，其难易既不同，且伦之议和则请帝后疆土全归，而未议及岁币，迨秦桧主和，则寸土不归，反岁输银绢二十五万两匹，徒得一母后二旅柩而已，其难易更不可以道里计。而况李永寿等之来，赖伦以云中旧识，稍损其骄倨。张通古等之来，又赖伦委曲调护，使秦桧就馆受书，以免屈万乘之尊。是其周旋于事势难处之会，即朱弁、洪皓辈有不能及者。盖弁、皓仅完臣节，伦则兼齐国事，其所任为独难。故皓归亦极言伦以身徇国，弃之不取，缓急何以使人，实深服其心力俱殚也。及被拘六年，金人欲用为平滦三路都转运使。其时两国和议久成，化仇为好，即受金官职，亦非反颜事仇，况家本莘县，乡土已属于金，于私计亦甚便，乃力拒不受，甘被其缢死。（金史谓伦已受官，又辞，乃缢死。宋史则谓不受官而被害。按伦如果受官，岂复抗辞，是必未受官也）是不惟谋国之忠，历百艰而不顾，而徇国之烈，甘一死而不挠，视弁、皓等得归故国，身受宠荣者，其身世尤不幸，志节尤可悲也。而区区身后之名，又以市井无赖数语传为口实，至今耳食者几视为幸功掉阖之人，此不可不急为别白也。①

王伦第一次出使金国，正是金人"凶焰正炽"之时，而王伦不怕身入虎口，慷慨请行，其胆勇已绝非常人之辈所能比拟；从绍兴七年到绍兴八年，王伦又三次出使金国，并于绍兴九年促成金宋协议，收回了河南、陕西之地，假如金人不违背盟约，则宋王朝失土复得，"王伦之功岂南渡文武诸臣所可及哉"；王伦之议和与后来的秦桧之议和有本质区别：王伦之议和，是迎回徽宗、钦宗二帝，并收归失去的疆土，而没有议及岁币，而秦桧之主和，不仅寸土不归，反而每年向金国输送银绢25万两匹；在金国主战派势力要重燃战火之际，王伦依然慨然出使金国，被拘之后面对金人的种种威逼利诱，拒不受降，宁愿被缢死，"是不惟谋国之忠，历百艰而不顾，而徇国之烈，甘一死而不挠"。应该讲，赵翼的评价是公允的，也是中肯的。王伦生死关头以死表忠节，真正体现了儒家所倡导的

---

①　（清）赵翼著，王树民校证：《廿二史札记校证》卷24《王伦》，中华书局1984年版，第518—520页。

"奉君忘身，循国忘家，正色直辞，临难死节"的忠道。

　　王伦出使金国和生死关头为国尽忠的精神与行为，不仅给王伦本人，而且给三槐王氏族人带来了极大的荣耀。王伦生前不仅因出使金国不断地被加官晋爵，死后南宋朝廷诏赠其为通议大夫，赐其家金千两、帛千匹，谥号愍节。王伦的后代子孙也大都封官晋爵，跻身于仕途。据楼钥所撰《签书枢密院事赠资政殿大学士谥节愍王公（王伦）神道碑》①记载，王伦有二子，长子王述，累官朝请郎、通判光州军州事，赠奉直大夫；次子王逸，封官朝请大夫，主管华州云台观。王述有子五人，王朴，承奉郎；王棣，承直郎，监三省枢密院激赏库；王杞，修职郎、监行在打套局；王梅，中奉大夫、守将作监兼知临安府主管两浙西路安抚司公事；王枢，将仕郎。王逸有子4人，王梓，通直郎；王机，文林郎、新临安府观察推官；王棠，迪功郎、新光州录事参军；王构，迪功郎、新监常州薛堰犒赏酒库。王伦曾孙王炎，从事郎、新监衢州都酒务；王焯，从事郎、隆兴府分宁县主簿。在这些因王伦而荫补入仕的子孙中，王伦之孙王梅又成为"乃祖之后再一次'振兴门户'的关键人物"②。

　　王梅，字汝良，王伦之孙。王伦出使金朝去世后，宋孝宗曾访求王伦之孙中未入仕者3人授以官职，王梅即是其中之一，出任通州海门尉。在通州海门尉任上，王梅曾"乘轻舟入海涛，捕剧贼小吴郎，并其徒十七人获之，狱成，不受赏"③。这一行为，使王梅在当时的通州海门县声名大震。宋宁宗开禧二年（1206），南宋在宰相韩侂胄的主持下，发动了对金朝战争——开禧北伐，企图恢复被金朝占领的中原地区。在南宋军队不断受挫的情况下，南宋不得不向金谋求议和，然而"凡七遣使无成"。当时有近臣将王梅推荐于朝廷，擢升其为监登闻鼓院、假右司郎中，让他持国书出使金朝。王梅受命后"归白其母，母曰：'而祖以忠死国，故恩及子孙。汝其勉旃，毋以吾老为念。'乃拜命，疾驱抵敌所"④。王梅持书抵达金朝后，凭借其智慧，最终促使宋金和议达成。同其祖父王伦出使金朝一样，王梅出使金朝归国后同样被封官晋爵，擢任为军器少监，知楚州，累官至太府卿。告老归乡时，又"以右文殿修撰知太平州，加集英殿修

---

　　① 参见（宋）楼钥《攻媿集》卷95，文渊阁四库全书本。
　　② 王善军：《宋代世家大族：个案与综合之研究》，博士后学位论文，四川大学，2003年。
　　③ （元）脱脱等：《宋史》卷395《王梅传》，中华书局1977年版，第12062页。
　　④ 同上。

撰"致仕。去世之后，赠宝章阁待制。① 应该说，三槐王氏能在整个两宋时代"族系繁昌，衣冠鼎盛，名德相望"②，能被时人称为"道德忠义，勋在王室，为本朝第一故家"③，在很大程度上是与王伦、王柟这些"祖孙相望，勋在社稷，可谓无负三槐之家风"④ 的家族精英密不可分的。

总之，自宋初三槐王氏族人王祐入仕为官，其后代子孙便源源不断登朝入仕，代不乏人，其中更有一大批三槐王氏族人跻身于中上级官僚队伍的行列，在政治舞台上扮演着重要的社会角色，发挥着重要的作用。从宋代三槐王氏仕宦情况的统计中不难看出，自北宋王祐之子王旦官至宰相到南宋末年的王葆，至少有 30 位三槐王氏族人为朝廷中上级官员，知名者如王祐、王旦、王旭、王素、王质、王靖、王巩、王古、王震、王伦、王柟在官修断代史书《宋史》中均有传记，其中爵高位显、在朝担任要职的有 16 人。作为宋代一个簪缨相继的名门望族，三槐王氏家族不仅在政治上具有较大的影响，而且在文化、学术领域也颇有建树和贡献，文化名人辈出。像王速"通贯汉史，尝辩班固抵牾，为《西汉决疑》三卷、补注杜诗三卷，编集南北战争事实，为《南北龟鉴》，诗文至多，少作皆弃不取存者尚十卷"，"其教子弟尝曰：'欲为文，必自先秦文章；欲为诗，必自三百篇以及骚选唐人；欲作字，必自锺王诸公。'故公（王速）之诗文，皆高古，字画有水墨积习之功，尤精小楷，手抄书盈溢巾衍，首尾遒整，开卷粲然"⑤。王泰来"蚤以诗鸣宝祐、开庆间，有集行于时。中书卢公为之叙引，至是褒益赋咏，铭赞，杂著，得凡若干卷，藏于家"⑥。其他如"笃志词学""文章清节兼著"的王祐，"好学有文"⑦ 的王旦，"自励学问"⑧ 的王素，"兼通佛老微旨"⑨ 的王质，"有隽才，长于诗"

---

① （元）脱脱等：《宋史》卷 395《王柟传》，中华书局 1977 年版，第 12063 页。
② （宋）楼钥：《攻媿集》卷 95《签书枢密院事赠资政殿大学士谥节愍王公神道碑》，文渊阁四库全书本。
③ （宋）晁补之：《鸡肋集》67《朝请郎王君墓志铭》，文渊阁四库全书本。
④ （宋）楼钥：《攻媿集》卷 60《王节愍公忠肃庙碑》，文渊阁四库全书本。
⑤ （宋）楼钥：《攻媿集》卷 90《国子司业王公行状》，文渊阁四库全书本。
⑥ （元）赵孟頫：《松雪斋集》卷 8《有元故征士王公墓志铭》，文渊阁四库全书本。
⑦ （元）脱脱等：《宋史》卷 282《王旦传》，中华书局 1977 年版，第 9543 页。
⑧ （宋）张方平：《乐全集》卷 37《宋故端明殿学士金紫光禄大夫行工部尚书致仕上柱国太原郡开国公食邑三千八百户食实封一千二百户谥懿敏王公神道碑铭并序》，文渊阁四库全书本。
⑨ （宋）范仲淹：《尚书度支郎中充天章阁待制知陕州军府事王公墓志铭》，载（宋）范仲淹著，李勇先、王蓉贵校点《范仲淹全集》卷 14，四川大学出版社 2007 年版，第 339 页。

的王巩，"制词之美""咸有新趣，而衍裕雅重，自成一家"① 的王震，"博综技艺，有家集十卷"② 的王元，以及王旭、王靖、王从、王淹等一大批三槐王氏族人，皆有文名，有诗文存世。清代莘县训导陈济在其诗文中所说的"三槐令誉依时存，百代文章与道俱"③，正是对三槐王氏族人在文化领域中所取得建树的由衷赞誉。也正是因为三槐王氏家族英才贤人辈出，所以三槐王氏发祥地——王言始定居之莘县王家堡因此改名为"群贤堡"④。其家族名声之高，影响之大，由此可见一斑。应该说，三槐王氏家族在宋代能成为一个誉满朝野的名门望族，与三槐王氏英才贤人辈出是紧密相连的，正所谓古训所言"积善之家，必有余庆"⑤。

附 宋代三槐王氏家族成员仕宦情况一览表⑥

世系	姓名	父名	主要官职	史料来源
第1代	王祐	王彻	潞州知州、殿中侍御史、知制诰、集贤院修撰、户部员外郎、权知大名府	（元）脱脱等：《宋史》卷269《王祐传》
第2代	王懿	王祐	知袁州	（元）脱脱等：《宋史》卷269《王祐传》
	王旦	王祐	知贡举、给事中、工部侍郎、参知政事、同中书门下平章事	（元）脱脱等：《宋史》卷282《王旦传》
	王旭	王祐	知颍州、兵部郎中、知应天府	（元）脱脱等：《宋史》卷269《王祐传》附《王旭传》

① （宋）周必大：《文忠集》卷52《元丰怀遇集后序》，文渊阁四库全书本。
② （宋）晁补之：《鸡肋集》67《朝请郎王君墓志铭》，文渊阁四库全书本。
③ （清）陈济：《王文正公墓》，载莘县政协、莘城镇《莘县文史资料第十八辑：槐荫千秋》，山东聊城新闻出版局2004年版，第297页。
④ 杨巨源：《三槐堂王化王氏宗谱序》，载莘县政协、莘城镇《莘县文史资料第十八辑：槐荫千秋》，山东聊城新闻出版社局2004年版，第267页。
⑤ （清）王永彬著，徐永斌评注：《围炉夜话》，中华书局2008年版，第15页。
⑥ 本表主要依据李贵录《北宋三槐王氏家族研究·北宋三槐王氏世系考》，以及正史、墓志铭等史料编制而成。

续表

世系	姓名	父名	主要官职	史料来源
第3代	王谅	王懿	水部郎中	（清）王国栋：《王氏宗谱·三槐王氏》
	王睦	王懿	将作监主簿、太子中书舍人	（清）王国栋：《王氏宗谱·三槐王氏》
	王雍	王旦	司封郎中	（宋）王称：《东都事略》卷40《王旦传》
	王冲	王旦	左赞善大夫	（宋）王称：《东都事略》卷40《王旦传》
	王素	王旦	知谏院、知开封、工部尚书	（元）脱脱等：《宋史》卷320《王素传》
	王质	王旭	湖北路转运使、天章阁待制、知陕州	（元）脱脱等：《宋史》卷269《王祐传》附《王质传》
	王徽	王旭	秘书省校书郎	（宋）司马光：《涑水记闻》卷7
	王诲	王旭	知蓝田县	（清）王国栋：《王氏宗谱·三槐王氏》
	王端	王旭	龙图阁待制、秘书监	（清）王国栋：《王氏宗谱·三槐王氏》
第4代	王元	王端	国子监主簿、通判应天府事、朝请郎、知泽州事	（宋）晁补之：《鸡肋集》卷67《朝请郎王君墓志铭》
	王忖	王端	侍御史	（清）王国栋：《王氏宗谱·三槐王氏》
	王克	王谅	大理丞、知丹州	（宋）沈括：《长兴集》卷17《王君墓志铭》
	王洽	王雍	大理丞、	（宋）苏舜钦：《苏舜钦集》卷15《两浙路转运使司封郎中王公墓表》
	王整	王雍	太常寺太祝	（宋）苏舜钦：《苏舜钦集》卷15《两浙路转运使司封郎中王公墓表》
	王庆	王冲	南海部刺史	（清）王国栋：《王氏宗谱·三槐王氏》
	王吉	王冲	殿中丞知台州	（清）王国栋：《王氏宗谱·三槐王氏》
	王靖	王冲	知滁州、开封府推官、太常少卿	（元）脱脱等：《宋史》卷320《王素传》附《王靖传》

世系	姓名	父名	主要官职	史料来源
第4代	王厚	王素	将作监主簿	（宋）张方平：《乐全集》卷37《宋故端明殿学士金紫光禄大夫行工部尚书致仕上柱国太原郡开国公食邑三千八百户食实封一千二百户谥懿敏王公神道碑铭并序》
	王固	王素	大理评事	同上
	王坚	王素	光禄寺丞	同上
	王巩	王素	宗正丞	（元）脱脱等：《宋史》卷320《王素传》附《王巩传》
	王本	王素	大理评事	（宋）张方平：《乐全集》卷37《宋故端明殿学士金紫光禄大夫行工部尚书致仕上柱国太原郡开国公食邑三千八百户食实封一千二百户谥懿敏王公神道碑铭并序》
	王硕	王素	大理评事	同上
	王凝	王素	秘书省正字	同上
	王常	王素	将作监主簿	同上
	王奥	王素	将作监主簿	同上
	王恧	王质	将作监主簿、大理评事、光禄寺丞	（宋）苏舜钦：《苏舜钦集》卷15《两浙路转运使司封郎中王公墓表》；（清）王国栋：《王氏宗谱·三槐王氏》卷2
	王规	王质	大理丞	（宋）苏舜钦：《苏舜钦集》卷15《两浙路转运使司封郎中王公墓表》
	王复	王质	太常寺太祝	（清）王国栋：《王氏宗谱·三槐王氏》
	王蒙	王徽	朝奉郎	（清）王国栋：《王氏宗谱·三槐王氏》
	王黯	王徽	殿中丞、知广州	（清）王国栋：《王氏宗谱·三槐王氏》
	王直	王徽	朝散郎、君左朝议大夫	（宋）晁补之《鸡肋集》卷67《朝请郎王君墓志铭》
	王愍	王海	将作监主簿	（宋）晁补之《鸡肋集》67《朝请郎王君墓志铭》
	王隐	王海	大理评事	（清）王国栋：《王氏宗谱·三槐王氏》
	王愈	王海	国子监直讲、尚书屯田员外郎	（清）王国栋：《王氏宗谱·三槐王氏》
	王康	王海	淄川主簿	（清）王国栋：《王氏宗谱·三槐王氏》
	王令	王海	太常寺主簿、桐庐尉	（清）王国栋：《王氏宗谱·三槐王氏》

续表

世系	姓名	父名	主要官职	史料来源
第5代	王臣	王宣	平海州判官	（清）王国栋：《王氏宗谱·三槐王氏》
	王震	王克	中书舍人、权吏部尚书、知开封府	（元）脱脱等：《宋史》卷320《王素传》附《王震传》
	王实	王恪	大理评事	（清）王国栋：《王氏宗谱·三槐王氏》
	王潜	王恪	天章阁待制	（清）王国栋：《王氏宗谱·三槐王氏》
	王益	王恪	开封尉、兵部郎中	（清）王国栋：《王氏宗谱·三槐王氏》
	王显	王庆	河阳主簿	（清）王国栋：《王氏宗谱·三槐王氏》
	王顼	王庆	右司员外郎	（清）王国栋：《王氏宗谱·三槐王氏》
	王德	王吉	左拾遗	（清）王国栋：《王氏宗谱·三槐王氏》
	王范	王吉	苏州府推官	（清）王国栋：《王氏宗谱·三槐王氏》
	王古	王靖	湖南转运判官、江淮发运使、户部侍郎	（元）脱脱等：《宋史》卷320《王素传》附《王古传》
	王襄	王固	龙图阁直学士、工部和吏部尚书，同知枢密院事	（元）脱脱等：《宋史》卷352《王襄传》
	王祐（字吉老）	王坚	吏部侍郎、知长沙府	（清）王国栋：《王氏宗谱·三槐王氏》
	王皋	王巩	辅国将军、殿帅太尉	（清）王国栋：《王氏宗谱·三槐王氏》
	王开	王奥	监察御史	（清）王国栋：《王氏宗谱·三槐王氏》
	王凯	王复	秘书省校书郎	（清）王国栋：《王氏宗谱·三槐王氏》
	王讷	王黯	知广安军	（清）王国栋：《王氏宗谱·三槐王氏》
	王复（字景仁）	王康	龙图阁直学士、知徐州	（元）脱脱等：《宋史》卷448《王复传》
	王毅	王元	朝请郎	（宋）晁补之：《鸡肋集》卷67《朝请郎王君墓志铭》
	王坦	王元	将作监主簿	（宋）晁补之：《鸡肋集》卷67《朝请郎王君墓志铭》

世系	姓名	父名	主要官职	史料来源
第6代	王僖	王相	监察御史	（清）王国栋：《王氏宗谱·三槐王氏》
	王辰	王向	建康军节度判官	（清）王国栋：《王氏宗谱·三槐王氏》
	王杰	王震	尚书仓部员外郎、起居舍人、知襄阳府	（清）王国栋：《王氏宗谱·三槐王氏》
	王仰	王震	朝议大夫	（清）王国栋：《王氏宗谱·三槐王氏》
	王伸	王震	监密州酒税	（清）王国栋：《王氏宗谱·三槐王氏》
	王偁	王震	承务郎	（清）王国栋：《王氏宗谱·三槐王氏》
	王申	王显	永兴主簿	（清）王国栋：《王氏宗谱·三槐王氏》
	王清	王德	河南节度观察副使	（清）王国栋：《王氏宗谱·三槐王氏》
	王诚	王古	朝散大夫、西京留台	（清）王国栋：《王氏宗谱·三槐王氏》
	王䜣	王耆	朝散大夫	（清）王国栋：《王氏宗谱·三槐王氏》
	王遹	王奇	澶州通判、朝议大夫	（清）王国栋：《土氏宗谱·三槐王氏》
	王藻	王立	德州刺史	（清）王国栋：《王氏宗谱·三槐王氏》
	王蕴	王立	许州节度使	（清）王国栋：《王氏宗谱·三槐王氏》
	王似	王祉	泉州司理参军	（清）王国栋：《王氏宗谱·三槐王氏》
	王华	王时	国子学录	（清）王国栋：《王氏宗谱·三槐王氏》
	王熙	王时	太常博士	（清）王国栋：《王氏宗谱·三槐王氏》
	王然	王时	朝奉大夫	（清）王国栋：《王氏宗谱·三槐王氏》
	王观	王鼎	屯田员外郎	（清）王国栋：《王氏宗谱·三槐王氏》
	王济	王忱	陕县丞	（清）王国栋：《王氏宗谱·三槐王氏》
	王俣	王讷	监察御史	（清）王国栋：《王氏宗谱·三槐王氏》
	王伶	王讷	太常博士、秘书丞	（清）王国栋：《王氏宗谱·三槐王氏》
	王几	王易	通直郎	（清）王国栋：《王氏宗谱·三槐王氏》
	王颐	王易	迪功郎	（清）王国栋：《王氏宗谱·三槐王氏》
	王浚	王迪	文林郎	（清）王国栋：《王氏宗谱·三槐王氏》
	王俣	王毅	从事郎	（清）王国栋：《王氏宗谱·三槐王氏》
	王份	王毅	朝奉郎	（清）王国栋：《王氏宗谱·三槐王氏》
	王仔	王毅	迪功郎	（清）王国栋：《王氏宗谱·三槐王氏》
	王伦	王毅	签书枢密院事	（元）脱脱等：《宋史》卷371《王伦传》；（宋）楼钥：《攻媿集》卷95《签书枢密院事赠资政殿大学士谥节愍王公神道碑》

续表

世系	姓名	父名	主要官职	史料来源
第7代	王述	王伦	朝请郎、通判光州军州事	（宋）楼钥：《攻媿集》卷95《签书枢密院事赠资政殿大学士谥节愍王公神道碑》
	王逸	王伦	朝请大夫	（宋）楼钥：《攻媿集》卷95《签书枢密院事赠资政殿大学士谥节愍王公神道碑》
	王邃	王谞	太常少卿	（清）王国栋：《王氏宗谱·三槐王氏》
	王道	王遹	秘书郎、龙图阁直学士	（清）王国栋：《王氏宗谱·三槐王氏》
第8代	王朴	王述	承奉郎	（宋）楼钥：《攻媿集》卷95《签书枢密院事赠资政殿大学士谥节愍王公神道碑》
	王棣	王述	承直郎，监三省枢密院激赏库	同上
	王杞	王述	修职郎、监行在打套局	同上
	王柟	王述	中奉大夫、太府卿、知太平州、集英殿修撰	（宋）楼钥：《攻媿集》卷95《签书枢密院事赠资政殿大学士谥节愍王公神道碑》；（元）脱脱等：《宋史》卷395《王柟传》
	王枢	王述	将仕郎	（宋）楼钥：《攻媿集》卷95《签书枢密院事赠资政殿大学士谥节愍王公神道碑》
	王梓	王逸	通直郎	同上
	王机	王逸	文林郎、新临安府观察推官	同上
	王棠	王逸	迪功郎、新光州录事参军	同上
	王构	王逸	迪功郎、新监常州薛堰犒赏酒库	同上

三　宋代三槐王氏家族兴盛的时代特征

一个家族的兴盛且能维持数代而不衰，无疑必须具备众多因素，其中，既与社会的政治、制度、文化环境息息相关，也与家族自身的内在文化因素亦即家族文化密切相连。从社会的政治、制度和文化环境层面而言，适宜的政治、制度和文化环境，可以促使一个家族借此而起，在适宜的政治气候和文化土壤中发展起来。从家族自身层面而言，良好的家风、家学，可以促使家族的政治地位和社会声望代代相传，日渐扩大。此诚如钱穆先生所说："一个大门第，决非全赖于外在之权势与财力，而能保泰持盈达于数百年之久；更非清虚与奢汰，所能使闺门雍睦，子弟循谨，维持此门户于不衰。当时极重家教门风，孝弟妇德，皆从两汉儒学传来。诗文艺术，皆有卓越之造诣；经史著述，亦灿然可观；品高德洁，堪称中国史上第一、第二流人物者，亦复多有。"①

宋代三槐王氏家族的崛起和兴盛不是偶然的，而是有着鲜明的时代特征。从根本上说，它亦是上述两个层面相互交织、相互缠绕的结果。概而言之，主要体现在以下三个方面。

(一) 以科举、才能起家，而后其家族成员不少人依靠恩荫入仕为官

唐末五代是一个军阀割据、相互征伐的时代，武人恣意妄为，专权用事，控制了从中央到地方的统治权，相应的是文人的政治地位和社会地位极其低下，所谓"安朝廷，定祸乱，直须长枪大剑，至如毛锥子（指文人），焉足用哉"②，就是这种社会文化心理的反映。与唐末五代重武抑文的文化环境不同，宋代立国后鉴于唐末五代藩镇割据、武人专权用事为害天下的经验教训，采取了"偃武兴文"、以文抑武的治国方略，"兴文教，抑武事"③，欲"以文化成天下"④。为了达到"息天下之兵，为国家建长久之计"⑤ 的目的，开国皇帝宋太祖一方面"杯酒释兵权"，解除了石守信、王审琦等禁军将帅的兵权，"以易武臣之任事者"⑥。另一方面，尊孔崇儒、重用文人，保护文人，规定"不得杀士大夫，及上书言事人"⑦，并不断地将那些"困顿风尘，潦倒场屋"⑧ 的读书人纳入仕途。更重要的是，为了给广大的士人阶层开辟晋升之路，宋王朝发展和完善了唐代的科

① 钱穆：《国史大纲》，商务印书馆 1996 年版，第 309—310 页。
② （宋）薛居正：《旧五代史》卷 107《史弘肇传》，中华书局 1976 年版，第 1406 页。
③ （宋）李焘：《续资治通鉴长编》卷 18，太平兴国二年春正月丙寅，中华书局 2004 年版，第 394 页。
④ （宋）赵与时：《宾退录》卷 9，上海古籍出版社 1983 年版，第 117 页。
⑤ （宋）司马光：《涑水记闻》卷 1，中华书局 1989 年版，第 11 页。
⑥ （元）脱脱等：《宋史》卷 436《陈亮传》，中华书局 1977 年版，第 12940 页。
⑦ （清）潘永因：《宋稗类钞》卷 1，书目文献出版社 1985 年版，第 1 页。
⑧ （宋）王栐：《燕翼诒谋录》卷 1，中华书局 1981 年版，第 1 页。

举制度，进一步抬高了科举选官的地位，并对选才用人的科举制度从多方面进行了改革。

首先，为了使"东西南北之人，尽聚诸路贡士，混合为一，而惟才是择。……使主司莫知为何方之人，谁氏之子，不得有所憎爱薄厚于其间"①，宋代在科举考试中推行了糊名、誊录、别试避嫌、考官锁院制等一系列旨在加强公平竞争、防止请托的措施，严防贵族官僚和考官对科举考试的控制和垄断，以从制度层面保障科举考试中"一切以程文为去留"② 这一公平竞争原则得以实施。

其次，取消隋唐时科举考试中的门第限制，国家广开"贡举之门，广搜罗之路……如工商、杂类人内有奇才异行、卓然不群者，亦许解送"③。相较于唐代，宋代科举取士的大门已经向社会各个阶层敞开，"虽山野贫贱之家，子弟苟有文学，必赐科名"④。时人所说的"今世之取人，诵文书，习程课，未有不可为吏者也。其求之不难而得之甚乐，是以群起而趋之。凡今农工商贾之家，未有不舍其旧而为士者"⑤，正是对宋代广开"贡举之门"的反映。同时为了照顾屡试不中的举人，宋代还允许那些凡"贡于乡而屡绌于礼部，或廷试所不录者"，可以"积前后数举，参其年而差等之，遇亲策士则别籍其名以奏，径许附试"⑥，这就是所谓的"特奏名"或"恩科"考试，以此扩大科举取士的途径。

最后，增加科举录取的名额，提高了科举及第后的待遇。隋唐时代，由于科举考试存在门第上的限制，科举取士的名额极其有限，像唐朝每年取士的人数"百才有一"⑦。而两宋时期，由于科举考试打破了门第限制，增加了寒门士人及第仕进的机会，因而科举录取的名额有了大幅度增加。有专家学者曾据大量的文献资料经过细致的统计与考证得出：北宋贡举共开科考试 81 榜，取士为 60035 人；南宋贡举开科取士共 49 榜，取士 49915 人，再加上制举词科及童子举的考试，两宋通过科举共取士 110411

---

① （宋）欧阳修：《欧阳修集·奏议集》卷 17《论逐路取人札子》，载《传世藏书·集库·别集 3》，海南国际新闻出版中心 1996 年版，第 554 页。

② （宋）陆游：《老学庵笔记》卷 5，文渊阁四库全书本。

③ （清）徐松：《宋会要辑稿》选举 14 之 16，中华书局 1957 年版，第 4490 页。

④ （宋）陈耆卿：《赤城志》卷 37《仙居令陈密学襄劝学文》，文渊阁四库全书本。

⑤ （宋）苏辙：《栾城集》卷 21《上皇帝书》，上海古籍出版社 1987 年版，第 465 页。

⑥ （元）脱脱等：《宋史》卷 155《选举志》，中华书局 1977 年版，第 3609 页。

⑦ （元）马端临：《文献通考》卷 29《选举考二》，中华书局 1986 年版，第 271 页。

人，平均每年取士的人数约为唐代的 5 倍、元代的 30 倍、明代的 4 倍、清代的 3.4 倍①，大量的士人阶层通过科举考试得以入仕为官。不仅如此，宋代还提高了科举及第后的待遇，文人科举考试一旦考中就可以直接授官，而无须像唐朝那样再经过吏部的释褐试，考举及第已成为宋代文人入仕的正途，以至于"自太平兴国以来，科名日重，实用日轻……举天下之人才，一限于科目之内。入是科者，虽杌、饕餮必官之；出是科者，虽周公、孔子必弃之"②。一般来说，在宋代科举及第者的升迁比其他途径的升迁要容易也相对比较快，科举榜发，"士之策名前列者，或不十年而至公辅"③，尤其是"状元登第者，不十余年皆望柄用……虽将兵数十万，恢复幽蓟，逐强虏于穷漠，凯歌劳还，献捷太庙，其荣亦不可及也"④。士人科举及第后所享受的待遇，绝非前代所能比拟。难怪司马光这样说过："国家用人之法，非进士及第者不得美官。"⑤

《宋史·文苑传》序言中有言："自古创业垂统之君，即其一时之好尚，而一代之规模，可以预知矣。艺祖（宋太祖）革命，首用文吏而夺武臣之权，宋之尚文，端本乎此。……自时厥后，子孙相承，上之为人君者，无不典学；下之为人臣者，无不擢科，海内文士彬彬辈出焉。"⑥可以说，宋代科举制度的发展和完善，使唐末五代时期被排斥在政权之外的知识分子登上政治舞台，"大臣，文士也；近侍之臣，文士也；钱谷之司，文士也；边防大帅，文士也；天下转运使，文士也；知州郡，文士也"⑦，大量包括出身贫寒的知识分子借此实现了"学而优则仕"的人生理想，跻身于统治阶级行列，明人郑文康于《送郭廷辉训导龙游序》中所说的"朝为田舍郎，暮登天子堂"⑧一语在宋代已成为社会现实，以往世袭的世家大族已退出历史舞台和社会的政治舞台，随之而来的是科举及第的文人官僚发展成为社会的显贵，一些家族也正是凭借科举的力量而迅

---

① 参见张希清《论宋代科举取士之多与冗官问题》，《北京大学学报》1987 年第 5 期。

② （元）马端临：《文献通考》卷 32《选举考五》，中华书局 1986 年版，第 301 页。

③ （宋）洪迈：《容斋随笔》卷 9《高科得人》，中华书局 2005 年版，第 120 页。

④ （宋）田况：《儒林公议》，载《全宋笔记》第五编第五册，大象出版社 2008 年版，第 88 页。

⑤ （元）马端临：《文献通考》卷 31《选举四》，中华书局 1986 年版，第 292 页。

⑥ （元）脱脱等：《宋史》卷 439《文苑传》，中华书局 1977 年版，第 12997 页。

⑦ （宋）蔡襄：《蔡襄集》卷 22《国论要目》，上海古籍出版社 1996 年版，第 384 页。

⑧ （明）郑文康：《平桥藁》卷 9，文渊阁四库全书本。

速崛起，以至于发展成显赫的仕宦家族或文化家族，或者是官僚与文化为一体的仕宦文化家族。可以说，在"婚姻不问阀阅，取士不问家世"① 的宋代，一个家族的地位并不能像以前门阀时代完全依靠世袭的身份来维持，而主要取决于个人的才能。而看一个人的才能如何，主要看其是否能登科入仕，看其在仕途发展过程中是否具有真才实学，从一定程度上讲，科举及第、真才实学已经成为宋代以后一个家族崛起或持久发展的主要手段。宋代三槐王氏家族的崛起和兴盛，正是对此的最好注解。

与宋代社会文化环境相适应，宋代三槐王氏家族也是依靠科举和个人的才能起家与得以发展兴盛的。

如前所述，作为宋代三槐王氏的第一代，王祐是凭个人才能入仕为官的，并凭借个人政治才干而得以升迁。宋太宗时期，又因其"文章清节兼著"而升任兵部侍郎，由于其德才兼备，"天下望以为相"②。如果不是因为他直道刚正的性格为时势所并不容，凭其才华完全是有可能登上相位的。王祐有三子，其中长子王懿和次子王旦皆进士出身。长子王懿"励志为学，举进士"③；次子王旦为太平兴国五年（980）进士，进士及第后一路升迁，最后凭其出众的才华和德行而荣登相位，担任宰相 10 余年。

在王旦之后的下几代中，随着三槐王氏家族成员的增多，进士出身的人数也随之增多。从笔者所能查阅的文献资料和学界已有的研究成果中可知，在三槐王氏第三代中，10 人中计有 5 人进士及第：王旦次子王冲、三子王素皆为进士出身，王旭有子 5 人，其中长子王质、三子王诲、四子王端皆进士出身。第四代中出现了王吉、王厚、王毖、王复、王黯、王直、王愿、王恰、王准、王整、王检 10 余个进士，第五代则有王白、王震、王益、王顼、王德、王范、王古、王襄、王忱、王发、王毅、王縠等 10 余人获进士出身。第六代又出现了王僖、王辰、王杰、王何、王仪、王遹、王藻、王济、王俣、王然、王华等 10 余名进士。

在以上所列举进士出身的人当中，获得进士身份主要有两种情况。一种情况是直接由科举考试进入仕途的，如王旦、王冲、王古、王诲、王厚、王黯、王襄、王忱、王直、王顼、王德、王范、王白、王发、王道

---

① （宋）郑樵：《通志》卷 25《氏族略第一·氏族序》，中华书局 1987 年版，第 439 页。
② （宋）苏轼：《苏轼文集》卷 19《三槐堂铭（并叙）》，中华书局 1986 年版，第 571 页。
③ （元）脱脱等：《宋史》卷 269《王祐传》，中华书局 1977 年版，第 9243 页。

等。另一种情况则是先荫补入仕，以后因才能突出取得进士出身的。如王旦之子王素，因父亲王旦荫补入仕，但入仕不久便"召试学士院，赐进士出身。复召试，擢通判颍州，更怀州、许州，三迁太常博士"。不久又有"近臣荐其材高，复召试，赐五品服"。为政期间更是因其"政有能名"① 而不断升迁。王旭长子王质，也是因祖父王旦而荫补入官，为太常寺奉礼郎，但他进入仕途后，却是"以文行显"，"所进著文，真宗嘉之，召试学士院，辞入优等，赐进士出身，名动京师。尝师事杨文公（杨亿），文公器之。每谓朝中名公曰：'是子英妙，加于人远矣。'时翰林刘公筠，风岸高峻，缙绅仰望，不得其门而进，乃与诸公共荐公之才敏，天子命公校文于馆中"②。再如王震，也是荫补入仕后又取得进士身份的。《宋史》记载王震"以父任试铨优等，赐及第。上诸路学制，神宗称其才。以习学中书刑房公事，遂为检正。……元丰官制行，震（王震）与吴雍从辅臣执笔入记上语，面授尚书右司员外郎，使自书除目，举朝荣之。兼修《市易敕》，帝谕之曰：'朝廷造法，皆本先王之制，推行非人，故不能善后。且以钱贷民，有不能偿，辄籍其家，岂善政也。宜计其负几何，悉捐之。'震顿首奉诏。进起居舍人，使行西边，还为中书舍人"③。可见，荫补入仕后的王震因才能突出而不断得以升迁。

根据笔者收录资料不完全统计，两宋时代，三槐王氏家族直接通过科举考试进士及第的有 25 位，进入仕途之后被朝廷赐予进士出身的有 6 位，两者相加计有 31 位。由此可见，科举及第或因才能突出而被赐予进士出身是三槐王氏家族崛起乃至走向兴盛的主要途径之一。《续资治通鉴长编》有这样一条史料记载，"颇好学"的王懿之子王睦"尝献书求举进士"，但遭到他的叔父王旦的坚决反对：

---

① （宋）张方平：《张方平集》卷 37《宋故端明殿学士金紫光禄大夫行工部尚书致仕上柱国太原郡开国公食邑三千八百户食实封一千二百户谥懿敏王公神道碑铭并序》，中州古籍出版社 1992 年版，第 643 页。

② （宋）范仲淹著，李勇先、王蓉贵校点：《范仲淹全集》卷 14《尚书度支郎中充天章阁待制知陕州军府事王公墓志铭》，四川大学出版社 2007 年版，第 335 页。苏舜钦在述说王质一生行状中则称王质"尚未冠，又以文闻奏御，召试学士院，考入进士第。见苏舜钦《苏舜钦集》卷 16《朝奉大夫尚书度支郎中允天章阁待制知陕州军府事平晋县开国男食邑三百户上护军赐紫金鱼袋王公行状》，中华书局 1981 年版，第 210 页。

③ （元）脱脱等：《宋史》卷 320《王素传》附《王震传》，中华书局 1977 年版，第 10406—10407 页。

　　睦（王睦）颇好学，尝献书求举进士，旦（王旦）曰："我尝以门内太盛，尔岂可与寒俊竞进取耶？"至其没也，子素（王素）犹未官。①

　　王旦以家族"门内太盛"为由，反对侄子参加科举考试与寒俊竞争，以至于到王旦去世时，其子王素还未入仕为官。这一史料无疑从一个侧面反映出三槐王氏家族成员进士及第之盛的状况。

　　在宋代三槐王氏家族成员中，也有一部分人没有获得进士身份，但在他们人生历程的发展中，却凭借个人的才能和胆识而取得了功名，并且在仕宦生涯中步步升迁，如王祐三子王旭虽荫补入仕，但其才华横溢，真宗即位之前便"素闻其能"，即位之后，三迁王旭至殿中丞。王矩曾向真宗推荐王旭"材堪治剧"，只是因为王旦任相后，兄弟二人为避嫌，王旭一直没有接受朝廷授予的要职。直到王旦去世后，王旭因其"扬历中外，卓有政绩"，才由兵部郎中出知应天府②。再像王旦之孙王靖"自力于学"，虽然以祖荫入仕，但其能力突出，"好讲切天下利害"，曾"请复明经科，加试贡士以策，观其所学，稍变声律之习"。熙宁初年，"广人讹言交阯且至，老幼入保。事闻，中外以为忧。神宗曰：'王靖在彼，可无念'，即拜太常少卿、直昭文馆、知广州。居二年，入为度支副使"③。有的三槐王氏族人完全是凭个人才干进入仕途的。像王伦虽然进入仕途后被朝廷赐予进士出身，但最初完全是凭个人才能进入仕途的，前述在金军攻陷都城汴京、京城几成乱局情况下，还是一介平民的王伦毛遂自荐帮助朝廷安抚平定了京城乱局，从而获得了修职郎一职；而为了收回被金占领的宋朝疆土，"有致君泽民之术，无路而不得进"的王伦又慨然应召出使金国。在出使金国中，由于其"资兼勇智"④、出使有功而被宋高宗多次晋封，最后官至端明殿学士，加封签书枢密院事，成为枢密院中掌管军政的执政大臣。王元亦是凭其才能而进入仕途的，宋人晁补之在为其撰写的墓

---

　　① （宋）李焘：《续资治通鉴长编》卷90，真宗天禧元年九月己酉条，中华书局2004年版，第2080页。
　　② （元）脱脱等：《宋史》卷269《王旭传》，中华书局1977年版，第9243页。
　　③ （元）脱脱等：《宋史》卷320《王靖传》，中华书局1977年版，第10405页。
　　④ （宋）汪藻：《汪藻集》卷10《修职郎王伦改朝奉郎充大金通问使制》，文渊阁四库全书本。

志铭中称王元"年尚幼，即以才称，故枢密副使薛公向转运陕西，首荐其能，监镇戎军折博务，镇戎当北要路，交易伙它郡。嘉祐末，以钞法害之逮君领事入复羡，以劳擢大理评事，知唐县事"①。

　　当然，在三槐王氏家族中，荫补入仕的人员也占有相当大的比例。在三槐王氏家族中，最早荫补入仕的是王祐三子王旭。而王旦为相，特别是作为北宋初期名相，更是为后代子孙荫补入仕提供了便利。因此从三槐王氏第三代开始，荫补入仕的成员逐渐增多，第三代中王雍、王素、王质、王徽、王淳最早都是通过荫补进入仕途的。第四代中有 10 人荫补入仕。在第五代和第六代中，随着家族成员科举入仕的增多，荫补入仕者相对有所减少，但也有近 10 人荫补入仕。三槐王氏家族第七代，正处于北宋和南宋之交，这一时期，由于金人南侵和北宋灭亡，社会动荡。动荡的年月，使三槐王氏家族科举入仕者极少，但随着王伦出使金朝和为社稷捐躯，大量家族成员却得以荫补入仕。从文献史料中不难发现，在宋代三槐王氏家族历史上，有两次荫补入仕的高潮。一次是王旦去世后，皇帝"录其子、弟、侄、外孙、门客、常从，授官者十数人。诸子服除，又各进一官"②。王旦之子王素在为其父所撰写的《文正王公遗事》中则有这样的记载，说王旦去世后，"诸子外除入见，上恻然感怀，乃谕政府曰：'王某在位最久，未尝有毫发事干朕，甚悼之。诸子各改一官。'前后大臣无此优礼"③。再一次是王伦去世前后，先是"绍兴二年，粘罕忽自至馆中与伦（王伦）议和，纵之归报。是秋，伦至临安，入对，言金人情伪甚悉，帝优奖之。除右文殿修撰，主管万寿观，官其二弟一侄"④。王伦去世后，王伦长子王述和次子王逸直接荫补入官。宋孝宗在位时，因感念王伦出使金朝为社稷捐躯的功绩，又"访求其孙之未禄者三人官之"⑤。王伦去世后，其孙辈成员先后有王朴、王棣、王杞、王栿、王枢、王梓、王机、王棠、王构荫补入仕。据不完全统计，两宋时代，三槐王氏家族荫补入仕的成员达 30 余人之多。

---

　　① （宋）晁补之：《鸡肋集》卷 67《朝请郎王君墓志铭》，文渊阁四库全书本。

　　② （元）脱脱等：《宋史》卷 282《王旦传》，中华书局 1977 年版，第 9552 页。

　　③ （宋）王素：《文正王公遗事》，载《全宋笔记》第一编第五册，大象出版社 2008 年版，第 200 页。

　　④ （元）脱脱等：《宋史》卷 371《王伦传》，中华书局 1977 年版，第 11523 页。

　　⑤ （元）脱脱等：《宋史》卷 395《王栿传》，中华书局 1977 年版，第 12062 页。

宋代三槐王氏家族有大量成员荫补入仕，这也与当时的制度环境相适应，体现了鲜明的时代特征。

荫补有不同的名称，历史上也称世赏、任子、门荫、奏荫、补荫、恩荫、资荫、奏补等①。作为家族后代子孙依靠祖、父辈政治地位而直接入仕为官的一种制度，荫补历史悠久。学界一般认为，荫补制早在秦朝时期就已经产生，到了汉代有了一定程度的发展，此时的荫补虽然成为一种固定的制度，但还不是一种常恩，所以宋人章如愚所编的《群书考索》中称"汉之奏荫，虽有定制而未始有常恩"②。进入唐代，荫补制度有了进一步发展，但也没有成为一种"常例"③，官员子孙荫补入仕的数量和名目也非常有限。进入宋代，荫补制度则发展成一种常恩、常例，成了一种固定的制度，它与科举选官制度一样，极为盛行，用宋人杨万里的话讲，就是"仕进之路之盛者，进士、任子而已"④。宋代的荫补极为泛滥，其荫补的范围之广、名目之多、数量之大，皆为前代所不能比拟，当时"人臣多继世不绝，恩固甚厚"，致使"入仕之门，不知纪极"⑤。有专家学者指出："宋代科举与荫补同时并存，甚至荫补官员的数量大大超过科举官员，因此，两宋时期既是一个科举空前发达的时代，又是荫补过多过滥的时代。"⑥ 这是符合历史实情的公允之论。

对于宋代荫补之盛、之滥，清代史学家赵翼在《廿二史札记·宋恩荫之滥》中有如下一段具体记述：

> 荫子固朝廷惠下之典，然未有如宋代之滥者。文臣自太师及开府仪同三司，可荫子若孙及期亲、大功以下亲并异姓亲及门客；太子太师至保和殿大学士，荫至异姓亲，无门客；中大夫至中散大夫，荫至小功以下亲，无异姓亲，武臣亦以是为差。凡遇南郊大礼及诞圣节，

---

① 王曾瑜先生在其论著《宋朝阶级结构》中指出："奏荫或可称荫补、补荫、恩荫、资荫、奏补、任子等。"见王曾瑜《宋朝阶级结构》，河北教育出版社 1996 年版，第 248 页。

② （宋）章如愚：《群书考索·续集》卷 39《官制门·任子》，文渊阁四库全书本。

③ 所谓"唐制资荫，本只及子孙，他亲无预，又不著为常例。"见（宋）李焘《续资治通鉴长编》卷 169，皇祐二年八月己未，中华书局 2004 年版，第 4055—4056 页。

④ （宋）杨万里：《诚斋集》卷 90《冗官上》，文渊阁四库全书本。

⑤ （宋）李焘：《续资治通鉴长编》卷 169，皇祐二年八月己未，中华书局 2004 年版，第 4056、4055 页。

⑥ 游彪：《宋代荫补制度研究·自序》，中国社会科学出版社 2001 年版，第 8 页。

俱有荫补，宰相执政荫本宗、异姓及门客、医人各一人，太子太师至谏议大夫荫本宗一人，寺长贰、监以下至左右司谏荫子或孙一人，余以是为差。此外又有致仕荫补，曾任宰执及见任三少使相者荫三人，曾任三少及侍御史者荫一人，余以是为差。此外又有遗表荫补，曾任宰相及现任三少使相荫五人，曾任执政官，（至）大中大夫以上荫一人，诸卫上将军四人，观察使三人，余以是为差。由斯以观，一人入仕，则子孙亲族俱可得官，大者并可及于门客医士，可谓滥矣。①

赵翼以上所述，只属于荫补中的"定例"，而"非出于特恩"。宋代荫补除了定例外，还有"特恩"，亦是名目繁多。对于宋代荫补中的"特恩"，赵翼又举例说：

天圣中，诏五代时三品以上告身存者，子孙听用荫，则并及于前代矣。明道中，录故宰臣及员外郎以上致仕者子孙，授官有差，则并及于故臣矣。甚至新天子即位，监司郡守遣亲属入贺，亦得授官，更出于常荫之外矣。曹彬卒，官其亲族门客亲校二十余人；李继隆卒，官其子，又录其门下二十余人；雷有终卒，官其子（及亲族门客）八人，此以功臣加荫者也。……向敏中卒，子婿并迁官，又官亲校数人；王钦若卒，录其亲属及所亲信二十余人，此以优眷加荫者也。……任福战殁，官其子及从子凡六人……徐禧战殁，官其家十二人，此又以死事而优恤者也。范仲淹疏：请乾元节恩泽，须在职满三年者，始得荫子。则仲淹未奏以前，甫莅任即得荫矣。阎日新疏言：群臣子弟以荫得官，往往未离童龀即受俸，望自今二十以上始给。②

从赵翼上述记载不难看出宋代官员子孙荫补入仕之盛、之滥的基本状况。仁宗皇祐二年（1050），礼部员外郎何郯曾检会文武臣僚奏荐亲属条制，统计得出每年仅遇乾元节和郊禋朝廷荫补入仕的人数："文臣自御史

---

① （清）赵翼著，王树民校证：《廿二史札记校证》卷25《宋恩荫之滥》，中华书局1984年版，第535—536页。

② 同上书，第536页。

知杂已上，武臣自合门使已上，每岁遇乾元节，得奏亲属一人。诸路转运使、提点刑狱、三司判官、开封府判官推官，郎中至带馆职员外郎，诸司使至副使，遇郊禋，得奏亲属一人。总计员数，自公卿下至庶官子弟以荫得官，及他横恩，每三年为率，不减千余人。"① 宋代荫补之盛、之滥，由此可见一斑。难怪赵翼无奈发出了"朝廷待臣下固宜优恤，乃至如此猥滥，非惟开倖进制门，亦徒耗无穷之经费"② 之感叹。

在宋代，荫补作为科举考试之外的一种主要入仕途径，它的盛行，无疑为大量中高级官员特别是那些具有社会声望和社会贡献的政治名人家族的发展带来了制度上的优势。宋代三槐王氏家族成员正是依靠祖、父辈的政治地位和社会声望，通过宋代极为盛行的荫补制度而大量入仕为官。在家族成员人人不可能科举及第的情势下，荫补入仕无疑使三槐王氏家族能够世代有人入朝为官，从而使家族政治声名代代相传。不能否认，荫补入仕也是有宋一代三槐王氏家族持久发展不可忽视的因素。

但是也应当看到，家族成员荫补入仕的前提必须是家族中首先出现有作为的政治名人，如前所述，在门阀制度瓦解、"取士不问家世"的宋代，一个人是否能登科入仕，是否能在仕途上有所建树而得以进一步升迁，主要取决于个人的才能和真才实学，这是自宋代以后一个家族崛起或持久发展的主要手段和内在动力。从前述宋代三槐王氏家族崛起及其家族成员荫补入仕的两次高潮中不难看出，宋代三槐王氏家族成员正是凭借第一代王祐的政治才干、第二代王旦的科举及第及其因政治才干而官至相位，以及第六代王伦的社会贡献，才使三槐王氏在科举及第之外有大量的家族成员荫补入仕。而许多荫补为官的家族成员在入仕后又因才学突出被赐以进士出身，或因政治才干得以步步升迁。因此从根本上讲，宋代三槐王氏家族的发展得益于家族成员的科举及第和才能，在此前提下，才有家族成员依靠恩荫入仕为官。这是宋代三槐王氏家族持续发展的内在动力或根本因素。

---

① （宋）李焘：《续资治通鉴长编》卷169，皇祐二年八月己未，中华书局2004年版，第4055页。

② （清）赵翼著，王树民校证：《廿二史札记校证》卷25《宋恩荫之滥》，中华书局1984年版，第537页。

附   宋代三槐王氏家族成员出身情况一览表①

世系	姓名	父名	出身或入仕途径	史料来源
第2代	王懿	王祐	进士及第	(元) 脱脱等:《宋史》卷269《王祐传》
	王旦	王祐	进士及第	(元) 脱脱等:《宋史》卷282《王旦传》
	王旭	王祐	荫补入仕	(元) 脱脱等:《宋史》卷269《王祐传》附《王旭传》
第3代	王雍	王旦	父荫	(宋) 苏舜钦:《两浙路转运使司封郎中王公墓表》,《苏舜钦集》卷15
	王冲	王旦	进士及第	(清) 王国栋:《王氏宗谱·三槐王氏》
	王素	王旦	荫补入仕、赐进士出身	(宋) 王称:《东都事略》卷40《王素传》;(元) 脱脱等:《宋史》卷320《王素传》
	王质	王旭	荫补入仕、赐进士及第	(元) 脱脱等:《宋史》卷269《王祐传》附《王质传》;(宋) 范仲淹:《尚书度支郎中充天章阁待制知陕州军府事王公墓志铭》,《范仲淹全集》卷14
	王徽	王旭	荫补	(清) 王国栋:《王氏宗谱·三槐王氏》
	王诲	王旭	进士出身	同上
	王端	王旭	赐进士出身	(清) 王梓材、冯云濠:《宋元学案补遗》卷3
	王淳(谅)	王懿	荫补	(清) 王国栋:《王氏宗谱·三槐王氏》
第4代	王元	王端	荫补	(宋) 晁补之《鸡肋集》卷67《朝请郎王君墓志铭》
	王克	王淳(谅)	荫补	沈括《王君墓志铭》
	王洽	王雍	荫补	(清) 王国栋:《王氏宗谱·三槐王氏》
	王庆	王冲	荫补	同上
	王吉	王冲	举茂才	同上
	王靖	王冲	荫补	(元) 脱脱等:《宋史》卷320《王靖传》
	王厚	王素	进士及第	(清) 王国栋:《王氏宗谱·三槐王氏》
	王巩	王素	荫补	同上
	王凝	王素	荫补	同上
	王奥	王素	荫补	同上
	王恁	王质	以明经登第	同上

---

① 依据朝代,本表将王祐算作宋代三槐王氏第一代。

续表

世系	姓名	父名	出身或入仕途径	史料来源
第4代	王规	王质	荫补	同上
	王复	王质	进士及第	同上
	王黯	王徽	进士及第	同上
	王直	王徽	进士及第	同上
	王愨	王海	举孝廉	同上
	王隐	王海	荫补	同上
第5代	王臣	王宣	荫补	同上
	王白	王颐	进士及第	同上
	王震	王克	以父任试铨优等，赐进士及第	（元）脱脱等：《宋史》卷320《王震传》
	王益	王恪	进士及第	（清）王国栋：《王氏宗谱·三槐王氏》
	王显	王庆	荫补	同上
	王顼	王庆	进士及第	同上
	王德	王吉	进士及第	同上
	王范	王吉	进士及第	同上
	王古	王靖	进士及第	（元）脱脱等：《宋史》卷320《王古传》
	王襄	王固	进士及第	（元）脱脱等：《宋史》卷352《王襄传》
	王时	王巩	举茂才	（清）王国栋：《王氏宗谱·三槐王氏》
	王皋	王巩	荫补	同上
	王忱	王复	进士及第	同上
	王易	王朴	荫补	同上
	王复	王康	乡贡进士	同上
	王发	王元	进士及第	（宋）晁补之：《鸡肋集》卷67《朝请郎王君（王元）墓志铭》
	王毅	王元	进士及第	（宋）晁补之：《鸡肋集》卷67《朝请郎王君（王元）墓志铭》
	王毂	王元	进士及第	（宋）晁补之：《鸡肋集》卷67《朝请郎王君（王元）墓志铭》

续表

世系	姓名	父名	出身或入仕途径	史料来源
第6代	王僖	王相	进士及第	（清）王国栋：《王氏宗谱·三槐王氏》
	王辰	王向	举茂才	同上
	王杰	王震	赐进士出身	同上
	王偶	王震	荫补	同上
	王何	王霭	举茂才	同上
	王仪	王霭	举茂才	同上
	王遹	王奇	举茂才	同上
	王藻	王立	进士及第	同上
	王华	王时	以秀才荐举	同上
	王然	王时	明经贡	同上
	王济	王忱	进士及第	同上
	王俣	王讷	进士及第	同上
	王伶	王讷	荫补	同上
	王份	王毅	荫补	同上
	王仔	王毅	荫补	同上
	王伦	王毅	赐同进士出身	（元）脱脱等：《宋史》卷371《王伦传》
	王遵	王毅	荫补	（清）王国栋：《王氏宗谱·三槐王氏》
第7代	王道	王遹	政和二年进士	同上
	王悦	王瑞	进士及第	同上
	王述	王伦	荫补	（宋）楼钥：《攻媿集》卷95《签书枢密院事赠资政殿大学士谥节愍王公神道碑》
	王逸	王伦	荫补	（宋）楼钥：《攻媿集》卷95《签书枢密院事赠资政殿大学士谥节愍王公神道碑》
第8代	王朴	王述	荫补	（宋）楼钥：《攻媿集》卷95《签书枢密院事赠资政殿大学士谥节愍王公神道碑》
	王棣	王述	荫补	（宋）楼钥：《攻媿集》卷95《签书枢密院事赠资政殿大学士谥节愍王公神道碑》
	王杞	王述	荫补	（宋）楼钥：《攻媿集》卷95《签书枢密院事赠资政殿大学士谥节愍王公神道碑》
	王柟	王述	荫补	（宋）楼钥：《攻媿集》卷95《签书枢密院事赠资政殿大学士谥节愍王公神道碑》；（元）脱脱等：《宋史》卷395《王柟传》
	王枢	王述	荫补	（宋）楼钥：《攻媿集》卷95《签书枢密院事赠资政殿大学士谥节愍王公神道碑》

续表

世系	姓名	父名	出身或入仕途径	史料来源
第9代	王梓	王逸	荫补	（宋）楼钥：《攻媿集》卷95《签书枢密院事赠资政殿大学士谥节愍王公神道碑》
	王机	王逸	荫补	（宋）楼钥：《攻媿集》卷95《签书枢密院事赠资政殿大学士谥节愍王公神道碑》
	王棠	王逸	荫补	（宋）楼钥：《攻媿集》卷95《签书枢密院事赠资政殿大学士谥节愍王公神道碑》
	王构	王逸	荫补	（宋）楼钥：《攻媿集》卷95《签书枢密院事赠资政殿大学士谥节愍王公神道碑》

（二）姻亲"留意文雅及近世典章官族"，既重视官宦门第，又注重才学

从一定意义上讲，每个时代的婚姻制度或婚姻特色是受该时代政治文化环境影响的，两者紧密相连。魏晋南北朝时期，门阀制度盛行，"上品无寒门，下品无势族"①，门阀贵族垄断了社会的一切资源。与门阀制度的盛行相适应，这一时期的婚姻观念讲究门阀婚姻，男婚女嫁注重门当户对，注重家世门第。历史演进至宋代，随着门阀制度的崩溃，魏晋隋唐时代的"官之选举必由于谱状，家之婚姻必由于谱系"②的旧制瓦解，因此相对于魏晋隋唐时期的门阀婚姻，宋代婚姻出现了新的时代特点，用南宋史学家郑樵的话说，就是"婚姻不问阀阅"③，婚姻中的门第等级观念较之前代大为淡薄④。

宋代"婚姻不问阀阅"是与门阀制度和门阀政治的崩溃相适应的，

① （唐）房玄龄、褚遂良等：《晋书》卷45《刘毅传》，中华书局1974年版，第1274页。
② （宋）郑樵：《通志》卷25《氏族略第一·氏族序》，中华书局1987年版，第439页。
③ 同上。
④ 有专家学者研究表明："唐宋两代在封建地主阶级内部，人们选择配偶的标准发生了深刻的变化：就民间而言，唐代通常'男女婚嫁，不杂他姓'，而宋代'士庶婚姻寖成风俗'；就宰辅而言，唐代往往'女为王妃，男尚主'，而宋代常常'婚姻不求门阀'；就后妃而言，唐代'妙择天下令族'，而宋代'不欲逮于贵戚'……就公主而言，唐代'主婚皆取当世勋贵名臣家'，而宋代'欲求儒生为主婚'；就宗室而言，唐代规定'取门阀者配焉'，而宋代'不限阀阅'，以致'宗室以女卖婚民间'。凡此种种，一概表明：唐代的确属于'家之婚姻必由于谱系'的时代，而宋代'婚姻不问阀阅'不止确有其事，并且足以构成其时婚姻制度的一大特色，堪称中国封建婚姻制度史上的一大变革。"见张邦炜《宋代婚姻家族史论》，人民出版社2003年版，第56页。

是与社会的变革相连的，但是这并不等于说，宋人婚姻不重视门第观念，不重视门当户对。诚如张邦炜先生所精辟论述的那样："'婚姻不问阀阅'仅仅标志着士庶不婚陈规的大体打破，绝不意味着宋代婚姻制度已经失去了封建婚姻制度的共性。"① 事实上，在宋人婚姻观念中，尤其是在宋代的世家大族和官宦家族中，婚姻中的家世观念、门当户对观念仍占有十分重要的地位，只不过与从前的门阀婚姻相比，宋人在选择配偶时"不再讲求以往的家史"，即"可以不考虑姻亲在'历史上'的门第"，而对于姻亲"近世的门第"和"近世的社会地位"仍然是十分重视的，因为"宋代在新的官僚政治体制下，阀阅家世已不能成为家族生存的护身符，更不能成为家族发展的保护神。而在科举选官制度完全确立的宋代，个人能力的大小决定着家族的富贵贫贱，而衡量个人才能的唯一标准，就是看其人能否科举及第"②。可以说，在"一切以程文为去留"的宋代，家族的兴衰起落无不取决于科举中第，所谓"十年寒窗无人问，一日成名天下知"。由此，在宋人的婚姻观念中，对那些进士出身的科举官僚家庭是十分重视的。宋人朱彧所讲的宋朝"贵人家选婿，于科场年，择过省士人，不问阴阳吉凶及其家世，谓之'榜下捉婿'"，以及"富商庸俗与厚藏者嫁女，亦与榜下捉婿，厚捉钱以饵士人，使之俯就"③ 的所谓"榜下择婿"之风，就是对宋代男婚女嫁重视科举官僚以及注重个人门第和才识的注解。宋代三槐王氏家族的姻亲文化，亦很好说明这一问题。

　　作为有宋一代影响深远的名门望族，三槐王氏家族的姻亲是颇具时代特征的。宋人李焘说王旦"婚姻不求门阀"，但却"留意文雅及近世典章官族"④。王旦自己也说"男婚女嫁，自有常礼，与其择富，不如求贤"⑤。事实也是如此，在宋代三槐王氏家族的姻亲对象中⑥，对那些有才

① 张邦炜：《宋代婚姻家族史论》，人民出版社2003年版，第56页。
② 姚兆余：《论北宋世家大族的择偶标准》，《甘肃社会科学》2002年第6期。
③ （宋）朱彧：《萍州可谈》卷1，载《全宋笔记》第二编第六册，大象出版社2006年版，第147页。
④ （宋）李焘：《续资治通鉴长编》卷90，真宗天禧元年九月己酉条，中华书局2004年版，第2080页。
⑤ （清）王梓材、冯云濠：《稿本宋元学案补遗》卷3，北京图书馆出版社2002年版。
⑥ 下述有关宋代三槐王氏家族的姻亲对象，参见李贵录《北宋三槐王氏家族研究》（齐鲁书社2004年版）之《王氏姻亲考》章。

华的年轻人和官宦家族是颇为留意的。而在"一切以程文为去留"的宋代，那些有才华的年轻人大都是进士出身。

王旦，作为三槐王氏家族崛起的关键人物，是一个"留意文雅及近世典章官族"的典型代表，他的4个女儿的姻亲即是最好的说明。

王旦大女婿韩亿，当王旦大女儿嫁给他时，韩亿当时门第还不显赫，但王旦见其有才华，又是新科进士出身，为此王旦不顾族人反对，毅然将大女儿嫁与韩亿。对此，苏舜钦在《太原郡太君王氏墓志》中这样记载说：

> 　　太子少傅、赠太子太保忠宪韩公继室夫人王氏，太尉文正公旦之长女也。初，文正公在重位，夫人长矣，久择婿不偶，日有盛族扳求，而文正公辄却之。时忠宪公初第上谒，文正公一见，遂有意以夫人归焉。族间哗然，以谓韩氏世不甚显大，而上有亲老且严；又前夫人蒲氏有子，当教训抚育，于人情间实难；以夫人少为族人所宠爱，愿于大家著姓为相宜。文正公曰："以吾女性孝而淑贤，必能尽力于夫族，且其节行易以显，亦足见吾家之法度焉。族盛者骄惰恣放，多以侈事相夸逐，是不喜吾女之所向，此非渠辈所晓知也。"遂以夫人归韩氏。①

王旦为女选婿的决定是正确的。韩亿"性方重，治家严饬，虽燕居，未尝有惰容。见亲旧之孤贫者，常给其昏葬"②。作为新科进士，韩亿仕途发展顺畅，升迁迅速。据《宋史·韩亿传》记载，韩亿进士及第后，先后出任大理评事、知永城县、通判陈州、尚书屯田员外郎、知相州、殿中侍御史、侍御史、开封府判官、河北转运使、知青州、判大理寺丞、龙图阁待制、知亳州、兵部郎中、同判吏部流内铨、右谏议大夫、御史中丞。宋仁宗景祐年间，韩亿又以尚书工部侍郎同知枢密院事，不久除户部、参知政事，寻加资政殿学士、知成德军，官至尚书左丞，以太子少傅致仕。韩亿有八子，皆相继登朝入仕，其中不乏显宦。长子韩纲，曾出任

---

　　① （宋）苏舜钦：《苏舜钦集》卷15《太原郡太君王氏墓志》，中华书局1981年版，第190页。

　　② （元）脱脱等：《宋史》卷315《韩亿传》，中华书局1977年版，第10299页。

尚书水部员外郎、知光化军等官职。次子韩综，先荫补入仕为将作监主簿、大理评事，后举进士中第，通判邓州、天雄军，吕夷简自北京入相，荐为集贤校理、同知太常院，历开封府推官、三司户部判官、同修起居注、集贤校理、江东转运使，累迁刑部员外郎、知制诰。三子韩绛，举进士甲科，先后出任通判陈州、直集贤院、开封府推官、户部判官、翰林学士、御史中丞、知开封府、三司使、参知政事等显官，神宗熙宁年间，官至同中书门下平章事（宰相）。四子韩绎，曾任太子中允。五子韩维，以进士奏名礼部，先后出任知制诰、知通进银台司、知通进银台司、龙图阁直学士、知汝州、端明殿学士、知许州、判太常太祝等职。六子韩缜，进士及第，签书南京判官，曾出任殿中侍御史、侍御史、度支判官、两浙、淮南转运使，知开封府、枢密都承旨、龙图阁直学士、太中大夫、同知枢密、知院事等职，哲宗即位后，拜尚书右仆射兼中书侍郎、安武军节度使、知太原府，以太子太保致仕。七子韩纬、八子韩缅，分别出任大理评事、太常寺太祝等职。由此可以看出，至韩亿儿子一代，八子中"多为闻人，绛（韩绛）、缜（韩缜）皆为宰相"①，有四子"登进士科"，且"皆有文闻于时"，故当时"京师士人论世子姓之盛者，以韩氏为称首"②。其家族衣冠之盛，令时人羡慕不已。

王旦的二女婿是官至参知政事的苏易简之子苏耆。苏易简自少聪悟好学，才思敏赡。宋太宗太平兴国五年（980），"年逾弱冠，举进士。太宗方留心儒术，贡士皆临轩覆试。易简所试三千余言立就，奏上，览之称赏，擢冠甲科"③。进士及第后先后出任将作监丞、通判升州、左赞善大夫，太平兴国八年（983），以右拾遗知制诰。雍熙二年（985），与贾黄中同知贡举。雍熙三年（986），充翰林学士。淳化二年（991），迁中书舍人，充承旨，在改知审刑院不久，掌吏部选，迁给事中、参知政事。淳化三年（992），苏易简以礼部侍郎出知邓州，去世后赠礼部尚书。苏易简凭借其才学，"由知制诰入为学士，年未满三十"。他还"雅善笔札……旁通释典，所著《文房四谱》、《续翰林志》及《文集》二十卷，藏于秘阁"。苏易

---

① 《锦绣万花谷·前集》卷16《父子》，文渊阁四库全书本。
② （宋）苏舜钦：《苏舜钦集》卷15《太原郡太君王氏墓志》，中华书局1981年版，第191页。
③ （元）脱脱等：《宋史》卷266《苏易简传》，中华书局1977年版，第9171页。

简有子三人：苏宿、苏寿、苏耆，大中祥符间，三人"皆禄之以官"①。其中三子苏耆，聪慧有才学，进士及第后官至工部郎中，一生勤于著述，有《文集》二十卷、《闲谈录》二卷，以及《次翰林志》《续文房四谱》等著述问世。

王旦的三女婿范令孙也是世家望族出身。范令孙的祖父范质，五代后周至北宋初期宰相②。后唐长兴四年（933）进士及第，后周时拜中书侍郎、平章事、集贤殿大学士、兼参知枢密院事、左仆射兼门下侍郎、平章事、监修国史、开府仪同三司。北宋建立后，以宰相身份加兼侍中，罢参知枢密。史载范质自幼聪慧，"九岁能属文，十三治《尚书》，教授生徒"，举进士时，"和凝以翰林学士典贡部，览质（范质）所试文字，重之，自以登第名在十三，亦以其数处之。贡闱中谓之'传衣钵'。其后质登相位，为太子太傅，封鲁国公"③。作为宋初名臣，范质为北宋初期社会发展做出了重要贡献，故《宋史》有赞曰："五季至周之世宗，天下将定之时也。范质、王溥、魏仁浦，世宗之所拔擢，而皆有宰相之器焉。宋祖受命，遂为佐命元臣，天之所置，果非人之所能测欤。质以儒者晓畅军事，及其为相，廉慎守法。"④范令孙的父亲范旻是宋初大臣，与其父一样，范旻自幼聪敏，"十岁能属文"，宋初，为度支员外郎、判大理正事，俄知开封县。"太宗时领京尹，数召与语，颇器重之"⑤。由于受太宗器重，范旻仕宦后一路升迁，先后出任知邕州兼水陆转运使、通判镇州、迁库部员外郎、知淮南转运事、水部郎中、权知两浙诸州军事、右谏议大夫、三司副使，判行在三司，又兼吏部选事、给事中。范令孙本人"有学行，登甲科。人以公辅器之"，于是，王旦"妻以息女"⑥，将三女儿嫁给了他。范令孙登进士甲科后官至右正言。

王旦的4女婿吕公弼，出身于仕宦名族之家，其伯祖父吕蒙正，太平兴国二年（977）状元，授将作监丞，通判升州。太平兴国五年（980），

---

①　（元）脱脱等：《宋史》卷266《苏易简传》，中华书局1977年版，第9173页。

②　《王文正公笔录》有云："范鲁公（范质）早辅周室，及太祖受禅，不改其任。两朝翊戴，嘉谋伟量，时称明相。"参见（宋）王曾《王文正公笔录》，载《全宋笔记》第一编第三册，大象出版社2008年版，第261页。

③　（元）脱脱等：《宋史》卷249《范质传》，中华书局1977年版，第8793、8795页。

④　同上书，第8808页。

⑤　（元）脱脱等：《宋史》卷249《范旻传》，中华书局1977年版，第8796页。

⑥　（宋）王辟之：《渑水燕谈录》卷7《歌咏》，中华书局1981年版，第86页。

吕蒙正便升迁为左补阙、知制诰，不久，入为翰林学士，擢左谏议大夫、参知政事。李昉罢相之后，吕蒙正拜中书侍郎兼户部尚书、平章事，监修国史。至道初，以右仆射出判河南府兼西京留守。真宗即位，进左仆射。咸平四年（1001），以本官同平章事、昭文馆大学士。吕蒙正两度出任宰相在当时传为佳话。吕公弼祖父吕蒙亨官至光禄寺丞、大理寺丞。吕公弼父亲吕夷简为真宗咸平三年（1000）进士，进士及第后仕途畅达，真宗时官至太常博士、提点两浙刑狱、尚书祠部员外郎、起居舍人、知制诰、龙图阁直学士、刑部郎中、权知开封府等官职。仁宗即位后，进右谏议大夫，迁尚书礼部侍郎、修国史，进户部，拜同中书门下平章事、集贤殿大学士、昭文馆大学士、兼吏部尚书。史称吕夷简"当国柄最久，虽数为言者所诋，帝眷倚不衰。然所斥士，旋复收用，亦不终废。其于天下事，屈伸舒卷，动有操术。后配食仁宗庙，为世名相"①。吕公弼本人进士出身，曾出任河北转运使、都转运使、龙图阁直学士、知瀛州、权开封府、同群牧使、知渭州、知延州，官至枢密使。吕公弼弟弟、被其父称"他日必为公辅"②的吕公著，自恩补奉礼郎、登进士第入仕后，累官通判颍州、龙图阁直学士、知蔡州、翰林学士、知通进银台司、知开封府、御史中丞、知颍州、同知枢密院事、资政殿学士、定州安抚使。哲宗即位，拜尚书左丞、门下侍郎。元祐元年（1086），拜尚书右仆射兼中书侍郎。吕氏家族多人为相，列位辅弼，为时人所称羡，所谓"吕氏更执国政，三世四人，世家之盛，则未之有也"③。王称则称"吾宋之韩、吕氏，皆以相业世其家，乌宓，盛欤"④。

由此不难看出，王旦的4个女婿，大都来自仕宦名族之家，都是进士出身。王氏家族其他女性的婚姻情况，基本上也体现了这样特点。如王睦（王旦侄子）的大女婿是真宗、仁宗两朝名相李迪之子李承之。李迪，宋代有名贤相。史载李迪"深厚有器局，尝携其所为文见柳开，开奇之，曰：'公辅才也。'"⑤真宗景德二年（1005），李迪举进士第一，擢将作监丞，历任通判徐、兖州、秘书省著作郎、直史馆、三司盐铁判官、右司

---

① （元）脱脱等：《宋史》卷311《吕夷简传》，中华书局1977年版，第10210页。
② （元）脱脱等：《宋史》卷336《吕公著传》，中华书局1977年版，第10772页。
③ （元）脱脱等：《宋史》卷311《吕夷简传》，中华书局1977年版，第10220页。
④ （宋）王称：《东都事略》卷88，载《二十五别史》本，齐鲁书社2000年版，第751页。
⑤ （元）脱脱等：《宋史》卷310《李迪传》，中华书局1977年版，第10171页。

谏、起居舍人、尚书吏部员外郎、三司盐铁副使，擢知制诰、右谏议大夫、集贤院学士、知永兴军、陕西都转运使、翰林学士等职。天禧年间，拜给事中、参知政事。之后，两度拜相，出任同中书门下平章事。李承之亦是进士出身，历任集贤校理、集贤殿修撰、宝文阁待制、知延州、权三司使、枢密直学士、陕西都转运使、给事中、吏部侍郎等职，官至户部尚书。王睦二女婿杜纯，少"孤弱"，"有成人之操"。他虽然不由科第入仕，但能力突出。熙宁初，杜纯"以河西令上书言政，王安石异之，引置条例司，数与论事，荐于朝，充审刑详议官"①。韩绛和王安石为相时，杜纯分别出任检详三司会计、大理正。元祐元年（1086），在范纯仁、韩维、王存、孙永等名臣荐引下，除河北转运判官。之后，召为刑部员外郎、大理少卿、侍御史、右司郎中、知相州、陕西转运使、光禄卿、权兵部侍郎等职。王睦三女婿孙路，进士及第，先后出任司农丞、通判河州、陕西转运判官、吏部和礼部员外郎、右司郎中、知庆州、龙图阁直学士、知熙州、兵部尚书、知兴国军等官职。再如王旦之孙王靖，有女三人，大女婿为出身于衣冠之盛、"多为闻人"的北方桐木韩氏家族族人韩宗师（宰相韩绛之子），累官至集贤殿修撰、知河中府。二女婿为宰相晏殊之子晏几道。晏殊，《宋史》本传称其"七岁能属文，景德初，张知白安抚江南，以神童荐之。帝召殊与进士千余人并试廷中，殊神气不慑，援笔立成。帝嘉赏，赐同进士出身"②。晏殊进士及第后仕途通达，先是"登馆阁，掌书命，以文章为天下所宗"，而后"由王官、宫臣，卒登宰相。凡所以辅道圣德，忧勤国家，有旧有劳，自始至卒五十余年"③。作为文学家，晏殊"文章赡丽，应用不穷，尤工诗，闲雅有情思"④。晏殊之子晏几道，宋代著名词人，曾出任颍昌府许田镇监、乾宁军通判、开封府判官等官职，其为官虽然不及其父显达，但其文才更加出众，所谓"北宋晏小山（晏几道）工于言情，出元献（晏殊）文忠（欧阳修）之右……措辞婉妙，则一时独步"⑤。王灼《碧鸡漫志》称晏几道词"如金陵王、谢

---

① （元）脱脱等：《宋史》卷330《杜纯传》，中华书局1977年版，第10631、10632页。

② （元）脱脱等：《宋史》卷311《晏殊传》，中华书局1977年版，第10195页。

③ （宋）欧阳修：《欧阳修全集·居士集》卷22《观文殿大学士、行兵部尚书、西京留守、赠司空兼侍中晏公神道碑铭（并序）》，载《传世藏书·集库·别集3》，海南国际新闻出版中心1996年版，第94页。

④ （元）脱脱等：《宋史》卷311《晏殊传》，中华书局1977年版，第10197页。

⑤ （清）陈廷焯：《白雨斋词话》卷1，人民文学出版社1959年版，第10页。

子弟，秀气胜韵得之天然，将不可学"①。三女婿孙抃，其先世虽"以田为业"，但其六世祖孙长孺"喜藏书，号'书楼孙氏'"。孙抃喜欢"读书属文"，中进士甲科后出任大理评事通判绛州。而后召试学士院，除太常丞、直集贤院，为开封府推官，判三司开拆司，同修起居注，以右正言知制诰，迁起居舍人、翰林学士兼侍读学士、史馆修撰，累迁尚书吏部郎中。皇祐年间，以右谏议大夫权御史中丞。之后，改翰林学士承旨，复兼侍读学士再迁礼部侍郎。嘉祐年间，官至参知政事，担任副宰相。英宗即位，进户部侍郎。②

在三槐王氏家族男性姻亲关系中，其婚姻对象大都为科举官僚家庭及近世典章官宦之家，其中不乏仕宦名族。以下不妨略举几例：

王旦的岳父赵昌言，宋太宗太平兴国年间进士，《宋史》本传称他"文思甚敏，有声于场屋，为贡部首荐。廷试日，太宗见其辞气俊辩……擢置甲科"进士③，后官至密副使、户部侍郎。王旦有三子，其姻亲对象均来自进士及有官身的仕宦家族。王旦长子王雍有二夫人，"前李氏，大理卿湘（李湘）之女；后吕氏，即文靖许国公（宰相吕夷简）之女也"④。三子王素，岳父为张士逊。吕夷简与张士逊皆为进士出身，官至宰相。两人"以儒学起家，列位辅弼"⑤。其中，张士逊于太宗淳化年间进士及第后，历任枢密副使，迁给事中兼詹事，累迁尚书左丞、刑部尚书、知江宁府、礼部尚书、门下侍郎、兵部尚书、同中书门下平章事、集贤殿大学士、昭文馆大学士等职，在宋仁宗明道元年（1032）和宋仁宗景祐五年（1038）二次拜相。王旦次子王冲之妻孔氏，来自同为文化世家和官宦世家的孔道辅家族。孔道辅为孔子的第四十四代孙，进士及第后，历任宁州军事推官、知徐州、知许州、右谏议大夫、权御史中丞、龙图阁直学士、给事中、御史中丞等职，以尚书工部侍郎致仕。其子孔宗翰，进士及第后知仙源县，历任"陕、扬、洪、兖州，皆以治闻"⑥。元

①　（宋）王灼：《碧鸡漫志》卷 2，载《全宋笔记》第四编第二册，大象出版社 2008 年版，第 179 页。

②　参见（元）脱脱等《宋史》卷 292《孙抃传》，中华书局 1977 年版，第 9776—9778 页。

③　（元）脱脱等：《宋史》卷 267《赵昌言传》，中华书局 1977 年版，第 9195 页。

④　（宋）苏舜钦：《两浙路转运使司封郎中王公墓表》，载（宋）苏舜钦《苏舜钦集》卷 15，中华书局 1981 年版，第 195 页。

⑤　（元）脱脱等：《宋史》卷 311，中华书局 1977 年版，第 10220 页。

⑥　（元）脱脱等：《宋史》卷 297《孔宗翰传》，中华书局 1977 年版，第 9886 页。

祐初，召为司农少卿，迁鸿胪卿。

王旦之侄王端、王质，其岳父分别为宰相李迪和枢密副使周起。前已述及，李迪为真宗景德年间状元，在北宋真宗、仁宗两朝曾两次拜相，名重一时。周起自幼聪慧好学，史载"家藏书至万余卷"，与其弟周超以"能书"为世人所称誉①。曾祖、祖父"皆儒者，以学行知名山东"。周起"为人俶傥有大节，敏于文学，达于政事，真宗初即位，以进士甲科除将作监丞，通判齐州，即有能名"②，官至尚书礼部侍郎、枢密副使。周起之子周延荷、周延隽亦有闻名，周延荷"以孝友闻，官殿中丞"；周延隽"颇雅厚，官太常少卿"③。王旦之孙王整（王雍之子），岳父为咸平年间进士、官至尚书左丞的韩亿，此时的韩氏家族，已成为以政治、学术显世的名门望族。

王旦孙子王巩，岳父为参知政事张方平，先后中茂才异等科和贤良方正科，历任睦州通判、知谏院、知制诰、知开封府、翰林学士、御史中丞等职，官至参知政事，是宋代著名政治家，苏轼说他"为布衣，则欣然已有公辅之望，自少出仕，至老而归，未尝以言徇物，以色假人，虽对人主，必同而后言，毁誉不动，得丧若一，真孔子所谓大臣'以道事君'者，世远道散，虽志士仁人，或少贬以求用，公独以迈往之气，行正大之言曰，'用之则行，舍之则藏'。……然至言天下伟人，则必以公（张方平）为首"④。张方平也是宋代著名的文学家，《四库全书总目提要》称其"文思敏瞻，下笔数千言立就，才气本什伯于人，而其识又能灼见事理，剸断明决，故集中论事诸文，无不豪爽畅达，洞如龟鉴"⑤。而王巩之子王时，岳父为上官均，神宗熙宁年间进士，累官侍御史，大理寺少卿、给事中、龙图阁待制。上官均学问丰富，精于经学、文学，并旁通医学，著述有《曲礼讲义》《奏议》《广陵文集》等，另外还辑有药典《伤寒要论方》一书。

---

① （元）脱脱等：《宋史》卷288《周起传》，中华书局1977年版，第9673页。

② （宋）王安石：《王文公文集》卷83《赠礼部尚书安惠周公神道碑》，上海人民出版社1974年版，第896页。

③ （元）脱脱等：《宋史》卷288《周起传》，中华书局1977年版，第9673页。

④ （宋）苏轼：《乐全集序》，载（宋）张方平《张方平集·序录》，中州古籍出版社2000年版，第777页。

⑤ 《四库全书总目提要》，载（宋）张方平《张方平集·序录》，中州古籍出版社2000年版，第781页。

在三槐王氏的姻亲关系中，值得一提的是王质与北宋名臣范仲淹家族的联姻。范仲淹（989—1052），北宋著名的政治家、文学家，真宗大中祥符年间进士。他为政清廉，关心民瘼，直言敢谏，虽然其最高官位止于参知政事（副宰相），但在宋代他却被奉为有史以来天地间"第一流人物"，无论是其人品还是其事业都受到世人的高度称赞。如《四库全书总目提要》谓："仲淹人品事业，卓绝一时，本不借文章以传。而贯通经术，明达政体。凡所论者，一一皆有本之言，固非虚饰词藻者所能，亦非高谈心性者所及。"[①] 金人元好问在《范文正公画像赞》中更是对其推崇备至，说他"在布衣为名士，在州县为能吏，在边境为名将。其材、其量、其忠，一身而备数器。在朝廷则又孔子所谓大臣者，求之千百年间盖不一二见，非但为一代宗臣而已"[②]。宋人王十朋称他为"人中之龙"，说他"正色立朝，奸邪不容。材兼文武，永履仁义。出将入相，十才一试。真王佐材，用之未至"[③]。明人李梦阳则称他为"三代遗材，百世之师"[④]。王旦之侄王质（1001—1045），自幼聪颖好学，才华横溢，先是以恩荫补官太常寺奉礼郎，16岁官至大理寺丞，18岁时，王质因所进文章受到真宗赞赏，召试学士院，结果以优异成绩获赐进士及第，先被荐为馆阁校勘，后改任集贤校理、尚书祠部员外郎，此后，历任地方州郡长官。同范仲淹一样，王质为政刚直不阿，体恤民情，俭约清廉，深得时人称誉和敬仰。王质与范仲淹平生交情甚厚。仁宗景祐三年（1036），范仲淹因上书言事被指为荐引朋党而贬知饶州时，当时因畏惧朋党之祸，士大夫没有敢前去为范仲淹送行，唯独王质不顾时人讥诮，不顾朋党之祸，毅然载酒前往饯行。宋人《湘山野录》对此记载说：

　　范文正公（范仲淹）以言事凡三黜。初为校理，忤章献太后旨，贬倅河中。僚友饯于都门曰："此行极光。"后为司谏，因郭后废，

---

　　① （清）纪昀：《四库全书总目提要》卷152，河北人民出版社2000年版，第3937页。

　　② （金）元好问：《范文正公画像赞》，载《范仲淹全集》附录九《历代祭祝赞文》，四川大学出版社2007年版，第1256—1257页。

　　③ （宋）王十朋：《范文正公赞》，载《范仲淹全集》附录九《历代祭祝赞文》，四川大学出版社2007年版，第1255页。

　　④ （明）李梦阳：《宋龙图阁学士范公画像赞》，载杨德堂《千年礼赞范仲淹》，中国文联出版社2012年版，第215页。

率谏官、御史伏阁争之不胜，贬睦州。僚友又饯于亭曰："此行愈光。"后为天章阁、知开封府，撰《百官图》进呈。丞相怒，奏曰："宰相者，所以器百官。今仲淹尽自抡擢，安用彼相？臣等乞罢。"仁宗怒，落职贬饶州。时亲宾故人又饯于郊曰："此行尤光。"范笑谓送者曰："仲淹前后三光矣，此后诸君更送，只乞一上牢可也。"客大笑而散。惟王子野质（王质字子野）力疾独留数夕，抵掌极论天下利病，留连惜别。范尝谓人曰："子野居常病羸不胜衣，及其论忠义，则龙骧虎贲之气生焉。"明日，子野归，客有迎大臣之旨惴之者："君与范仲淹国门会别，一笑语、一樽俎，采之皆得其实，将有党锢之事，君乃第一人也。"子野对曰："果得觇者录某与范公数夕邮亭之论，条进于上，未必不为苍生之幸，岂独质之幸哉？"士论壮之。①

《宋史·王质传》记载说，"范仲淹贬饶州，治朋党方急，质独载酒往饯。或以诮质，质曰：'范公贤者，得为之党，幸矣。'"②可以说，共同的德行和志趣，使两人彼此倾慕，相互支持，相互"友善"，并且"约以儿女为婚姻"③。后来事情的发展也果真这样，王质长女嫁给了范仲淹的次子范纯仁，次女嫁给了范仲淹三子范纯礼。范纯仁，资质机警聪悟，自幼刻苦好学，"八岁，能讲所授书。……仲淹门下多贤士，如胡瑗、孙复、石介、李觏之徒，纯仁皆与从游。昼夜肄业，至夜分不寝，置灯帐中，帐顶如墨色"④。先是以父任为太常寺太祝，又于仁宗皇祐元年（1049）中进士，先后出任侍御史、同知谏院、知河中府、成都路转运使、给事中、同知枢密院事等职，元祐三年（1088），升任尚书右仆射兼

①　（宋）释文莹：《湘山野录·续湘山野录》，载《全宋笔记》第一编第六册，大象出版社2008年版，第71—72页。

②　（元）脱脱等：《宋史》卷269《王祐传》附《王质传》，中华书局1977年版，第9245页。欧阳修在为王质所撰写的墓志铭中说："初，范仲淹以言事贬饶州，方治党人甚急，公独扶病率子弟饯于东门，留连数日。大臣有以让公曰：'长者亦为此乎！何苦自陷朋党？'公徐对曰：'范公天下贤者，顾某何敢望之！然若得为党人，公之赐某厚矣。'闻者为公缩颈。"见（宋）欧阳修《欧阳修集·居士集》卷21《尚书度支郎中、天章阁待制王公神道碑铭（并序）》，载《传世藏书·集库·别集3》，海南国际新闻出版中心1996年版，第87页。

③　（宋）毕仲游：《西台集》卷14《魏国王夫人墓志铭》，文渊阁四库全书本。

④　（元）脱脱等：《宋史》卷314《范纯仁传》，中华书局1977年版，第10281—10282页。

中书侍郎。范纯仁学问广博，性格平易宽厚，为官勤政廉洁，"自为布衣至宰相，廉俭如一"①。范纯礼，早年以父荫入仕为官，为秘书省正字，后历任户部郎中、京西转运副使、江淮荆浙发运使、三司盐铁判官、刑部侍郎、天章阁待制、枢密都承旨等职。徽宗时期，以龙图阁直学士知开封府，官至礼部尚书、尚书右丞。范纯礼为官刚正敢言，爱民勤政，所到之处颇有政绩。显然，王质与范仲淹家族的联姻，明显带有门当户对和彼此赏识才能的标准。

从以上所列举的联姻对象可以看出，王氏家族的择偶标准，除了重视门当户对、注重对方家族的官宦门第外，也十分注重才学。从王氏家族的联姻情况看，无论是男子婚娶，还是女子婚嫁，大都是一些书香门第，其家族男性成员大都是科举及第、进士出身。有个别人虽是经过荫补进入仕途，但在此后的仕宦生涯中却因才华优异而迅速升迁。另外，有的家族虽然先世不显，但由于家族成员自身的勤奋好学、能力突出，其家族很快发展成显赫的仕宦家族。其中的典型代表如王质岳父周起，"奋白衣，数年遂知制诰，特为真宗所礼"，"真宗初即位，以进士甲科除将作监丞，通判齐州，即有能名。召还为著作郎、直史馆、提点开封府诸县镇公事，历三司户部度支判官，又皆有能名。遂以右正言知制诰、判吏部流内铨。数进见奏事，真宗以为材，其后置登闻鼓院、纠察在京刑狱及考进士以糊名誊录之法，真宗皆自选主者而辄以属公。居纠察未几，遂以枢密直学士知开封府，听断明审，无留事。真宗滋以为材，至尝幸其府问劳，赋诗乐饮然后去。以公更外事未久，故不即大用，而以公知河中府。又以知永兴，移天雄军，所至辄有声绩，数赐诏书奖谕。于是真宗知公果可付以政，即召还，除给事中、同知枢密院事，既而又以为尚书礼部侍郎枢密副使"②。当然，无论是重视官宦门第也好，还是注重才学也好，都是三槐王氏家族借以维系家势隆盛发展的一种手段。三槐王氏家族正是通过这种姻亲，构建了一张互相援引的庞大人际关系网，为三槐王氏家族的崛起和望族地位的维系奠定了坚实的社会基础。

---

① （元）脱脱等：《宋史》卷314《范纯仁传》，中华书局1977年版，第10293页。
② （宋）王安石：《王文公文集》卷83《赠礼部尚书安惠周公神道碑》，上海人民出版社1974年版，第896页。

附　　　　　　　宋代三槐王氏家族部分成员姻亲情况一览表①

世系	姓名	姻亲对象	姻亲家族或家族出身	备注
第2代	王旦	赵氏	赵昌言之女	赵昌言官至密副使、户部侍郎
第3代	王雍	李氏	李湘之女	李湘官至大理卿
		吕氏	吕夷简之女	吕夷简家族三代为相，是宋代典型的世家大族
	王冲	沈氏	沈继宗之女	沈继宗之父沈伦为宋太祖朝宰相，沈继宗官至光禄少卿
		孔氏	孔道辅家族	孔道辅为孔子第44代孙，其家族为宋代典型的文化世家和官宦世家
	王素	李氏	李维之女	李维进士出身，官至礼部尚书
		滕氏	滕涉之女	滕涉官至给事中
		张氏	张士逊之女	张士逊进士出身，官至同中书门下平章事
	王质	周氏	周起之女	周起官至尚书礼部侍郎、枢密副使
	王端	李氏	李迪之女	李迪状元及第，朝中显宦，官至同中书门下平章事
	王淳	司马氏	司马里之女	司马里进士出身，官至大理寺丞、太常少卿
	王睦	周氏	周年之女	周年官至户部尚书
	王旦长女	韩亿	桐木韩氏	韩氏家族是宋代平民家族通过科举而发展成世宦大族的典型代表；韩亿科举及第，官至尚书左丞
	王旦次女	苏耆	苏易简之子	苏易简、苏耆父子二人皆进士及第，苏易简官至参知政事，苏耆官至工部郎中
	王旦三女	范令孙	范质之孙	祖孙二人皆进士及第，范质为宋初宰相，范令孙官至右正言，其父范旻是宋初大臣
	王旦四女	吕公弼	吕夷简之子	吕夷简、吕公弼父子二人皆进士及第，吕夷简官至宰相，吕公弼官至枢密使，吕公弼伯祖父吕蒙正为真宗朝宰相

---

① 本表主要在参阅李贵录《北宋三槐王氏家族研究》的基础上，结合正史、三槐王氏家族部分成员墓志铭等文献史料辑录而成。

世系	姓名	姻亲对象	姻亲家族或家族出身	备注
第4代	王整	韩氏	韩亿之女	韩亿进士出身，官至尚书左丞
	王巩	张氏	张方平之女	张方平官至副相
	王元	赵氏	赵慎微之女	赵慎微之父赵安仁进士出身，官至御史中丞；赵慎微官至司农少卿
		晁氏	晁仲衍之女	晁仲衍之父晁宗悫官至参知政事，晁仲衍官至祠部员外郎
	王恪	向氏	向传式之女	向传式之父向敏中进士及第，官至宰相，向传式官至龙图阁直学士
	王坚	夏氏	夏安期之女	夏安期之父夏竦，仁宗庆历年间官至同中书门下平章事；夏安期官至龙图阁直学士
	王凝	陈氏	陈世儒之女	陈世儒之父陈执中，官至同中书门下平章事兼枢密使；陈世儒官至国子博士
	王常	孙氏	孙锡之女	孙锡曾祖、祖、父三代不仕①，其本人进士起家，官至尚书度支郎中
	王奥	李氏	李昉曾孙女	李昉进士及第，官至同中书门下平章事
	王睦长女	李承之	李迪之子	宰相李迪与李承之皆进士出身，李承之官至户部尚书
	王睦次女	杜纯		杜纯官至权兵部侍郎
	王睦三女	孙路		孙路进士出身，官至龙图阁直学士、兵部尚书
	王质长女	范纯仁	范仲淹之子	范仲淹进士及第，官至参知政事；范纯仁进士出身，官至尚书右仆射兼中书侍郎
	王质次女	范纯礼	范仲淹之子	范纯礼官至礼部尚书、尚书右丞

---

① 参见（宋）王安石《王文公文集》卷94《宋尚书司封郎中孙公墓志铭》，上海人民出版社1974年版，第973页。

续表

世系	姓名	姻亲对象	姻亲家族或家族出身	备注
第5代	王仰	唐氏	唐之问之女	唐之问祖父唐介进士及第，宋神宗时官至宰相
	王古	高氏	高若讷之女	高若讷进士出身，官至参知政事
	王诚	孙氏	孙沔孙女	孙沔进士及第，官至观文殿学士
	王凯	韩氏	韩琦孙女	韩琦进士及第，官至同中书门下平章事
	王耆	贾氏	贾昌朝孙女	贾昌朝进士出身，仁宗朝官至同中书门下平章事
	王时	上官氏	上官均之女	上官均进士及第，官至龙图阁待制
	王杰	孙氏	孙览之女	孙览进士及第，曾任户部侍郎、知开封府等职
		陆氏	陆师闵之女	陆师闵之父陆诜进士起家，官至龙图阁学士；陆师闵官至户部侍郎
	王约	杜氏	杜衍之女	杜衍进士出身，仁宗时官至同中书门下平章事
		苏氏	苏辙之女	苏辙进士出身，历任御史中丞、门下侍郎等职
	王靖长女	韩宗师	韩绛之子	韩绛进士及第，官至宰相；韩宗师官至集贤殿修撰、知河中府
	王靖次女	晏几道	晏殊之子	晏殊进士及第，官至宰相，晏几道官至开封府判官
	王靖三女	孙抃		孙抃进士出身，官至户部侍郎

（三）家风勤俭朴素，子孙笃志好学

在中国古代社会的发展历程中，宋代是一个重要的转型时期和变革时期。这一时期，随着均田制的瓦解和商品货币经济的兴盛，土地作为商品迅速进入流通领域，人们"有钱则买，无钱则卖"[①]，土地所有权的流动性加快，土地私有制急剧发展起来。漆侠先生的研究表明，在宋代土地所有制中，私有土地占总田数的95.7%左右，私有土地已在宋代的土地所

---

① （宋）袁采：《袁氏世范》卷3《治家》，文渊阁四库全书本。

有制中居于绝对的优势地位①。以土地所有权的流动化和门阀制度的崩溃为前提,宋代社会各阶层的经济地位和政治地位出现了较大的波动状态。"'贵者始富,贱者不富'的所谓先王之制受到了严重的冲击动摇,代之而起的是王应麟所说的'贫富贵贱,离而为四',富、贵、贫、贱处于经常性的转化之中。随着富贵贫贱的不断转化及其分离,旧有的等级制度便再也不能维持下去了。旧有的门阀士族和士农工商等级制也再不能维持,整个社会呈现出流动和分层"②。经济上,由于土地所有权转移速度的加快和商品经济的发展,在宋代,无论是地主,还是自耕农、佃农,他们都有可能因为土地田产的得或失而使个人的身份、地位发生转变,"贫富无定势,田宅无定主"③ "朝为富室,暮为穷民"④ 已为人们见惯不怪。宋人谢逸在《黄君墓志铭》中所讲的"余自识事以来,几四十年矣,见乡间之间,曩之富者贫,今之富者,曩之贫者也"⑤,反映的就是宋人贫富身份之间的相互转化。即便是一些高官豪门,在经济波动的状态中也难以保持身份地位固定不变,贫富贵贱的转化日益频繁和明显,致使宋人有"盛衰之变,何其速也!……富贵之不可以久恃"⑥ 之感叹。政治上,随着门阀政治的崩溃,"取士不问家世" 政策的推行,宋人在政治上也出现了流动和分化,庶民百姓的子弟可以通过自身的刻苦学习,借以科举考试而入仕参政,成为统治集团中的一员;贵族官僚的子孙也可能因为无才无能、不贤不肖而沦为贫民百姓。"上品无寒门,下品无势族"的门阀政治时代已经一去不复存在,这就改变了以前门阀士族"虽朝代推移,鼎迁物改,犹卬然以门地自负,上之人亦缘其门地而用之"⑦ 的状况,士庶界限被打破了。在宋代,"若子孙一不肖,则家道沦落"⑧ 的事情很容易发生,所以北宋思想家张载曾发出这样的感慨:"今骤得富贵者,止能为三

---

① 参见漆侠《宋代经济史》,上海人民出版社 1988 年版,第 340 页。

② 林文勋:《商品经济:唐宋社会变革的根本力量》,《文史哲》2005 年第 1 期。

③ (宋)袁采:《袁氏世范》卷 3《治家》,文渊阁四库全书本。

④ (宋)楼钥:《攻媿集》卷 88,文渊阁四库全书本。

⑤ (宋)谢逸:《溪堂集》卷 9《黄君墓志铭》,文渊阁四库全书本。

⑥ (宋)曾巩:《曾巩集》卷 44《殿中丞监扬州税徐君墓志铭》,中华书局 1984 年版,第 597 页。

⑦ (元)马端临:《文献通考》卷 34《选举考七》,中华书局 1986 年版,第 324 页。

⑧ (宋)李焘:《续资治通鉴长编》卷 150,庆历四年六月戊午,中华书局 2004 年版,第 3646 页。

四十年之计，造宅一区及其所有，既死则众子分裂，未几荡尽，则家遂不存"①。在贫富贵贱无常的社会流动中，为了防止家道衰落，宋代"臣庶之家"十分重视家庭子孙的教育，"有子孙弟侄者，无不孜孜教诱，使之成器，盖望立门户"②。宋人家庭教育的内容是非常广泛的，其中主要体现在两个方面：一是重视家庭子弟自身的努力，鼓励后代子孙勤奋好学；二是提倡勤俭持家，反对奢华。

三槐王氏家族的崛起，乃至家族的长久维持，是与家族子孙的勤奋好学和家风的清正分不开的。三槐王氏家族十分重视家族的学习教育，王旦本人自少"好学有文"，并由科举入仕，官至宰相。他深知学习的重要，经常教育子孙"当各念自立"，告诫子孙要凭借自身的学习努力，自强自立，而不能为了区区田宅，"徒使争财为不义"③。翰林学士冯元为大理评事直讲，当他从弟弟王旭那里得知冯元"苦学有清节"时，便召见冯元至私第做了一名家庭教师，王旦"每还朝，与弟同坐，命讲《论语》，诸子侍立于席，逾年而毕"④。不仅如此，王旦还经常教育后代子孙刻苦学习，立志成才。《文正王公遗事》载：

　　公（王旦）犹子睦（王睦）、质（王质），幼而好学。公一日览所试诗赋，召之膝下，以诗激奖之曰："祖先敦行家声远，重庆儿孙真学文。励志凤宵能自勉，前途可望致青云。"皆拜而出，愈更勤。⑤

王旦侄子王睦、王质"幼而好学"，王旦鼓励他们为了禄业和家势长久发展而勤奋向学。在王旦鼓励下，王睦、王质学习愈加勤奋，尤其是"力学问"⑥的王质，"自幼好学，不群儿嬉。……稍长，向学益笃，一日，以所著

①　（宋）张载：《张载集·经学理窟·宗法》，中华书局1978年版，第259页。
②　（宋）李焘：《续资治通鉴长编》卷150，庆历四年六月戊午，中华书局2004年版，第3646页。
③　（元）脱脱等：《宋史》卷282《王旦传》，中华书局1977年版，第9552页。
④　（宋）王素：《文正王公遗事》，载《全宋笔记》第一编第五册，大象出版社2008年版，第188页。
⑤　同上书，第193页。
⑥　（元）脱脱等：《宋史》卷269《王祐传》附《王质传》，中华书局1977年版，第9244页。

献于文正（王旦），文正览之甚惊嗟，亲为作诗以美之"①。王质一生"不治生业，惟蓄书仅万卷，远近从之"②。他曾"师事杨亿，亿叹以为英妙"。伯父王旦见其所为文，也是"嗟赏之"③，并"作诗以奖之，谓吾门未衰"④。王质的勤奋好学，使他在诸多方面都有建树。他不仅擅长诗文创作，还"兼通佛老微旨，撰《宝元总录》一百卷，皆圣贤穷理尽性之说"⑤。

王旦孙子王巩在三槐王氏家族中也是一个"笃学力文，志节甚坚"⑥的典范，他虽生长于富贵之家，但"其嗜好皆老书生事"⑦，每天退朝之余，或"穷经著书，或赋诗自娱，非疾病庆吊辄不废"，其"论著成一家之言，至天子闻之取其书"⑧。他博学通闻，涉猎广泛，对此，苏辙说他"生于世族，弃其绮纨膏粱之习，而跌荡于图书翰墨之囿，沈酣纵恣，洒然与众殊好。至于钟、王、虞、褚、颜、张之逸迹，顾、陆、吴、卢、王、韩之遗墨，杂然前陈，赎之倾囊而不厌。慨乎思见其人而不得，则既与世俗远矣。然及其年日益壮，学日益笃"⑨。他"更刻苦读诸经，颇立训传以示意，成《论语注》十卷，自信不惑，成一家之言"⑩。他一生勤

---

① （宋）苏舜钦：《苏舜钦集》卷 16《朝奉大夫尚书度支郎中允天章阁待制知陕州军府事平晋县开国男食邑三百户上护军赐紫金鱼袋王公行状》，中华书局 1981 年版，第 209 页。

② （宋）范仲淹：《尚书度支郎中充天章阁待制知陕州军府事王公墓志铭》，载（宋）范仲淹著，李勇先、王蓉贵校点《范仲淹全集》卷 14，四川大学出版社 2007 年版，第 339 页。

③ （元）脱脱等：《宋史》卷 269《王祐传》附《王质传》，中华书局 1977 年版，第 9244 页。

④ （宋）范仲淹：《尚书度支郎中充天章阁待制知陕州军府事王公墓志铭》，载（宋）范仲淹著，李勇先、王蓉贵校点《范仲淹全集》卷 14，四川大学出版社 2007 年版，第 335 页。

⑤ 同上书，第 339 页。

⑥ （清）陆心源：《宋史翼》卷 26《王巩传》，中华书局 1991 年版，第 282 页。

⑦ （元）马端临：《文献通考》卷 245《经籍考七十二·王定国诗集》，中华书局 1986 年版，第 1936 页。

⑧ （宋）秦观著，徐培均笺注：《淮海集笺注》卷 39《王定国注论语序》，上海古籍出版社 1994 年版，第 1272—1273 页。

⑨ （宋）苏辙：《栾城集》卷 24《王氏清虚堂记》，上海古籍出版社 1987 年版，第 510 页。

⑩ （清）陆心源：《宋史翼》卷 26《王巩传》，中华书局 1991 年版，第 283 页。马端临《文献通考》卷 184《经籍考十一》中在对王定国《论语》十卷介绍说："王巩定国撰。秦少游序略曰：定国坐罪斥岭上，罢还，诣东上阁门，奏书曰：'臣无状，幸缘先臣之故，获齿仕版，不能慎事，陷于罪戾。念无以自赎，间因职事之暇，妄以所见，注成《论语》十卷，未敢以进，唯陛下裁鉴之。'明日，诏御药院取其书去，未报，而神宗弃天下。呜呼！自熙宁初王氏父子以经术得幸，下其说于太学，凡置博士，试诸生，皆以新书从事，不合者黜罢之，而诸儒之论废矣。定国于时处放逐之中，蛮夷瘴疠之地，乃能自信不惑，论著成一家之言，至天子闻之，取其书，非其气过人，何以及此？姑掇其大概，使夫览之者知定国著书之时为如此，又知神宗乡经术亦非主于一家而已。"

于写作，著述丰富，计有《随手杂录》《甲申杂记》《闻见近录》《王定国诗集》《王定国文集》《清虚杂著补阙》等书问世，在文化领域具有很高的水准，是活跃在当时文坛以及政坛上的杰出代表。《文献通考》中称"其为文章，初不自贵珍，如落涕唾，时出奇壮语惊天下士。及流落岭南，更折节自刻苦读诸经，颇立训传以示意得。其作诗及他文章，不守近世师儒绳尺，规模远大，必有为而后作，欲以长雄一时，虽未尽如意，要不随人后，至其合处。便不减古人"①。

　　除王质、王巩外，三槐王氏家族其他成员，大都继承了这种勤奋好学的优良家学传统，且代代相承。像王旦之子王素，由于勤奋向学，加上为政直言敢谏，而以"文章气节显名于时"②。王旦之侄王端，有"力学勤官"③之誉。王端之子王元，"幼读书，业进士……年尚幼，即以才称，故枢密副使薛公向，转运陕西，首荐其能，监镇戎军折博务"④。王雍之子、王旦之孙王恰、王整、王靖，"皆向学闻道"，"自力于学"，且"久未可涯"⑤。王靖之子王古，也是以"力学自进，才名显于时"⑥而著称。王速也是三槐王氏族人一个勤奋力学的代表，宋人楼钥在述说其一生行状时称其"天资素高而力学，至老不少衰，黎明诵书数十，过而后盥栉，日常以六经群书至文选，韩、柳、李、杜诗文大率成诵，暇日正坐默诵左氏传，一字不遗"⑦。

　　三槐王氏家族不仅重视后世子孙的勤奋向学，而且十分重视家风的清正。王旦作为振兴三槐王氏家族的关键人物，深知勤俭持家对维系家势长久的重要性，他曾说过"族盛者骄惰恣放，多以侈事相夸逐"⑧。正是基

---

①　（元）马端临：《文献通考》卷 245《经籍考七十二·王定国诗集》，中华书局 1986 年版，第 1936 页。

②　（宋）岳飞《王氏宗谱跋后》，载《莘县文史资料第十八辑·槐荫千秋》，山东聊城新闻出版局 2004 年版，第 273 页。

③　（宋）苏舜钦：《苏舜钦集》卷 16《朝奉大夫尚书度支郎中允天章阁待制知陕州军府事平晋县开国男食邑三百户上护军赐紫金鱼袋王公行状》，中华书局 1981 年版，第 213 页。

④　（宋）晁补之：《鸡肋集》卷 67《朝请郎王君（王元）墓志铭》，文渊阁四库全书本。

⑤　（宋）苏舜钦：《两浙路转运使司封郎中王公墓表》，载（宋）苏舜钦《苏舜钦集》卷 15，中华书局 1981 年版，第 195 页；（元）脱脱等：《宋史》卷 320《王素传》附《王靖传》，第 10405 页。

⑥　（清）陆心源：《宋史翼》卷 5《王古传》，中华书局 1991 年版，第 47 页。

⑦　（宋）楼钥：《攻媿集》卷 90《国子司业王公行状》，文渊阁四库全书本。

⑧　（宋）苏舜钦：《太原郡太君王氏墓志》，载（宋）苏舜钦《苏舜钦集》卷 15，中华书局 1981 年版，第 190 页。

于历史上骄惰恣放、侈事相夸逐而导致家庭中衰的经验教训，王旦"任以家事，一无所问，而务以俭约率励子弟，使在富贵不知为骄侈"①。他勤俭持家，对家人要求甚严，"被服质素，家人欲以缯锦饰毡席，拒而不许。姻亲有服饰稍过度者，愠见于色"②。其子王素在《文正王公遗事》有这样的记载：王旦"每见家人服饰似过，则瞑目曰：'吾门素风，一至于此。'亟令减损"，以至于"家人或有一衣稍华出，于车中遽易之，不敢令公（王旦）见"。又载："公（王旦）归，餐必召诸子，使之席地聚食。乃语左右曰：'剩与菜吃，此辈生长公相家，已骄矣，不可使不知淡薄之味。'"③王旦本人更是以身作则，律己以严，一次有一"货玉带者持以及门。弟因呈公（王旦），公曰：'如何？'弟曰：'甚佳。'公命系之，曰：'还见佳否？'弟曰：'系之，安得自见？'公曰：'玉亦石也，得不重乎？自负重而使观者称好，无亦劳也。我腰间不称此物。亟还之。'故平生所服止于赐带"④。史称王旦"性冲澹寡欲，奉身至薄。所居甚陋，上欲为治之，旦以先人旧庐，恳辞而止"。王旦临终前，仍告诫子弟："我家世名清德，当务俭素，保守门风。不得恃相辅家事泰侈，勿厚葬，无以金玉置柩中。"⑤

王旦所躬体力行的勤俭朴素的持家之风，对三槐王氏后代子孙产生了很大影响，其家族后代子孙大都保持勤俭朴素、简约清廉的文化品格。如王旦长子王雍，"悫守家政，以清约先已，不为浮侈隳其世法"，"其举动饮食，皆有常度，不妄评论，莫见好恶。终日高拱危坐，冠服端整，虽对近习，未尝有骄惰之色。人或以事挠之，终不愠见，间或语言，皆郁然有

① （宋）欧阳修：《欧阳修全集·居士集》卷 22《太尉文正王公神道碑铭》，载《传世藏书·集库·别集 3》，海南国际新闻出版中心 1996 年版，第 93 页。

② （宋）李焘：《续资治通鉴长编》卷 90，天禧元年九月己酉，中华书局 2004 年版，第 2080 页。

③ 《全宋笔记》第一编第五册，大象出版社 2008 年版，第 195、197 页。

④ （宋）王素：《文正王公遗事》，载《全宋笔记》第一编第五册，大象出版社 2008 年版，第 196 页。

⑤ （宋）李焘：《续资治通鉴长编》卷 90，天禧元年九月己酉，中华书局 2004 年版，第 2080 页。王旦之子王素在《文正王公遗事》记载说："公（王旦）病，语其诸子曰：'我死后，慎勿以一钱物入于柩中。汉文帝有言纸衣瓦棺葬我。不从吾言，九泉之下无福荫汝。汝等切志之。'故公薨之薄葬，始服金带，盖棺以纸易之。"见《全宋笔记》第一编第五册，大象出版社 2008 年版，第 199 页。

条，以慎靖仁厚为之主。作事有本末，不尚铦锐，久而必立"①。王旦之侄王质更是三槐王氏家族勤俭持家的典型代表。史载王质"家世富贵……而质克己好善，自奉简素如寒士，不喜蓄财，至不能自给"②。范仲淹在为王质所撰写的墓志铭中有这样一段记载：

> 公（王质）生相门，而弗骄弗华，以贫为宝。文正作舍人时，家甚虚，尝贷人金以赡昆弟，过期不入，辍所乘马以偿之。公因阅家藏书而得其券，召家人示之曰："此前人清风，吾辈当奉而不坠，宜秘藏之。"又得颜鲁公为尚书时乞米于李大夫墨帖，刻石以模之，遍遗亲友间。其雅尚如此。故终身不贪，所至有冰蘗声，此公之秉德，不亦清乎！③

王旦做中书舍人时因家贫尝贷人金，过期无法偿还，只好将自己所承马匹作为抵押，王质一次在翻阅家中藏书时发现了叔父王旦以乘马做抵押的债券，便将其出示给家人，教育家人不要忘记祖先清廉的家风；王质在偶得唐代著名书法家颜真卿做尚书时向李大夫乞米的墨帖，又将颜真卿乞米的墨帖刻于石模中向所有亲友赠送。王质所作所为，无非是想时刻警示家人保持简约清廉的朴素家风。这是王质的"雅尚"，更是王质一生的追求和实践，故欧阳修在为王质所作墓志铭中称其"于荣利既薄，临祸福，不为喜惧，其视世事若无一可以动其心者，惟以天下善人君子亨否为己休戚，遂以此卒"，并在其铭文中曰"仕不为利，以行其仁。处丰自薄，而清厥身"④。应当说，这是对王质精到评价。

"俭以养廉"，"廉以俭生"。三槐王氏家族清正朴素的家风，养成了三槐王氏家族清廉自守的为政风格。三槐王氏家族后人无论是在中央还是

---

① （宋）苏舜钦：《两浙路转运使司封郎中王公墓表》，载（宋）苏舜钦《苏舜钦集》卷15，中华书局1981年版，第195页。

② （元）脱脱等：《宋史》卷269《王祐传》附《王质传》，中华书局1977年版，第9245页。

③ （宋）范仲淹：《尚书度支郎中充天章阁待制知陕州军府事王公墓志铭》，载（宋）范仲淹著，李勇先、王蓉贵校点《范仲淹全集》卷14，四川大学出版社2007年版，第338页。

④ （宋）欧阳修：《欧阳修集·居士集》卷21《尚书度支郎中、天章阁待制王公神道碑铭（并序）》，载《传世藏书·集库·别集3》，海南国际新闻出版中心1996年版，第88页。

在地方为官，大都能"清心以思治，行己以率下"①，廉洁自持，秉公守法，虽"在相门而弗骄，以不贪为宝"②。王旦就是一个典型代表。据王素《文正王公遗事》记载：王旦"生日，上令诸司供帐设，于私第宴亲友。公乃会近列，时吕修史官预之。故事：宰臣生日，赐酒饩，中书会辅臣，上特优宠，自是为例。后因对，奏曰：'每遇生日，曲蒙恩赐，又烦宴设。废务一日，以私妨公，望特寝罢。'上可之"③。像王旦这种为官清正、廉洁自守的文化品格在三槐王氏族人的为政实践中屡见不鲜。如王质为政"以清风峻节，为一时所畏。……士大夫仰其风采，亦当竞廉让而忘鄙俗之心焉"④。

　　综上所述，作为宋代一个有影响的名门望族，三槐王氏家族的崛起和发展绝非偶然，而是有着特定的社会文化语境和家族自身的文化因素。在门阀政治崩溃、血统观念淡薄的历史条件下，三槐王氏家族或者凭借宋代发展、完善的科举制度，以及荫补入仕制度，大量的家族成员或者进士及第，或者借祖父辈的政治地位和社会声望荫补入仕，加之家族成员自身的才学和能力，使三槐家族世代为官，簪缨相继；三槐王氏家族中既重视官宦门第，又"留意文雅"、注重才学的姻亲文化，则成为三槐王氏家族借以维系家势隆盛发展的一种手段，为三槐王氏望族地位的维系奠定了坚实的社会基础；而三槐王氏家族清正的家风和子孙笃志好学的家族文化，才得以使先人勋业发扬光大，成为家族持久发展和兴盛的重要保障，从而也使家族声名代代相传。

---

　　① （宋）范仲淹：《尚书度支郎中充天章阁待制知陕州军府事王公墓志铭》，载（宋）范仲淹著，李勇先、王蓉贵校点《范仲淹全集》卷14，四川大学出版社2007年版，第338页。
　　② （元）张光祖：《言行龟鉴》卷4《家道门》，文渊阁四库全书本。
　　③ 《全宋笔记》第一编第五册，大象出版社2008年版，第187—188页。
　　④ （宋）苏舜钦：《苏舜钦集》卷16《朝奉大夫尚书度支郎中允天章阁待制知陕州军府事平晋县开国男食邑三百户上护军赐紫金鱼袋王公行状》，中华书局1981年版，第211页。

参考文献

一　古籍

[1]（汉）班固撰，（唐）颜师古注：《汉书》，中华书局 1999 年版。

[2]（宋）毕仲游：《西台集》，文渊阁四库全书本。

[3]（晋）陈寿撰，（宋）裴松之注：《三国志》，中华书局 1999 年版。

[4]（明）陈邦瞻：《元史纪事本末》，中华书局 1979 年版。

[5] 陈尚君：《全唐文补编》，中华书局 2005 年版。

[6]（宋）晁补之：《鸡肋集》，文渊阁四库全书本。

[7]（宋）陈耆卿：《赤城志》，文渊阁四库全书本。

[8]（宋）蔡襄：《蔡襄集》，上海古籍出版社 1996 年版。

[9]（元）脱脱等：《宋史》，中华书局 1977 年版。

[10]（清）陈廷焯：《白雨斋词话》，人民文学出版社 1959 年版。

[11]（宋）曾巩：《曾巩集》，中华书局 1984 年版。

[12]（宋）邓名世撰，王力平点校：《古今姓氏书辩证》，江西人民出版
社 2006 年版。

[13]（唐）杜佑：《通典》，中华书局 1988 年版。

[14]（清）董诰等：《全唐文》，中华书局 1983 年版 。

[15]（明）冯惟讷：《古诗纪》，文渊阁四库全书本。

[16]（唐）房玄龄、褚遂良等：《晋书》，中华书局 1974 年版。

[17]（宋）范仲淹撰，李勇先、王蓉贵校点：《范仲淹全集》，四川大学
出版社 2007 年版。

[18] 傅璇琮主编：《唐才子传校笺》，中华书局 1987 年版。

[19]（宋）洪迈：《容斋随笔》，中华书局 2005 年版。

[20]（清）杭世骏：《三国志补注》，文渊阁四库全书本。

[21]（明）焦竑编：《国朝献征录》，载《明代传记丛刊·综录类》，明

文书局印行。

[22]（宋）计有功：《唐诗纪事》，上海古籍出版社1987年版。

[23]（宋）江少虞：《宋朝事实类苑》，上海古籍出版社1981年版。

[24]（唐）李延寿：《南史》，中华书局2000年版。

[25]（唐）李延寿：《北史》，中华书局1974年版。

[26]（唐）李百药：《北齐书》，中华书局2000年版。

[27]（宋）李昉等：《太平广记》，中华书局1961年版。

[28]（宋）李昉等：《文苑英华》，中华书局1966年版。

[29]（唐）李隆基注，（宋）邢昺疏、邓洪波整理：《孝经注疏》（十三经注疏标点本），北京大学出版社2000年版。

[30]（宋）李焘：《续资治通鉴长编》，中华书局2004年版。

[31]（后晋）刘昫等：《旧唐书》，中华书局2000年版。

[32]（南朝宋）刘义庆撰，（南朝梁）刘孝标注：《世说新语》，文渊阁四库全书本。

[33]（唐）刘知几著，张振佩笺注：《史通笺注》，贵州人民出版社1985年版。

[34]（宋）楼钥：《攻媿集》，文渊阁四库全书本。

[35]（唐）林宝：《元和姓纂》，文渊阁四库全书本。

[36]（宋）乐史撰，王文楚等点校：《太平寰宇记》，中华书局2007年版。

[37]黎翔凤撰，梁运华整理：《管子校注》，中华书局2004年版。

[38]（明）凌迪知《氏族博考》，载《中华族谱集成》，巴蜀书社1995年版。

[39]（宋）吕祖谦编：《宋文鉴》，吉林人民出版社1998年版。

[40]（清）陆心源：《宋史翼》，中华书局1991年版。

[41]（宋）陆游：《老学庵笔记》，文渊阁四库全书本。

[42]（汉）马融：《忠经》，载（元）陶宗仪《说郛》，文渊阁四库全书本。

[43]（元）马端临：《文献通考》，中华书局1986年版。

[44]（宋）欧阳修、宋祁：《新唐书》，中华书局1975年版。

[45]（宋）欧阳修：《欧阳修集》，载《传世藏书·集库·别集》3，海南国际新闻出版中心1996年版。

[46]（唐）皮日休：《文薮》，文渊阁四库全书本。

[47]（宋）彭乘：《墨客挥犀》，载《全宋笔记》，大象出版社2008年版。

［48］（清）潘永因：《宋稗类钞》，书目文献出版社 1985 年版。

［49］（宋）秦观著，徐培均笺注：《淮海集笺注》，上海古籍出版社 1994 年版。

［50］（汉）司马迁：《史记》，中州古籍出版社 1994 年版。

［51］（宋）司马光：《资治通鉴》，岳麓书社 1990 年版。

［52］（宋）司马光：《涑水记闻》，中华书局 1989 年版。

［53］（宋）苏辙：《栾城集》，上海古籍出版社 1987 年版。

［54］（宋）苏洵著，曾枣庄、金成礼笺注：《嘉祐集笺注》，上海古籍出版社 1993 年版。

［55］（宋）苏轼：《苏轼文集》，中华书局 1986 年版。

［56］（宋）苏舜钦：《苏舜钦集》，中华书局 1981 年版。

［57］（宋）徐梦莘：《三朝北盟会编》，上海古籍出版社 1987 年版。

［58］（清）徐松：《宋会要辑稿》，中华书局 1957 年版。

［59］（宋）薛居正：《旧五代史》，中华书局 1976 年版。

［60］（南朝梁）沈约：《宋书》，中华书局 2000 年版。

［61］（五代）孙光宪《北梦琐言》，中华书局 2002 年版。

［62］（宋）邵伯温：《邵氏闻见录》，中华书局 1983 年版。

［63］（唐）唐明皇御注，（唐）陆德明音义，（宋）邢昺疏：《孝经注疏》，文渊阁四库全书本。

［64］（宋）田况：《儒林公议》，载《全宋笔记》，大象出版社 2008 年版。

［65］（北齐）魏收：《魏书》，中华书局 1974 年版。

［66］（唐）魏征：《隋书》，中华书局 1973 年版。

［67］（宋）魏了翁：《尚书要义》，文渊阁四库全书本。

［68］（宋）王钦若等：《册府元龟》，文渊阁四库全书本。

［69］（汉）王符著，（清）汪继培笺，彭铎校正：《潜夫论笺校正》，中华书局 1985 年版。

［70］（宋）王素：《文正王公遗事》，载《全宋笔记》，大象出版社 2008 年版。

［71］（宋）王称：《东都事略》，载《二十五别史》本，齐鲁书社 2005 年版。

［72］王叔泯：《列仙传校盏》，中华书局 2007 年版。

［73］（宋）王明清：《挥麈录》，上海书店出版社 2001 年版。

［74］（宋）王洋：《东牟集》，文渊阁四库全书本。

［75］（宋）王栐：《燕翼诒谋录》，中华书局 1981 年版。

[76]（宋）王曾：《王文正公笔录》，载《全宋笔记》，大象出版社 2008 年版。

[77]（宋）王辟之：《渑水燕谈录》，中华书局 1981 年版。

[78]（宋）王灼：《碧鸡漫志》，载《全宋笔记》，大象出版社 2008 年版。

[79]（宋）王安石：《王文公文集》，上海人民出版社 1974 年版。

[80]（清）王永彬著，徐永斌评注：《围炉夜话》，中华书局 2008 年版。

[81]（清）王梓材、冯云濠：《稿本宋元学案补遗》，北京图书馆出版社 2002 年版。

[82]（清）王夫之：《船山全书》，岳麓书社 1996 年版。

[83]（清）王夫之：《宋论》，中华书局 1964 年版。

[84]（宋）汪藻：《浮溪文粹》，文渊阁四库全书本。

[85]（南朝梁）萧子显：《南齐书》，中华书局 2000 年版。

[86]（清）徐松：《登科记考》，中华书局 1984 年版。

[87]（宋）释文莹：《湘山野录》，载《全宋笔记》，大象出版社 2008 年版。

[88]（宋）杨万里：《诚斋集》，文渊阁四库全书本。

[89]（宋）杨仲良撰，李之亮校点：《皇宋通鉴长编纪事本末》，黑龙江人民出版社 2006 年版。

[90]（宋）谢逸：《溪堂集》，文渊阁四库全书本。

[91]（唐）姚思廉：《梁书》，中华书局 2000 年版。

[92]（宋）叶梦得：《石林燕语》，中华书局 1984 年版。

[93]（宋）叶绍翁：《四朝闻见录》甲集，文渊阁四库全书本。

[94]（北齐）颜之推：《颜氏家训》，中华书局 2007 年版。

[95]（宋）袁采：《袁氏世范》，文渊阁四库全书本。

[96]（明）章潢：《图书编》，文渊阁四库全书本。

[97]（宋）章定：《名贤氏族言行类稿》，文渊阁四库全书本。

[98]（宋）周必大：《文忠集》，文渊阁四库全书本。

[99]周绍良、赵超主编：《唐代墓志汇编》，上海古籍出版社 1992 年版。

[100]周绍良、赵超主编：《唐代墓志汇编续集》，上海古籍出版社 2001 年版。

[101]（宋）赵与时：《宾退录》，上海古籍出版社 1983 年版。

[102]（元）赵道一撰，卢国龙整理：《历世真仙体道通鉴》，海南国际新闻出版中心 1996 年版。

[103]（元）赵孟頫：《松雪斋集》，文渊阁四库全书本。

[104]（清）赵翼著，王树民校证：《廿二史札记校证》，中华书局 1984 年版。

[105] 赵尔巽等：《清史稿》，中华书局 1977 年版。

[106]（梁）钟嵘著，曹旭集注：《诗品集注》，上海古籍出版社 1994 年版。

[107]（汉）郑玄注，（唐）孔颖达疏：《礼记正义》，载《十三经注疏》本，北京大学出版社 1999 年版。

[108]（宋）郑樵：《通志》，中华书局 1987 年版。

[109]（宋）郑樵撰，王树民点校：《通志二十略》，中华书局 1995 年版。

[110]（明）郑文康：《平桥藁》，文渊阁四库全书本。

[111]（宋）祝穆：《古今事文类聚》，文渊阁四库全书本。

[112]（周）左丘明传，（晋）杜预注，（唐）孔颖达疏：《春秋左传正义》，载《十三经注疏》本，北京大学出版社，1999 年版。

[113]（宋）章如愚编：《群书考索》，文渊阁四库全书本。

[114]（宋）朱彧：《萍州可谈》，载《全宋笔记》，大象出版社 2006 年版。

[115]（宋）张方平：《张方平集》，中州古籍出版社 1992 年版。

[116]（宋）张载：《张载集》，中华书局 1978 年版。

[117]（元）张光祖：《言行龟鉴》，文渊阁四库全书本。

[118]（元）张养浩：《张养浩集》，吉林文史出版社 2008 年版。

[119]（明）张溥：《汉魏六朝百三家集》，文渊阁四库全书。

[120] 张双棣等译注：《吕氏春秋译注》，北京大学出版社 2000 年版。

[121]《傅孟真传记资料》，（台北）天一出版社 1979 年版。

[122]《山东通志》，文渊阁四库全书本。

[123]（民国）《临清县志》。

[124]（宣统）《聊城县志》。

[125]（康熙）《临清州志》。

[126]（清）纪昀：《四库全书总目提要》，河北人民出版社 2000 年版。

[127]《东郡傅氏族谱》，道光癸卯重修，嘉荫亭藏版。

[128]《李卫公问对》，文渊阁四库全书本。

[129]《分门古今类事》，文渊阁四库全书本。

[130]《孟子》，中华经典藏书译注本，中华书局 2006 年版。

[131]《论语》，中华经典藏书译注本，中华书局 2006 年版。

[132]《国语》，上海古籍出版社 1978 年版。

[133]《周礼·仪礼·礼记》，岳麓书社 1989 年版。

[134]《锦绣万花谷》，文渊阁四库全书本。

[135] 中华书局编辑部点校：《全唐诗》（增订本），中华书局1999年版。

[136]（宋）朱熹：《四书集注》，岳麓书社1987年版。

二 现代论著

[1] 陈寅恪：《金明馆丛稿初编》，生活·读书·新知三联书店2001年版。

[2] 陈寅恪：《隋唐制度渊源论略稿》，生活·读书·新知三联书店2001年版。

[3] 程玉海主编：《聊城通史·古代卷》，中华书局2005年

[4] 黄宽重：《宋代的家族与社会》，（台北）东大图书股份有限公司2006年版。

[5] 梁启超：《饮冰室合集》，中华书局1989年版。

[6] 李孝聪：《中国区域历史地理》，北京大学出版社2004年版。

[7] 李泉：《清代聊城傅氏家族文化研究》，中华书局2013年版。

[8] 李贵录：《北宋三槐王氏家族研究》，齐鲁书社2004年版。

[9] 钱穆：《国史大纲》，商务印书馆1996年版。

[10] 钱穆：《钱宾四先生全集》，（台湾）联经出版事业公司1998年版。

[11] 漆侠：《宋代经济史》，上海人民出版社1988年版。

[12] 王志刚、金维民主编：《聊城文化通览》，山东人民出版社2012年版。

[13] 王云：《明清山东运河区域社会变迁》，人民出版社2006年版。

[14] 王曾瑜：《宋朝阶级结构》，河北教育出版社1996年版。

[15] 王善军：《宋代世家大族：个案与综合之研究》，博士后学位论文，四州大学，2003年。

[16] 王善军：《宋代宗族和宗族制度研究》，河北大学出版社1999年版。

[17] 吴宗国：《唐代科举制度研究》，辽宁大学出版社1992年版。

[18]《闻一多论古典文学》，重庆出版社1984年版。

[19] 游彪：《宋代荫补制度研究》，中国社会科学出版社2001年版。

[20] 张邦炜：《宋代婚姻家族史论》，人民出版社2003年版。

[21] 政协聊城市东昌府区文史资料委员会编：《东昌望族》，山东省新闻出版局2003年版。

[22] 莘县政协、莘城镇：《莘县文史资料第十八辑：槐荫千秋》，山东省聊城新闻出版局2004年版。